길에게   길을묻네

# 길에게 길을 묻네

PHOTO ESSAY

정만성 지음

다차원
북스

# 소중한 순간들의 기록

언젠가는 눈길을 걷다 뒤를 보니 발자국이 보이질 않는다.
언젠가는 초등학교 졸업 앨범은 보니 누가 누구인지 기억이 안 난다
그래 이건 아니다 싶은 마음에서 소중한 순간들을 기록해야겠다는 생각이 들었다. 산길, 강길, 들길을 걷다 보면 이정표를 만난다. 이정표를 보며 나의 인생에서의 남은 시간을 의식하듯 지금 어디쯤 왔는지 얼마를 더 가야 되는지를 가늠하는 지표가 된다. 돌아보지 아니하면 추억할 수 없지 않은가, 추억하지 않으면 모두 잃어버리게 된다.

이 책은 회고록도 아니고 자서전도 아니다. 오로지 지나온 아름다운 순간들을 그냥 버리기 아까워 어느 장르에도 속하지 않은 그냥 나의 생각들을 기록해 봄으로써 같이 했던 사람들과 주변의 아름다운 풍경들을 조금 더 세월이 지나면 되새기며 미소 짖고 싶어서였다.
그리고 현기증 나도록 앞만 보고 달려와 보니 왔던 길옆 바람과 태양과 구름과 나무들….그들의 중함을 모르고 지나쳐 와 버린 지난날들의 전철을 밟지 않기 위함이기도 하다.

걸어왔던 길을 정리한다는 게 그리 쉬운 일은 아니었다.
그동안 같이 걸어왔던 동료들의 권유로 지난 10년간의 걸어온 길들을 정리해 봤다. 산길, 강길 들길, 그리고 살아오면서 느낀 나의 이야기들이다.

이제는 언제든지 떠날 수 있는 자신감을 주게 한 우리땅걷기 동호회, 충구산악회, 길과나 카페, 출판인회 산악회, 카미노 도보여행, 이 책 편집을 맡은 황반장과 표지디자이너, 그리고 길을 나설 때 언제나 동반자가 되어준 마누라님에게도 깊은 감사 인사를 올린다.

2017년 10월 어느 날

정만성 쓰다

▶ 차례

머리말 _ 소중한 순간들의 기록

# 제1장. 길과 나 · 017

# 제2장. 북한산 둘레길 · 137

# 제3장. 낙동강 천리길 · 159

# 제4장. 산, 강, 도심의 길과 여행 · 199

# 제1장.
# 길과 나

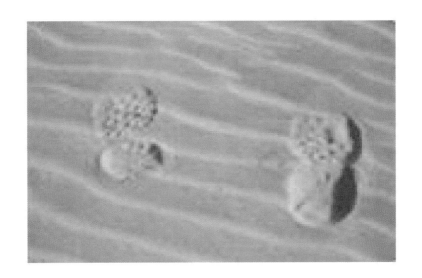

# 1. <길과 나> 카페 첫 기행 강화군 석모도(2010.4.3-4)

**일정**
4월 3일
합정동 출발 - 낙가사, 보문사 산행 후 휴식
4월 4일 : 석모도 해안 걷기 - 해명산에서 점심 - 걷기 - 귀경
**숙박지** : 강화군 삼산면 석모리 김명태 선생 댁

오늘은 길을 찾아 떠나는 길과나 카페를 개설하면서 석모도 해안 걷기 첫발 딛는 날이다. 걷기 보다는 카페 운영에 대한 단합대회 겸 워크숍 개념이다
참석자는 간데요글쎄, 나불, 낡은책상, 돌부처, 리버, 맨날맨날, 황반장님
오늘 편의시설 제공 해 주실 분은 출판 관계로 알게 된 김명태 선생 댁이다
들 풀 김명태 선생은 뉴질랜드 영주권자이며, 자연인학교대표로 있다. 지은
책으로는 《황토침대 그리고 전원주택》《내가 지은 나무집, 우리 집으로 놀러 오세요》등이 있다.

**둘러보기**
보문사 뒤 해명산 능선에서 저녁노을 바라보기 - 낙가사 탐사 - 임자 없는 민가에서 단합대회
삼산면 앞 갈대밭 길 걷기가 드디어 "길을 찾아 떠나는 나"가 탄생되다.

# 2. 경기 연천 기행(2010.4.10)

**장소** : 임진강 도감포(동이리)에서 숭의전까지
**집결지** : 파주시 금촌역
**출발지** : 도감포(독안포구) 건너편 동이리 강변

**둘러보기**

전 구간을 이정표가 될 만한 내용과 지명으로 나열하면 아래와 같다.
* 동이리 강변 출발
* 도감포 현무암 석벽
* 썩은소(후근도)까지 이어지는 강변길계속 풀숲따라 걷다보면 농막 한채가
  나옴
* 여기서부터는 동이리 군사 훈련장으로 오르는 오르막길임
* 미강서원 터
* 당포성(고구려)
* 당포성에서 바라보는 호구협(도감포에서 당포성에 이르는 물길)
* 당포성지나 삼화교 사거리에서 숭의전 방향으로 직진하면
* 초대 숭의전감 왕순례의 묘가 나타남
* 왕순례의 묘에서 직진하면 숭의전이나 이왕이면
* 아미타사를 지나 숭의전에 이르는 뒷산길로 접어듬
* 임진강 잠두봉에 다다른 뒤 숭의전으로 내려가는 계단 길을 이용
* 숭의전
* 숭의전 약수
* 식사는 오후에 백숙으로 함(사전 예약 / 오골계탕)

# 3. 김포 DMZ 구간 길 기행(2010.5.15)

**모임장소** : 김포 대명항주차장에서 9시까지 모임(필히 주민등록증 지참)
 DMZ 평화누리길의 김포구간은 3코스 총연장 38.4km로 오늘은 1-2코스를 연계해서 총 23.4km를 기행 예정

**1코스** : 대명항 ~ 덕포진 ~ 김포CC ~통진휴게소 ~ 문수산성(주로 군 순찰로를 이용) 15.4km

**2코스** : 문수산성(등산 코스) ~ 청룡회관 ~ 조강포 ~ 애기봉 전망대 입구 8.4km 1코스 애기봉 입구에서는 애기봉 전망대까지 셔틀버스가 운행)

**문수산성**
김포시 월곶면 포내리에 있는 사적 제139호.
둘레 약 2,400m, 면적 약 208㎢.
김포시에서 가장 높은 문수산의 험준한 산줄기에서 시작해 해안지대를 연결하고 있다.
강화의 갑곶진(甲串鎭)과 마주보면서 강화도 입구를 지키던 산성으로 1694년(숙종 20)에 쌓고,1812년(순조 12)에 대규모로 중수했다. 산성 안에 문수사(文殊寺)라는 절이 있어, 이로부터 문수산성이라는 이름이 유래되었다고 한다.
성벽은 다듬은 돌로 튼튼하게 쌓았고, 그 위에 성가퀴[女墻：낮은 담]를 둘렀으며, 성문은 취예루(取豫樓)·공해루(控海樓) 등 3개의 문루와 3개의 암문(暗門)이 있었다.
이 가운데 취예루는 갑곶진과 마주보는 해안에 있었으며, 강화에서 육지로 나오는 관문 구실을 했고, 1866년(고종 3) 병인양요 때 프랑스군이 침입해 치열한 격전을 벌였던 곳이다.
이때의 전투로 해안 쪽의 성벽과 문루가 모두 파괴되어 없어졌고, 지금은 산등성이를 연결한 성곽만이 남아 있다.

# 4. 철원평야 둘레길(2010.6.19)

**일정**
19일 - 민통선, 철원 노동당사, 금학산 둘레길 외
20일 - 경기 포천시 관인면 지장산 큰골계곡

**집결지** : 2010.6.19 합정역 8번 출구 집합) : 1호차 기준

**예상 코스**

① 6월 19일(토)
- 출발지점으로 이동한 뒤 10~16시까지 걷기
- 금학산 담터골 도착
- 허름한 민가에서 백숙, 주류, 식사 일체 실비제공

② 다음날 6월 20일(日)
 오전 8~11시까지 걷기 후 두지리 매운탕으로 이동 후 중식 백마고지(白馬高地)는 6·25의 혈전지, 당시 철원평야를 감제할 수 있는 고지 치열했던 사투의 현장. 중공군 1만여 명, 아군 3천오백여 명 사상자를 낸 곳. 당시 김일성은 백마고지를 잃고 3일간 통곡 하였다는데 그때 상황을 알 길 없다

당신에게도 들리나요?
둑을 넘는 물소리,
핏속을 흐르는 노랫소리,
나는 이제 어디로든 갈 수 있어요.
강물이 둑을 넘어 흘러내리듯
내 속의 실타래가 한없이 풀려나와요
-나희덕 시 <분홍신을 신고> 부분
그날 그 길 위에 풀어놓은 우리들만의 형형색색 실타래들
비에 젖고 차에 밟혀도 다시 걷어 올려
낡은책상에서 만든 그 해진 털신 한 짝씩 신고서
다시 그 길 위에 나와 있는 나를 보내
화석으로 남은 우리들의 길 이야기들
포흔의 아픈 역사를 있는 그대로
직접적으로 느낄 수 있었던 노동당사

무고한 숱한 민초들 김일성 박헌영 등의 발자국 지나간 곳에 피어난 개망초
꽃들이 과거와 현재에 선 우리들을 이어주고 있었어(스미다 님이)
갑자기 천둥치고 비가내리니 도피안사로 피신이다.

**비로자 나불상**
신라 경문왕 5년(865)에 제작 철로 만들어 졌으며 새로운 조형 수법을 말해주
고 있다.
국보 제63호로 대웅전 대신 대적광전(大寂光展)이 붙어 있다.
불의 광명이 어디에나 두루 비친다는 뜻
**위치 :** 철원군 동송읍 관우리 도피동 450

## 5. 동강 어라연 트래킹 / 카미노(2010.8.21)

카미노라는 멋진 이름의 카페에 덤으로 배낭을 꾸린다.
영월은 개인적으로 몇 번 가본 적 있으나 말로만 듣던 어라연 트래킹은 처음
이라 설레인다.
새벽잠을 설치고 시청 앞 이르니 안나 누님, 리버님의 낯익은 밝은 모습이다.

7시 30분을 정점으로 낯익은 얼굴 반, 낯 설은 얼굴 반. 어김없이 배치된 좌
석에 오르고 카미노 지기님의 간단한 안내 멘트와 함께 서울 시내를 벗어난
다. 단잠을 다 못 이루고 나머지를 보충하며 거운분교 앞 도착한 시간이 10시
30분. 다시 카미노님의 간단한 트래킹 주의사항 듣고 트래킹 시작이다.

### 코스 안내
거운분교 - 만디고개 - 전망대 - 잣봉(537m) - 어라연 전망대 - 만지나루(전
산옥 주막터) -다시 거운분교(18km)

어라연(漁羅淵)은?
영월읍 거운리 동강에 위치하고 있다.
어라연은 일명 삼선암(三仙岩)이라고도 하는데, 옛날 선인들이 내려와 놀던 곳이라고 하여 정자암이라고 부르기도 했다.
또한 어라연은 '물반, 고기반'할 정도로 물고기가 많아, 물고기의 비늘이 비단결처럼 반짝인 데서 기인하고, 동강 전체 구간 가운데 가장 아름다운 곳.

일단 능선에 오르니 아래 동강에서 래프팅 하는 젊은이들의 왁자지껄은 동강의 맑은 물과 뒤범이다. 유난히 많은 소나무가 폭염을 덜어준다. 주섬주섬 몇 컷 사진으로 오늘 트래킹을 정리해본다.
어느 길꾼의 말처럼, 길 위에 서면 함께 길을 걷는 사람 모두가 스승이고, 길 주변은 모두가 학교라고, 오늘 동강 학교 수업은 폭염도 아랑곳 않고 뜻깊은 트래킹이었다.
아름다운 기억의 한 장이 될 것이다.
카미오님, 총무님, 그리고 모든 분들 수고 많았습니다.

# 6. 임진강 트래킹(2010.8.28)

도보 여행지 : 연천 DMZ 1코스(황포돛배 - 신탄리역) 61.2km
집결지 및 출발지 : 나불과 돌문어가 차를 가지고 감. 황포돛대 주차장
오늘 가야 할 길 : 총 61.2km에 달하는 구간을 1박 2일로 이 구간은 황포돛배
를 출발하여 사미천교 - 비룡대교 - 숭의전 - 군남댐 - 신탄리역에 이르는 구
간으로 임진강을 따라 당일 실제 코스는 20km(우천으로 2구간 취소)

그 오래전 먼 어느 날 뉘 잠든 곳일런지.
비 오는 날 그대 무덤 앞에 큰 두 돌과 자갈돌 다섯이
님의 집 앞에 잠시 머물다 가오. 이름 모를 이 편히 쉬시구려

28

# 7. 문경 새재 쌍용계곡 나들이(2010.9.4-5)

**문경의 놀만한 곳으로는**

1. 주흘산과 문경새재길 : 문경새재 제1관문부터 3관문까지의 거리는 대략 편도 6.5km 정도 주흘산 등산로 - 새재길
2. 영강과 진남교반 문경을 가로지르는 영강 물고기진남 교반과 고모산성
3. 대야산 용추계곡을 비롯한 많은 계곡들
4. 불정자연휴양림- 쌍룡계곡에 빠짐

**주요 일정**

1. 모이는 시간은 토요일 아침 8시 합정역
2. 8시 30분 합정역에서 문경으로 출발 - 11시경 문경새재도립공원에 도착(간단한 점심식사 후 문경새재길 트레킹 약 3-4시간)

3시경 불정자연휴양림 또는 하룻밤 유할 계곡으로 이동 일요일 아침 식사 후 집 철거 및 마무리 물놀이하고 영강변을 따라 진남교반, 고모산성을 둘러본 후 차 막히기 전에 집으로.

3. 숙소 : 텐트 야영

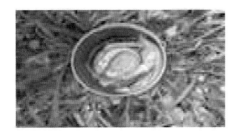

# 8. 고창 선운사, 질마재길(2010.10.3)

07:00 출발, 10:30 선운사 도착(참석 13인)
10:30-12:30 상사화길 트레킹(선운사 - 참당암 - 도솔암 - 참당암 - 선운사)
: 왕복 6km
12:30-14:00 점심 겸 휴식
14:00-16:00 비가 와서 동호 해수욕장 바닷가 갯벌 체험으로 대체
17:00-  돌문어 집에서 장어와 복분자 파티

**10월 3일 일정**
07:00-10:30분 아침식사 겸 집 주변 산책, 밤 줍기
12:00-15:30분 미당시문학관 - 질마재 - 소요산 - 소요산 저수지 - 선운리 -
인천강변 - 미당시문학관)

**1부. 선운사, 도솔암, 그리고 마애불**

고창하면 떠오른 것 선운사, 동백꽃 그리고 고인돌이 아닌가 한다. 그 소문한
테 미안하지만 초행이라 마음 들뜸이다

## 선운사

진흥왕은 왕위를 버리고 첫날밤을 좌변굴(左邊窟, 진흥굴)에서 잠을 잤다. 꿈
속에서 미륵삼존불이 바위를 가르고 나오는 것을 보고 감동하여 중애사를 창
건하고 다시 이를 크게 일으켰는데, 이것이 선운사의 시초라고 한다. 백제 때
검단선사가 창건 한창 때는 암자 89개, 당우 189채, 수행처 24개소  승려 3천
여 명을 거느린 대찰이었다 한다.

## 동백꽃

꽃철이 한참 지난 즈음이라 꽃은 지고 동백만 주렁주렁 열렸다, 이 동백나무
숲은 수령 약 500년으로 천연기념물 184호로 지정되어 있다.

## 상사화

선운사 인근에는 동백꽃 못지않게 아름다운 꽃이 있는데, 상사화(꽃무릇, 석
산꽃)이다.

선운사 일대와 마애불이 있는 도솔암까지 3km에 이르는 골짜기 주변에서 피어
장관을 이루는 선운산의 또 하나의 명물, 동백꽃을 대신해서 숭고함에 흠뻑
젖어 든다.

상사화의 사연이다. 옛날 한 여인이 선운사에 불공드리러 왔다가 스님 한 분
에게 연모의 정을 느껴 그만 상사병에 걸려 죽고 말았고, 그 죽은 여인이 상
사화로 다시 태어났다는 그런 이야기이다.

그래서 꽃을 보니 꽃과 잎이 저승에서도 영원히 만나지 못했겠구나 생각이 든
다.

 선운사에 가본 적이 있나요? 이제 왔다

선운사를 생각하면 먼저 동백꽃이 떠오르고. 뚝뚝 떨어지는 애절하고 안타까
운 이미지를 그리는 미당 서정주 시와 와 가수 송창식 씨의 노랫말을 빌려 흥
얼거려본다.

선운사

선운사에 가신 적이 있나요
바람 불어 설운 날에 말이에요
동백꽃을 보신 적이 있나요
눈물처럼 후두둑 지는 꽃 말이에요
나를 두고 가시려는 님아
선운사 동백꽃 숲으로 와요
떨어지는 꽃송이가 내 맘처럼 하도 슬퍼서
당신은 그만 당신은 그만 못 떠나실 거예요
선운사에 가신 적이 있나요
눈물처럼 동백꽃 지는 그곳 말이에요

선운사의 이미지는 여기까지, 도솔암 쪽으로 발길을 돌린다

**도솔암 마애불**
도솔암 서편에 오르는 길의 칠송대(七松臺)라 불리는 암벽 남쪽면에 새겨진 동불암. 마애불(고려)은 1994년 전라북도 지방 유형문화재 보물 제1200호로 지정. 평판적이고 네모진 얼굴, 눈꼬리가 치켜 올라간 가느다란 눈과 우뚝 솟은 코, 의미 모를 아름다운 미소 그 웅장하고 아름다운 미소 앞에 아무 생각 없이 머리 숙여 합장하고 동호 해수욕장 갯벌체험 걷기.
이슬비는 내리고 저 멀리 밀려나가 있는 바닷가 갯벌을 신들리듯 뛰어간다. 모래사장은 별로이고 이름 모를 게들이 토해 놓은 바닷가를 그 순간에도 왕누님 사모(민지님)는 두부 찾기에 여념 없다.
(저녁 밥상에서 그 의미를 알았지만.)

일기예보의 예측은 정확했다

5시 반쯤 문어님 생가에 도착하니 하염없이 비는 내리고 장어 먹기, 삼겹살 먹기 체험을 하는데 숯 반 연기 반이 문제가 장난아니다. 시장이 반찬이라고 1,251마리 장어를 구운 경력의 돌문어 님의 장어구이와 복분자, 막걸리, 소주, 양주, 백초주가 뒷받침 해준 먹거리는 일품이다. 비는 내리고 먹다 지쳐 자연스럽게 잠자리를 찾는다.

## 2부. 질마재, 소요산, 인천강 걷기 나들이

어제 저녁 거나하게 찌든 몸을 뒤척이다 일어나 일상으로 돌아온 시간은 10시 쯤 밤 줍기조와 걷기조로 나누어 행동 개시.
 미당 시문학관까지 차량으로 이동. 문학관 관람부터 시작이다. 지극히 부인을 사랑했을 듯한 시 한 편 옮긴다.

   내 아내
                        -서정주

나 바람나지 말라고 아내가 새벽마다 장독대에 떠 놓은 삼천 사발의 냉수 물. 내 허름한 옷과 피리 옆에서 삼천 사발의 냉수 냄새로 항시 숨 쉬는 그 숨결 소리. 그저 먼저 숨을 거둬 떠날 때에는 그 숨결 달래서 내 피리에 담고. 내 먼저 하늘로 올라가는 날이면 내 숨은 그녀 빈 사발에 담을까.

가을이면 300억 송이 국화로 축제를 연다는 미당 시문학관을 지나 미당 생가를 들러보고 질마재를 넘으러 간다. 한참을 오르니 웃돔샘(도깨비집)에 이르니 귀신 쫓는 장승이 무더기로 서 있다. 옛날 소금장수가 지나다 웃돔샘에서 물 한 모금, 주막에서 한잔 술 주막의 흔적이 있을 법한데 추측뿐이다.

질마재의 시원한 바람과 함께 배낭 속 막걸리로 목을 축이고 소요산 자락을 오르니 소요사 입구 안내 표지판이 보이고 멀리 소요산 저수지가 가을 하늘

맑은 구름 앉고 유리처럼 맑은 푸르름과 숲에서 불어오는 바람과 함께 가슴을 시원하게 해준다. 저수지 위쪽에 이르니 리버님이 맨발로 물속으로 뛰어든다 (저수지가 강으로 보였나 보다).

저수지를 빙 돌아 연기재에 이르니 모델처럼 예쁜 고인돌 하나가 자리잡고 있고, 그 옆에 비석이 있는 걸로 보아 무슨 내력이 있을 것 같은데 접근 하지 못하고 인천강으로 풍천장어 산지 강가의 짭짤한 갯벌 내음 맡으며 강 따라 절벽 사이로 걷는 것도 스릴이다.

산길에 가끔 나타난 붉은 발 농게가 자태를 뽐내고 있다(문어님 왈 그전 답사 때는 '게판'이었다고 함).

마지막 황금 물결 쌀 나무 논두렁에 이르니 버스가 대기하고 있다. 몇 시간 안 되는 걷기에 모두 허기진 모습, 중간 슈퍼에서 아이스크림 한 입, 웃음 한 입(트래킹 끝)

이번 트래킹은 선운산, 동백꽃, 상상화, 마애불, 미당 시문학관, 질마재길, 풍천장어, 복분자로 마감하고 청보리밭, 복분자 축제, 질마재 국화 축제, 고인은 다음 기회로 미룬다.

# 9. 정선 운탄길, 새비재길(2010.10.23)

도보 여행지 : 10월 23일 운탄길
트레킹 일정 : 2010년 10월 23일(토) - 24일(일)
출발 일자 : 2010년 10월 23(토) 오전 6시 30분 합정동 출발
(만항재 휴게소 - 옛 봉명탄좌 - 하이원CC 옆 양지꽃길 - 옛 석흥탄좌 하늘길
- 낙엽송 길 - 도롱이연못 - 아롱이연못 - 꽃꺾이재 - 폭포주차장) : 20km

**10월 24일 새비재길**
폭포주차장 - 화절령에서 우회전(좌회전은 만항재 방향) - 두위봉 방향 - 내
리막길 - 두 갈래길 중 오른쪽 - 새비재(방제2리 노인회관)

신동읍 방제2리 노인회관 앞에서 버스 탑승 후 서울로 출발
단풍과 어우러진 새비재 산야를 내 언어 능력으론 표현할 수 없어 사진으로
대변한다.

운탄 옛길은 정선과 태백, 그리고 영월 일대의 산악지대에 거미줄처럼 뻗어있
는 길의 총칭이다.
1960년대 탄차가 다니던 길로 풍광도 빼어나지만 그 속에 서민들의 애환이 주
절주절 담겨 있는 길이다.

만항재를 기점으로 북 으로는 함백산이 동, 남서쪽으로는 산수화 같은 능선, 계곡들이 펼쳐 있고, 해발 1,200m 이상의 산 능선을 따라 걷는 내내 탄성과 감탄사로 배고픔도 모르고 산 내음을 호흡한다. 참고로 20km 내내 민가가 없다. 간식을 미리 준비 못한 탓을 누구에게도 할 수 없고 감내한다.

# 10. 제부도에서 궁평항까지(2011.1.29)

제부도 입구 도착. 아점으로 바지락칼국수와 시바스리갈로 몸 추스림.
12시 제부도 출발 – 제부도 입구– 해수휴게소 – 송교리 해변길 간식(14:00)
: 컵라면 + 김밥 + 커피 와 양주 칵테일 따스한 님 일당: 서신정류장에서 서
울행 이별.
화남산업단지 – 매화리 해변길 – 백미리 백미길 – 솔밭 –궁평 낙조회집 도착
: 17시 총 트래킹 18km

# 11. 양평 용문 칠읍산 희망 볼랫길(2011.2.12)

양평 용문  칠읍산 희망 볼랫길 : 16km
용문역 - 어수물 - 흑천 - 섬실고개 - 삼성리 - 칠읍산 쉼터 - 등골 - 주읍리
산수유마을- 주읍산 산림욕장- 공세리 - 원덕역

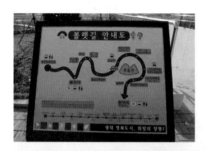

볼랫길 트레킹 중 신기한 이름들이 있다.

**어수물**
임금에게 올리는 물이 흐르고 있다. 그 정도 청정 지역을 의미함.

**칠읍산, 추읍산**
양평읍 동남쪽에 산수유 붉은 치마 두른 남한강변의 추읍산(583m)은 지형도상
에는 주읍산으로 표기되어 있다. 이는 1914년 행정구역 통폐함에 따라 추읍리
가 주읍리로  바뀌면서 산 이름도 주읍산으로 바뀐 것이다. 추읍산은 일명 칠
읍산으로도 불리는데,  이 산 정상에 오르면 양평군 7개 읍, 면이 손에 잡힐
듯 보인다 하여 붙여진 명칭이며, 아직도 향리의 주민들은 칠읍산이라고 부르
고 있다.
특히 개군면 내리 · 주읍리 일원 산수유마을은 150~200년 이상의 산수유나무
1만6천 그루가 군집을 이루고 있어 매년 이맘때면 노란 물감을 풀어 놓은 듯
산수유 묘목도 저렴한 가격에 판매된다.

# 12. 남양주 다산길(2011.3.19)

다산길 2코스 : 14.5킬로 + 운길산역 5.5킬로> = 20킬로 7시간.
도심역(09:2 0~ 출발) 어룡마을 – 연대농장 – 팔당역 – 능내리 갈림길 – 마
재마을 <다산유적지> 마재성지

# 13. 강화도 고비고갯길(2011.4.2)

강화 나들길 5코스 고비고개길
강화터미널 - 외포리 선착장 총 20.2킬로  6시간 소요.
강화터미널 - 남문 - 서문 - 국화저수지 - 국화리 학생 야영장 - 홍릉 - 고비
고갯길 - 고천리 고인돌  - 적석사 입구 - 오상리 고인돌 군(내가지석묘) -
내가저수지 - 덕산 삼림욕장.

오랜만에 봄 마중 강화 고비 고갯길 나들이다. 대중교통을 최대한 활용 나들
이 성격이 번개인 만큼 누구의 강요도 없다
어제 마신 술기운도 아침 8시 합정역에서 생수로 변하고 스트레스, 일주일 모
든 업무가 물러가고 행복 시작이다.  2개월 전 집사람과 외포리 - 강화읍 코
스인 셈이다. 강화 버스 터미널에 이르니  아침 생각이 난 모양이다
해장국을 먹고 나니 어제의 일상으로 돌아오는 듯 식당 문을 나서니 역사의
사료는 아닌 듯한 한용운 스님에 시비가 눈에 보인다.

**나룻배와 행인**
                    - 한용운


나는 나룻배
당신은 행인

행인인 당신은 흙발로 나룻배인 나를 짓밟습니다
나는 두말없이 당신을 안고 물을 건너갑니다
깊은 물이거나 얕은 물이거나 급한 여울이거나 순한 여울이거나 가리지 않고,
조건 없이 물을 건너갑니다.
만일 당신이 아니 오시면 바람이든 눈이든 비든 밤이든 낮이든, 다 맞으며 당
신을 기다립니다.
그런데 당신은 물만 건너면 돌아보지도 않고 가십니다 그려
그러나 당신이 언제든지 오실 줄만은 알아요
나는 당신을 기다리면서 날마다 날마다 낡아만 갑니다.
나는 나룻배
당신은 행인
낯선 시비를 뒤로하고 우리의 행복은 시작된다.

# 14. 심학산과 낡은책상 서랍(2011.4.1)

찌뿌둥한 아침을 열고 어정쩡한 약속으로 집들이라는 명하에 개나리봇짐을 싸고 달랑 물 병 하나 챙기고 출발.

목표는 심학산. 약속 시간은 지났으나 님들은 보이질 않고 체념은 아니지만 집도 주소도 모르지만 대략적 개념으로 걷기를 결심하고 심학산에서 심호흡을 끝내고 능선 따라 하산이 웬일인가?

꽤 주요 가문의 무덤으로 보이는 동산에서 할미꽃 내력을 감상하고 있는데 나랑 너랑 그리고 책상 일당이 나타남.

감회의 포옹을 하고 먹다 남은 만두로 입가심 오던 길을 다시 심학산으로 가고 있다. 최종 목표는 낡은책상 서랍을 파헤치고 맛있을 것 같은 삼겹살 외 만찬을 기대하며 뚜벅뚜벅. 그래 지금부터 낡은책상 열고 내용물 점검 및 만찬에 들어간다.

### 할미꽃 꽃말

옛날에 할머니가 손녀 셋이 있었답니다.

첫째, 둘째는 부잣집으로 시집을 갔고, 셋째는 힘들게 시집을 갔습니다. 할머니는 오랜만에 아이들이 보고 싶어서 손녀들을 찾아갔어요. 처음엔 첫째네 집에 들렸는데, 첫째의 남편이 왠 거지냐면서 할머니를 쫓아냈어요. 둘째도 마찬가지였고요. 다음으로 셋째네 집을 가려는데 고개를 두개 넘어 먼 곳이었죠. 할머니는 지쳐서 결국엔 돌아가시고 말았어요. 며칠이 지난 뒤 셋째가 할머니 시체를 발견, 양지바른 곳에 묻어주고 얼마나 지났을까. 그 자리에 꽃 한 송이가 피어났대요. 사람들은 할미꽃이라 부르게 되었답니다.

# 15. 새재 넘어 소조령길(2011.4.16)

**모이는 시간 및 장소 :** 4월 16일 오전 7시 동서울터미널

문경터미널에 도착하면 9시 20분 문경까지 2시간 소요.

택시로 문경새재 입구 10시 즈음 문경새재 옛길 박물관 관람 11시에 1관문을 향해 기행 출발. 1관문에서 3관문까지 6.5km입니다.

아무리 놀면서 가도 1시간 30분에서 2시간이면 점심식사는 3관문 바로 아래에 있는 식당(여긴 식당 확실히 있음).

밥 먹고 약 먹고 200m만 걸으면 3관문을 지나면서 경북에서 충북으로 넘어갑니다. 이후 고사리마을, 소조령을 지나 쭈욱 가면 드디어 첫날의 종점 수안보

온천관광안내소에 도착합니다.(총 18km) 둘째 날은 나머지 18km를 걸어 충주 시내로 들어가 또 터미널로 가야 서울 가는 버스를 타야 한다. 관광안내소에 서는 충주 시내로 들어가면 중앙탑과 탄금대는 다음으로.

# 16. 대이작도 1박2일(2011.6.18)

곳 : 인천광역시 옹진군 자월도 이작1리
집결지 : 대부도 대부항 방아다리선착장(09:00). 참석 : 11명

예상 일정표
1) 6월 18일(토) : 대부항 출발(09:30) → 대이작도 도착(11시) → 바다낚시
(11:30~16:30) → 숙소 도착(17:00) → 해변길 걷기 혹은 부아산 기행

2) 6월19일(일):기상(07:00) → 식사(08:00) → 풀등 방문(10:30) → 부아산
일대.
  작열하는 아스팔트 열기, 온갖 차량이 내 뿜는 매연들 이곳을 탈출하기 위해
우리는 갯내음, 은빛물결 출렁이는 대이작도로.

대이작도
평일 하루에 한 번 편도 9천원 대부도항에서 1시간 30분. 주말엔 하루 2회

대이작도 구성 : 부아산, 큰풀안(일명 풀등이라 함), 해수욕장, 게남분교(영
화 <섬마을 선생님> 촬영지) 그리고 뒤넘어 해수욕장, 최근 강호동과 1박2일
이벤트 했던 곳 주위에는 자월도, 승봉도, 소이작도 멀리 덕적도, 굴업도(개
인이 구입 골프장 공사 중)
대부항에서 약 60km 떨어진 곳. 임진왜란 이후 해적들이 살았다고 하여 이적
도(伊賊島)라 부르기 시작하다가 이작으로 변화되었다고 전하는데 면적이 큰
섬을 대이작도, 서쪽에 있는 작은 섬을 소이작도라고 부른다. 섬의 모양은 전
체적으로 북서쪽에서 남동쪽으로 길게 뻗어 있다.

주민은 대부분 농업과 어업을 겸하며, 농작물로는 쌀 · 보리 · 콩 · 고구마 · 땅콩 등이 생산된다. 연근해 일대에서는 갈치 · 조기 · 민어 · 새우 · 꽃게 등이 많이 잡힌다.

취락은 남동쪽 해안가와 북쪽 만안인 게넘이 · 이작 마을에 각각 집중 분포해 있다. 인천에서 출발하는 정기여객선이 운항.

면적 3.7㎢, 해안선 길이 18㎞, 인구 1,000, 가구 500(2006년)

주요 놀이터

작은 풀안 해수욕장 : 대이작도의 대표적인 해변으로 섬 중앙에 위치하고 있으며, 수심과 경사도가 완만하여 아이들이 마음껏 뛰어놀 수 있는 해변.

큰 풀안 해수욕장 : 백사장이 깨끗하고 조용한 곳으로 가족 단위 피서객이 많이 찾는 곳으로 간만의 차가 심하지 않는 곳으로 해수욕을 항상 즐길 수 있으며, 간조 시에는 고동, 박하지(게) 등을 잡을 수 있다.

계남 해수욕장 : 대이작도 남단에 위치한 해변으로 계남분교와 가까운 해변으로 작고 아담한 해수욕장으로 바로 앞 승봉도의 부속섬인 사승봉도가 한눈에 들어오는 곳. 우럭을 잡은 것인지 선주가 증정한 것인지 맛나게 먹다.

**부아산** : 부아산 정자는 산 정상 구름다리 입구에 있는 또 하나의 쉼터의 역할로 이곳에서는 승봉도와 사승봉도뿐만 아니라 풀등 모래섬이 보이는 곳.

**삼신할머니 약수터** : 이 약수터에서 물을 먹으면 아들을 낳을 수 있다는 전설이 내려오는 약수터.

**장승공원** : 2007년도에 새로 만들어진 공원으로 장골 마을 중간에 자리 잡고 있다.

**풀등(모래섬 30만평)** : 하루에 2번씩 섬이 되는 풀등(3~5 시간 후에는 사라짐). 죽기 전에 꼭 가보자 모래섬. 모래섬이 아파트 건물 원자재 유출되면 안 되는데.

**계남분교** : 영화 <섬마을 선생님> 촬영지로 지금은 폐교된 학교

## 17. 행주산성, 노을공원 번개(2011.7.2)

행주산성 노을공원 탐사 번개답지 않게 느긋한 시간(08:30)
합정역 8번 출구
참여 인원 - 달랑 다섯(황반장, 다갈흰자, 나야, 돌부처 그리고 휘파람)
일단 목표는 행주산성과 노을공원 탐방이다.
날씨는 예보와는 달리 몹시 후덥지근하다. 버스로 행주산성 입구까지 이동, 산성 탐방에 들다.
행주산성은 임진왜란(1592년)때 권율 장군의 대첩지이다.
조금 오르면 충장사(고 박정희 대통령 현판), 대첩 기념관을 지나 산성에 대첩비와 충의정으로 이루어졌다. 중턱에 덕양정과 진강정이 있는데 당시는 경계 초소로 예상되며 지금은 한강과 멀리 도봉산 북한산을 감상할 수 있는 쉼터 시간이 꾀 여유롭다. 쉬엄쉬엄 순례길에 오른다. 난지도 쓰레기 매립장이 공원화되어 서울 시민들의 놀이터가 되다.

# 18. 대관령 뇌운계곡(2011.7.16)

대관령 삼양목장과 뇌운계곡으로.
도심의 답답함을 벗어나 확 트인 공간으로의 탈출은 아름다운 꿈을 예상하며
태풍과 장마에 시달린 약 15일, 그곳을 벗어나기 위해 톨게이트를 뒤로하고
고속질주다. 그곳은 환상속의 그곳일 것이다. 바로 대관령 양떼 목장.

### 대관령 양떼목장 요약

동양 최대 규모의 대관령 목장은 해발 850~1,470m의 강원도 대관령 일대 600
만 평의 고산 유휴지를 개척하여 초지로 일구어 우리나라 산지축산을 선도하
였으며, 푸른 초원과 한가로이 풀을 뜯는 소떼와 함께, 멀리 강릉과 주문진
시내 너머 동해바다가 보이는 곳이다.
목장의 정상인 황병산은 동쪽으로 강릉 경포대, 주문진, 청학동, 소금강 계곡
을 서쪽으로는 목장 전경이 한눈에 보이는 대초원의 파노라마가 펼쳐진다.
오래 전에 본 영화 <사운드 오브 뮤직>의 알프스를 연상케 한다. 여의도 면적
의 7.5배에 해당하는 600만 평의 넓은 면적을 가진 목장으로 총 일주도로를
돌려면 4시간여 소요.

48

풍력발전기가 돌고 있는 까닭은?

**풍력발전이란**
 자연 상태의 무공해 에너지원으로 신 재생에너지원 중 가장 경제성이 높은
에너지원으로 바람의 힘을 회전력으로 전환시켜 전력을 생산하는 기술로 다양
한 형태의 풍차를 이용하여 바람에너지를 기계적인 에너지로 변환하고 이 기
계적인 에너지로 발전기를 구동하여 전력을 생산하는 시스템.

단지 위치 : 강원도 평창군 도암면 횡계리 대관령 삼양목장 및 한일목장 내
            (선자령 풍차단지임) 2시설 용량 : 98MWh(98,000KWh)
연간 에너지 생산량 : 약 244,400,000KW(약 50,000 가구 사용량)

투자비 : 약 1,588억 원

1기당 용량 : 2MWh(2,000KWh), 사용량 : 50,000 가구가 쓸 수 있는 양(보통
가정 1달에 300~500kw 사용)

뇌운(雷雲)계곡은 이름 그대로 구름이 만들어지고 용이 승천한다는 의미의 계
곡이다.

49

# 19. 여보야 청산 가자 / 청산도 슬로길(2011.8.4-5)

올해 역시 휴가 계획 잡기가 어렵다.
모처럼 설악콘도 2박3일 기회도 놓쳐버리고 목걸이가 긴 남자 마눌님의 성토에 못 이겨 서남해 쪽 어느 섬이든 가고 싶다는 소원 쪽으로 계획을 잡고 청산도로 준비했다. 이번에는 김밥 2줄, 물 2통, 막걸리 1통이 아닌 얼음물, 속옷, 수영복, 양산 등을 챙기느라 오전을 보내고 목표는 청산도 무작정 고속터미널로(내 사전에는 예약이 없다).
출발 : 4일 12시(센츄럴고속터미널)
1) 서울 - 완도(6시간 소요) 1일 4회  ₩33,400(참고)
2) 서울 - 광주  4시간(일반 ₩16,500) 3) 광주 - 해남 - 완도  ₩15,400
완도 도착 :  18:00 도착(모든 여객선 출항 종료)

여객 터미널 까지 가는 중 숙소는 찜질방, 청산도는 내일 첫 배로 결정하고 어느 항구에나 있듯이 회 센터에서 간단한 회 한 사라로 바닷바람 쐬고 정신차리니 새벽 1시쯤에 찜질방에 뜨거운 여름밤 몸부림이다.

### 완도 - 청산도

완도 여객 터미널에서 평소에는 1일 4회 운영하는데 성수기 땐 매시간 운영한다.
첫배(06:00)를 타고 다도해 해상 국립공원을 가른다.
어제 저녁도 제대로 챙기지 못하고 허겁지겁 청산도에 도착하니 상상을 초월한다. 식당은 몇 개 있는데  이른 아침이라 식사가 안 된다.  딱 한 군데  아침부터 성게 덧밥 지난봄 거제도 덧밥 생각이 난다. 성게는 안 보이고 콩나물, 당근, 상치투성이다. 청산도는 이곳 도청항 외는 어디서도 식당 식사를 할 수 없다는 주민 어르신 얘기 덧붙이면 외지 사람들은 이곳을 뭘 보러 오는지 모르겠다며 궁시렁거린다.

### 청산도 슬로길(마스코트는 달팽이)  도상 연구

 33도 찜더위 감안 청산도는 완도에서 19km, 쾌속 유람선으로 1시간 소요 면적은 42.7km, 12개 면(섬으로 됨), 인구 2,620명. 1981년 다도해 해상국립공원, 2007년 슬로시티 승인 슬로길은 전체 11코스(42.195km), <서편제>와 <봄의 왈츠> 촬영지, 고인돌 공원, 다도해의 시원한 바다를 보며 걷는 해변가 숲길이다. 오늘은 1~3코스만 걷기로 결정. 유일한 가게 농협 마트에서 막걸리 1통, 빵을 준비했다.

1코스

5.7km 동구정(우물), 영화 <서편제> 봄의 왈츠 촬영지, 화랑포길(새 땅끝)

2코스

 2km  연애바위길(일명 사랑길), 해안 절벽길로 비포장, 황반장이 좋아하는 부처손 군락지(비닐봉지에 채취해 옴)

3코스

4.5km. 영화 <서편제> 촬영 가옥, 청산진성(복원축성), 하마비 고인돌공원 3코스를 끝내니 12:30분. 은근히 밀려오는 피로와 함께 귀경길이 걱정 된다. 청산도를 뒤로하고 1시 여객선으로 완도항에서 히라스 회 한 접시로 휴가 마무리다.

# 20. 장봉도 섬 산행(2011.8.15)

가는 길 : 09:00 영종도 삼목 선착장(인천공항전철- 운서역- 마을버스)
          (매시간 여객선 운항 왕복 5.500원)
곳 : 장봉도 섬 산행(산 넘고, 바위길, 자갈길, 모랫길) 22km
준비 : 김밥 한 줄, 막걸리 한 통, 얼음 물 한 통, 제 비용
장봉도 구성 : 삼목 선착장, 장봉 1,2,3,4리 마을
해수욕장 : 옹암, 한들, 진촌해수욕장
등산 코스 : 장봉선착장 - 팔각정 - 국사봉 - 장봉3리  봉화대- 가막머리(저
          녁노을) 약 14km

아침부터 내리는 비는 배낭 짐을 무겁게 하고 예상대로 김밥 2줄 막걸리 1통
물 2통 운서역 - 삼목 선착장 이르기까지 비가 내린다. 새우깡 세례에 맥 못
추는 갈매기 떼 식성이 변화돼 버린 갈매기  측은하기까지 하다. 주민이 등산
코스를 일주할 리 없고 대충 도상 따라 능선을 오른다.
안개 낀 길 따라 넘 편하다 싶어 보니 다시 선착장이다.
장봉4리에서 마을 지나 산길을 오르니 봉화대(가막머리 가는 중턱 능선이다)
에서 잠시 땀을 식히고 국사봉 쪽으로 가기로 한다. 뒤돌아오는 길 삼거리 음
식점 주인장 안내를 받아 다시 삼거리에서 제3의 길로 오르니 그림이 그려진
다. 길 없는 길보다 더 어려운 길은 이정표 없는 길이란 걸 새삼 느끼며 국사
봉에 이르니 사방이 안개 그사이로 불어오는 시원한 바람뿐이다.

# 21. 강릉 바우길 11구간(2011.8.20-21)

**곳** : 강릉 바우길(11구간) 신사임당길(16.5km), 6시간 소요
**숙박** : 리버님 관사(강릉 시립미술관 옆)
**참석자** : 리버님 외 14명
**코스** : 강릉 위촌리 송양 초등학교 출발 - 신사임당

죽헌 저수지를 지나 구름 위의 산책의 특이한 카페를 지난다. 작은 다리 건너 갈림길에서 좌측 도로로 진입 후 곧바로 삼거리에서 좌측 농로에서 금정산 막걸리 죽림사 입구와 <효자마을 백교> 표지석을 지나 우측으로 죽서교를 건너 자마자 좌측 방향의 둑방길 교량 밑을 통과 후 만나는 도로에서 좌측으로 다리를 건너면 오죽헌, 오죽헌을 둘러보고 오죽헌 입구에서 관망만 함.
　곧바로 우측 시멘트 농로를 따라 들어간다. 교량을 건너니 선교장 김시습기념관을 지나 우측으로 꺾으니 400년 전통 순두부집(리버님의 정통 명가의 내력 경청) 늦은 점심, 순두부로 허기진 배 채우니 포만감이다.
　주인장께 단체 사진 한 컷 하고 여기서 좌, 우, 두 파로 나뉜다(바우 11코스 4.5km를 남겨진 상태). 우파 두목 돌문어, 그리고 돌부처, 맨날, 네바꾸반, 다갈흰자, 리본님. 금강소나무길, 시루봉(해송, 또는 금강소나무숲 안 보았으면 후회), 경포대 안내판의 안내를 받음 경포대 정자자에 올라 대관령, 선자령 경포호, 강릉 앞바다를 심호흡하고 안내를 잘못 받아 경포해수욕장으로 가는 바람에 허난설 기념관을 놓친다(18:30). 할 수 없어 택시로 숙소로 향함. 16.4km 바우길 마무리.

# 22. 문산 DMZ 평화누리길 번개(2011.9.17)

평화누리길은 경기 북부 DMZ 인근 지역을 연결한 길이다. 김포와 파주, 연천
에 각 코스가 조성돼 있고 전체 길이만 182.3㎞에 달한다. 이 가운데 연천구
간은 파주의 황포돛배에서 시작해 신탄리역까지 62.2㎞에 이르는 3개의 코스
로 이뤄져 있는 임진강과 한탄강을 따라 걷는 길이다.
연천구간에서 가장 손꼽히는 길은 21.8㎞의 둘째길 코스다. 숭의전에서 출발
해 고구려 보루 숲길, 군남 홍수조절지까지 이어진다. 구석기 인류가 생활했
던 임진강을 끼고 걷는 이 길은 먼 옛날 화산의 용암이 흘러내리며 조각해 놓
은 멋들어진 주상절리를 따라 걷는다. 때로는 자연에 위대함을 감탄케 하고,
때로는 인간의 역사와 문화를 살짝 엿볼 수 있는 길이다.
시작은 임진강이 굽이쳐 흐르는 모습을 볼 수 있는 아미산 자락 숭의전이다.
숭의전은 조선 태조가 고려 태조 왕건과 현종, 문종, 원종 등 4명의 왕과 고
려 충신 16명을 봉향하기 위해 지은 사당이다. 이 길을 따라 20~30분  정도
걷다 보면 고려시대 당포성에 닿게 된다. 당포성은 임진강 본류 13m 높이의
주상절리 위에 쌓은 고구려 성곽이다. 사실 임진강과 한탄강은 전쟁으로 점철
된 아픔의 강이다. 삼국시대에는 고구려와 신라가 대치했고, 거란과 몽골이
침입했으며 지금은 남과 북이 대치하고 있다. 연천에는 당포성외 은대리성,
호로고루 등 고구려 성 곽유적이 곳곳에 있다. 당포성에서 조금만 가면 길가
에 연천유엔군 화장장 시설을 볼 수 있다. 한국전쟁 중에 사망한 유엔군의 시
신을 화장했던 곳으로 지금은 폐허가 돼 있지만 가장 중요한 화장장 굴뚝이
남아 있어 당시 한국전쟁의 아픔을 고스란히 간직하고 있다.

**둘째길 코스**(21.8㎞ 6시간가량 소요)
숭의전 – 당포성 – 동이리대대 –주상절리 – 물새롬센터 – 무등리 고구려보루
길 – 허브빌리지 –북삼교 –(겸재 정선 웅연계람 배경지) – 군남 홍수조절지
(두루미테마파크) 30만 년 전으로의 시간여행, 한탄강 관광지를 지나면 곧바
로 전곡리 선사유적지(사적 제268호)를 만나게 된다.
전곡리 유적은 1978년 미군 병사 그렉 보웬이 4점의 석기를 우연히 발견해 김
원용 서울대 교수에게 알리면서 세계적으로 주목 받는 유적지로 부상했다.

**강 따라 펼쳐진 직벽의 주상절리**
연천군 미산면 동이리에는 길이 1.5㎞의 거대한 주상절리가 임진강을 따라 펼
쳐져 있다. 한눈에 보이는 길이만 1.2㎞여서 국내에도 이런 곳이 있었나 싶

다. 주상절리 하면 제주 서귀포 주상절리를 떠올리기 쉽다. 서귀포 주상절리는 바다 위로 솟은 육각형 모양이 뚜렷한 데 비해 임진강 주상절리는 칼로 내리친 듯한 직벽이다.

추가령에서 전곡리에 이르는 120㎞의 주상절리대가 형성됐다. 연천의 임진강과 한탄강 ~ 차탄천 주상절리도 이렇게 만들어졌다. 연천 신답리 이르면 고구려 성을 만나다 남한에서 확인되는 고구려 유적 93개소 가운데 63개소가 임진강·한탄강 유역, 양주분지 일원, 아차산 일대 등 경기 북부 지역에 분포한다. 그중 임진강·한탄강 유역의 고구려 유적은 덕진 산성만 빼고는 모두 연천군에 있다. 이들 유적은 대부분 임진·한탄강 유역의 북한에 있는데 여울목, 나루터 등 강을 건널 수 있는 길목에 자리잡고 있는 것이 특징이다. 연천은 서해의 뱃길을 이용하지 않고 육로를 통해 평양과 서울을 연결하는 최단거리상의 교통 요지다. 임진·한탄강을 따라 수십 ㎞에 걸쳐 15~20m의 강안 절벽이 형성돼 있어 강을 건널 수 있는 요충지를 장악하면 신라와 백제의 분진을 효율적으로 막을 수 있었던 것이다.
당시의 모습을 짐작하게 하는 유적이 미산면 동이리의 당포성과 장남면 원당리의 호로고루 성, 전곡읍 은대리의 은대리 성이다. 주상절리와 가까운 당포성은 6세기쯤 반도로 남진한 고구려가 신라와 백제 연합군에 맞서 세운 전술 성곽이다. 강 위로 불끈 솟은 높은 자연 지형을 효율적으로 이용해 쌓은 천연 성곽으로 파주, 동두천 일대까지 모두 조망할 수 있는 형세다. 신라 마지막 왕 경순왕릉도 연천에 있다.

다음 목적지는 고려와 조선으로 흘러간다. 조선을 세운 태조 이성계는 고려 왕조에 대한 예우 차원에서 공양왕의 동생 왕우와 두 아들에게 경기도의 마전(지금의 연천 미산면 일대)을 내리 태조 왕건, 혜종, 성종, 현종, 문종, 원종, 충렬왕, 공민왕 등 8대 왕의 위패를 모신 제사를 지내도록 했다. 이후 유교적 잣대에 따라 제례 대상이 축소돼 태조, 현종, 문종, 원종 4왕과 신숭겸, 정몽주 등 고려 충신 16인을 모신 제례를 지금껏 지내는 곳이 바로 숭의전(崇義殿)의 임진강변이 훤히 내려다보이는 미산면 산자락에 있다.

### DMZ와 평화누리길
연천군은 경기도 최북단의 DMZ 인근 지역을 걸을 수 있는 평화누리길 3개 코스를 개발해 놓았다.
황포돛배 ~ 숭의전 ~ 군남 홍수조절지~ 신탄리역을 잇는 코스다. 평화누리 길을 걷노라면 임진강 주상절리와 당포성, 겸재 정선의 국보급 그림 '웅연계람'의 배경이 된 풍경까지 볼 수 있다. 연천군 문화관광과(031-839-2061)에

미리 신청하면 북한 땅을 한눈에 바라볼 수 있는 열쇠전망대를 기점으로 1km
길이의 철책선을 따라 걷는 철책체험도 할 수 있다. 연천은 수도권에 속하면
서도 전혀 수도권답지 않은 지역이다. 행정구역(696㎢)이 서울(605㎢)보다 넓
지만 98%가 군사시설보호구역이다.

# 23. 영주 소백산 자락길(2011.9.24-25)

**곳** : 영주 소백산 자락길 2와 1/3 걷기(총 25.6km)
    송이, 사과, 인삼 맛보기, 부석사, 소수서원, 성혈사 등 답사

**집결지 및 시간** : 9월 24일 아침 7시 동서울터미널 7시 15분차(2시간 30분 소
    요, 버스비 14,300원)

**코스** : 숙소 - 부석사로 이동(버스이용)부석사 관람, 간단 점심 후 기행 부석
사 경내를 돌아본 뒤 부석사에서 출발해 좌석까지 이르는 11자락(13.8km) 걷
기. 소백산 자락길 총 12자락 중 11,12자락. 소수서원(선비촌) 관람 - 점심 -
희방사(소백산역) -죽령고개 - 휴게소 -서울출발 송이의 등급과 양은 현지 시
세와 우리네 주머니 사정에 따라 달라질 수 있습니다.

**영주, 풍기, 순흥면 주변은?**
경북 북부지역 전형적 유교문화권 (안동, 영주, 상주, 문경, 의성, 예천, 영
양, 청송, 봉화) 우로 문경새재, 좌로 추풍령 그리고 영주 죽령 길이 소백산
을 배경으로 아름다운 자연경관을 제공해 주고 소목터널 걷기는 문화경관 과
자연환경을 결합 관광자원으로 개발 안간 힘을 쏟는다.

옛날 선비들, 장사꾼, 나그네 들이 넘던 고갯길 거기에는 분명 주막이 있고 객점이 있었을 것이다  추풍령은 추풍낙엽이고, 죽령은 죽을 맛 나는 새재길 이었을 것으로 추측해본다 그리고 죽령은 신라 아달라왕 5년에 길을 개척하다

**지쳐 순사했다하여 죽령으로 명명**
영주는 동양 대학이 있고 사찰로는 부석사, 성혈사, 비로사, 희방사 그리고 소수서원과 선비 촌, 단종 복위운동을 하다 무참히 도륙 당한 금성대군의 신단 등 볼거리를 제공하고 특산품으로는 풍기인삼, 영주한우, 영주사과, 단산포도, 풍기인견이 있어 볼거리 먹거리가 풍부하다 특히 소수서원 해설사를 따라 둘러봄은 옛 유학자들의 정신에 고개가 끄덕여진다.

단청이 없다

## 동동주에 고추 파전

고향을 그리는 낡은이의 해후를 덧 붙여본다.

그때 과수원들과는 달리 알젖퉁이 같고, 알궁둥이 같이 팽팽하고 빨간 사과들이 비만한 당도를 자랑하며 적나라한 노출로 정체성을 확보하는 지금의 사과밭. 보는 풍요로움만으로도 감사의 제단을 쌓지만 뒤틀린 가지의 통증을 상상하면 때로는 한 알 한 알이 당의정처럼 여겨질 때도 있다.

소백산 자락에 빼곡히 들어앉은 그 많은 사과밭 사이로 난 그 길, 스스로에게 칭얼대며 올라갔던 그때 그 산길을 어쩌면 '길나'가 가로질러갔다는 생각이 든다. 추억의 대가를 그리움이 아닌 아쉬움으로 남긴다.

# 24. 철원 쇠둘레길(2011.10.1)

### 1코스 한탄강길
11km[승일공원 - 승일교 - 고석정 - 마당바위 - 송대소 - 태봉대교(번지점프장) - 직탕폭포 - 무당소 - 오덕리(금을고지) - 칠만암]

### 2코스 금강산 가는 길
16km,오덕리(금을고지) - 학저수지 - 도피안사 - 노동당사 - 새우젓고개 - 일제강점기 수도국지 - 피바위 - 이태준 생가 - 금강산철교 - 율이리(용담)

**오늘 예상 코스** : 태봉대교 - 직탕폭토(번지점프) - 무당소 - 오덕리 - 학저수지 - 도피안사 - 노동당사(14km)

국군의 날인 오늘 트레킹은 우연히 쇠둘레길(승일교 - 노동당사)이다. 한탄강길은 역사 속에서는 궁예의 나라 '태봉'의 수도였던 곳, 그리고 한국전쟁 시 '철의 삼각지'로 유명한 곳, 바로 철원 쇠둘레(鐵原) 평화누리길은 철원군 지자체의 활발히 진행되고 있는 사업의 하나다.

### 한탄대교와 승일대교
승일대교는 이승만 전 대통령의 승(承)자와 김일성의 일(日)자를 합쳐서 이름 붙여졌다. 이 다리는 한국전쟁 당시 남북 합작으로 만든 다리라는 점에서 그 의미가 있다. 후에 한탄대교가 생기면서 차량 통행이 금지되었는데, 이 승일대교를 중심으로 조성된 승일 공원이 조성되어 있다.

### 철원팔경 중 하나인 고석정
조선 명종 때에 문무를 겸비한 위인이었던 임꺽정이 천인의 자식이란 이유로 등용될 수 없었던 부당한 사회와 관료의 수탈, 조정의 부패에 항거하여 대적당을 조직하고 관군에 항거하다가 관군에 쫓기게 되면 변화무쌍한 기재를 이용해 꺽지로 변하여 한탄강 속에 숨었다는 전설 때문이다.

지금은 출입이 금지되어 있지만 고석정 일대에는 임꺽정이 은신하였다는 자연
석굴 또한 위치해 있어 임꺽정의 전설이 눈앞에 생생하게 펼쳐진 곳.

**태봉대교** : 번지점프 시설(나도 하면 할 수 있다)

**직탕폭포**(3m × 80m)
한국의 나이지리아폭포라고 불림 낙착이 조금 낮지만 경관은 아름답다.

오덕리를 지나 점심을 위한 학저수지로 향하는 들판 길, 멀리 금학산(947m)이
동송읍을 품고 그 뒤로 고대산이 동송 앞 벌판의 젖줄 학저수지에 이르니 성
급한 기러기 떼가 겨울을 몰고 내려 와 있다.
양지바른 곳 자리를 깔고 채송화님의 돔 구이를 비롯 진수성찬 밑반찬, 모처
럼 와인삼겹살 트레킹이 되었다.

**도피안사**
신라 경문왕 때 도선국사가 높이 91cm의 철조비로자나불로좌상을 제조했다고
한다. 도선국사가 그 불상을 안양사에 봉안하기 위해서 가다가 잠시 쉬고 있
는데 갑자기 불상이 없어졌다. 불상을 찾아 그 근처를 찾아보는데 놀랍게도
현재 위치에 그 불상이 안좌한 자세로 있는 것을 발견하게 되었다. 그리하여
그 자리에 암자를 짓고 불상을 모셨다고 하는데 당시 철조불상이 영원한 안
식처인 피안에 이르렀다하여 절 이름은 도피안사로 지어졌다.
절은 채색하지 않고 꾸미지 않은 모습이 수수하나 고풍스럽고 조용하며 평화
로운 분위기가 인상적이다. 금와보살이라 불리는 금개구리가 나타났다는 삼층
석탑도 볼 수 있다.

**노동당사**
1946년 초 북한 땅이었을 때 철원군 조선노동당에서 시공한 러시아식 건물,
한국전쟁의 참화로 검게 그을린 건물 앞뒤엔 포탄과 총탄 자국이 촘촘하다.
8 · 15광복 후부터 한국전쟁이 일어나기까지 공산 치하에서 반공활동을 하던
많은 사람들이 잡혀와 고문과 무자비한 학살을 당하였던 곳.

뒤편에 설치된 방공호에서 나온 사람의 유골, 실탄, 철사 줄이 그 당시의 참상을 미루어 짐작하게 한다. 그 슬픈 역사를 건물 당사, 그리고 멀리 백마고지를 뒤로하고 차에 오른다(18.30).

# 25. 변산마실길, 축령산(2011.10.15-16)

**위치** : 전라북도 부안군 변산면
**교통편** : 승용차
**첫째 날** : 솔섬 2,3구간 코스에서 시작이다
**2-2코스** : 솔섬 - 용물등 - 산림 연수원 - 모항 해수욕장 - 모항 - 갯마을 낚시터 - 갯벌체험장(5km 1시간)
**3-1코스** : 갯벌체험장 - 쌍계재 - 작당마을 - 왕포마을(6.7km) 변산마실길은 4개의 구간으로 나뉜다. 새만금 전시관에서 격포항.
**1구간(18km, 6시간 20분 소요)** : 격포항에서 모갯벌체험장까지
**2구간(14km, 4시간)** : 모항갯벌체험장 - 모항 갯벌 체험장에서 곰소염전까지
**3구간(23km, 8시간 소요)** : 곰소 염전에서 줄포 자연생태공원까지 4구간(11km, 4시간 소요)이다.

한 구간은 대략 2~3개의 코스로 버스가 다니는 도로가 있으나 요즘은 운행 중지(버스사 폐업) 초소 길은 해안을 따라 철책이 있다. 해안을 경계하던 군인들이 사용하던 길이라는 것을 알 수 있다.

유난히 많은 가을의 꽃이라 불리는 코스모스 유난히 해맑은 가을 길을 신선하게 해준다.

둘째 날은 장성군 백암산과 축령산을 어우르는 문수사, 축령산 삼나무와 편백나무 숲 트래킹, 90만 평 인공림 편백·삼나무 등 키 자랑을 하고 있고 숲은 참 건강하다는 생각이 든다. 삼나무와 편백, 그리고 낙엽송. 숲을 배경으로 영화 <태백산맥> <내 마음의 풍경>, 드라마 <왕초> 등의 촬영지.

## 축령산
축령산은 여의도 면적의 3분의 1에 달하는 260ha(90만 평)에 펼쳐진 울창한 편백나무 숲은 3시간이면 주파 가능 편백나무는 장(腸)과 심폐기능을 강화하고 만성질환 치유에 효과가 있는 피톤치드 성분을 소나무에 비해 4~5배나 많이 배출한다.
편백나무 숲이 스트레스 해소와 면역력 강화 등에 효과가 있다는 사실이 알려지면서 이곳을 찾는 탐방객이 주말에는 4~5백 명에 이르고, 한 번 걷고 나면 기침, 감기 뚝이란다.
한국의 조림왕'이라고 불리는 임종국(1915~1987) 선생은 1956년부터 1987년까지 사재를 털어 축령산 자락에 숲을 가꾸었다. 나무 심는 일은 손이 많이 가지만 돈은 되지 않는 일이었다. 심으면 심을수록 손해를 봤지만 임 선생은 주변 임야를 사들여 지속적으로 편백나무를 심었다. 임 선생을 따라 어린 시절부터 숲을 가꿔온 딸 임순갑(67) 씨는 아버지는 10년을 내다보면 후학 교육에 힘써야 하지만 20년을 내다본다면 나무를 심어야 한다며 나무를 자식 돌보듯 했다고 회고. 산림청은 임종국 선생이 사망한 뒤 다른 이의 손에 넘어가 방치·훼손되던 편백나무 숲을 2002년 사들여 2009년부터 "치유의 숲"으로 가꿨다.

## 축령산 가는 길

호남고속도로 백양사IC에서 빠져나오는 것이 편하다. 톨게이트에서 우회전, 굴다리 밑으로 직진해 장성 방향 모현리 4거리까지 간다. 약 6㎞. 고창 쪽으로 우회전, 898번 지방도로를 타고 개천교를 지나 금곡마을 입구까지 4.4㎞. 금곡영화마을이란 이정표를 보고 좌회전, 2㎞ 정도 올라가면 마을 입구다. 마을 뒷산이 축령산이다. 서울에서 장성까지 하루 3편 고속버스가 다닌다. 장성읍에서 금곡마을까지는 하루 4차례 군내버스가 왕복한다. 장성터미널.

## 트래킹 이모저모

오늘 정모는 여러 변수가 많다, 우선 개인적으로는 안보한마당 총 동문체육대회를 마눌님에게 위임하고 급선회 한 점. 길나 여인님들 모두 낙오(영감님 제외). 날씨는 네바꾸반님 걱정하는 대로 이루어지지 않고 쾌청한 날씨로 형성.

7시 30분 리본님 12인승 승합차 도착으로 7명 합정역 사거리를 이탈한다. 모처럼 차량 한 대로 그것도 버스전용 고속도로를 질주하는 기분은 왠지 우쭐.

합정동 날라리들이 서해안 고속도로를 질주한다(나불님 없어 노래를 틀지 못함).

어제 저녁 숙취를 감안 12km 트래킹으로 조정. 전북 학생 수련원(솔섬)에 도착 11시. 불편한 만남은 아니지만 가스 출현(우리땅 우석대학 버스 2대가 주차하고 있다). 신정일 선생 답사 코스와 겹친 것이다. 확 트인 바다 저편에서 불어온 바다 바람과 육지의 숲 내음을 마시고 뱉으며 바위와 숲길을 그리고, 낚시꾼들(연인들)이 갯바위에서 노니는 정경을 음미하며 12시쯤 이르니 리본님이 준비한 달랑 김밥 한 줄로 허기를 채웠던 아침이 몸부림친다. 밑반찬(채송화님), 나길 여인님들 그리워한들 아무 소용없다. 막걸리 2통(돌부처), 무공해 땅콩(나야님), 사과 3개(리본님), 솔잎주 2컵(리본님). 그래도 맛있게 일순배하고 식당 찾아 길 찾아 트래킹으로 이어진다.
생각보다 마을은 있는데 먹을 만한 식당은 우리에게 기회를 주지 않았다. 갯벌 체험장을 지나 대형 국시집 발견했는데 그런데 불행이도 우리땅걷기님들 식사 중 또다시 도피 및 탈출을 시도한다.
쌍계재를 넘어 바닷가 자갈밭에 이르러 조개 캐는 아낙들에 쑥떡을 보시 받아 한 잎씩 시골 아낙네의 순수함을 음미하며 식당 찾아 길 따라 무한질주. 그래도 식당은 없다. 길다란 마동 방조제 뚝 방위 갈매기 날고 왕포마을에 이르니 지친다(오후 2시 30분). 콜택시(2만 원을 1만8천 원으로 할인) 타고 오늘 트레킹 마무리하고 곰소 식당으로.
이제는 풍천장어 파티만 남았다는 기대감으로 문어님 고택으로 향하는 중. 고창터미널에서 시장을 보고 선운사 입구에서 복분자(뭉치네식당) 구입. 장어 우리수산 장어집에서 장어 구입, 시간은 흘러 어둠은 깔리고 문어님 고택 도착(17시 30분). 문어님이 1,300마리째 장어를 굽고 몇 시에 취침했는지는 아무도 모른다.
이른 아침 숙주라면에 숙취를 풀고 축령산으로 향한다. 말로만 들었던 축령산 편백과 삼나무 숲은 보도내용 그대로 만성질환치료에 충분한 효염이 있을 것 같은 숲이 울창하다. 개인적으로 한 번 방문하기로 입력하고 돌문어님의 고택에서 삼겹살 파티를 주장했으나 다수결로 고창시내서 해결하기로 결정. 아이러니하게 한우집에서 삼겹살, 간, 천엽 서비스를 받으며 맛있는 삼겹살로 순대 채우고, 귀경길은 온통 졸음으로 가름하고, 네바꾸반님은 어제 저녁 장어 포식 덕분에 화장실 들락날락 덕분에 30분 연착(교대 부근 도착 6시 30분), 오며 가며 수고한 리본님에게 다시 한 번 공식 박수를 보낸다.

# 26. 파주 평화누리길 넷째길(2011.10.29)

코스 : 화석정 - 율곡리 - 두포리 - 파평중학교 - 장파리 - 장파삼거리 - 황포돛대

아침에 온 화석정 저녁에 다시 오다 가던 곳 다시 가고 오던 곳 다시 오고 인생사 돌고 돌고 꽃과 돌과 정자와 그렇게 피고지고 그렇게 새겨지고 그렇게 쉬다 가네.
강가에 앉아서 삼겹살 먹고 물약도 먹고 인생사 놀고 지고 세월이 가던 말던 나불님의 중국 고사성어 강의는 시작된다.
施罰勞馬(시벌로마, 열심히 일하는 부하직원을 못 잡아먹어 안달인 직장상사들에게 흔히 하는 말)
漁走九里(어주구리, 능력도 안 되는 이가 센척하거나 능력 밖의 일을 하려고 할 때 주위의 사람들이 쓰는 말)
善漁夫非取(선어부비취, 자신이 뜻한 대로 일이 잘 이루어지지 않을 때 약간 화가 난 어조로 강하게 발음한다. 오늘날 미, 영국에서 자주 쓰는 말(son of a bitch : 개새끼).
始發奴無色旗(시발노무색기, 혼자 행동하여 다른 사람에게 피해를 입히는 사람이나, 제대로 알지도 못하면서 마구 행동하는 사람)
처음부터 끝까지 시원한 바람과 웃음과 풍만한 간식으로 대만족 만세다.

# 27. 시흥 능내길(2011.11.19)

시흥 능내길 중 가장 인기 있는 2코스(갯골길)을 걷다.
갈대와 억새가 어우러져 있어 산책 코스로서 최상의 조건을 갖추고 있다.

**주요 경로** : 시청 – 쌀 연구회 – 갯골생태공원 전망대 – 염전 – 아카시아길 –
방산대교 – 방산펌프장 – 포동펌프장 – 갈대밭 – 흥부갑 –장현천 – 시청

**친구** : 억새,갈대,모새달,퉁퉁마디,나문재,염전,칠면초,농게,참게,금개구리

**찾아 가는 길**(대중교통) : 전철1호선 소사역 – 시흥시청
능내는 경기도 시흥시의 순우리말 옛 이름으로서 '길게 뻗어가는 땅'이란 뜻
이고, 갯골이란 갯벌 사이를 뚫고 길게 나있는 고랑(물길)을 말한다. 갯골 중
에서도 시흥 갯골은 우리나라에서 유일하게 내륙 깊숙이 들어와 있는 내만 갯
벌로서 다양한 생물군들이 사는 생태의 보고이다.

# 28. 오산 독산성(2012.1.28)

**찾아가는 길 그리고 트레킹 코스**
한신대학교 버스 종점-양산봉 / 전망대 - 독산성 삼림욕장 주차장 - 보적사 -
세마대 / 돌산터 - 보적사 - 독산서문 - 삼림욕장 - 약수터 - 한신대 정류장
산길 반 숲길 반 일명 방목형 트레킹(6km)

**독성산성(禿城山城) 일명 독산성은?**
선조 26년(1593) 임진왜란 중에 권율 장군이 전라도로부터 병사 2만여 명을
이끌고 이곳에 주둔하여 왜병 수만 명을 무찌르고 성을 지킴으로써 적의 진로
를 차단했던 곳이다.
독산성이 언제 만들어졌는지 분명하지는 않으나 백제, 통일신라시대, 고려시
대에 군사요충지임. 성 둘레는 3,240m이고 문도 4개이지만 성 안에 물이 부족
한 것이 큰 결점이었다. 이런 결점 때문에 이곳에는 세마대(洗馬臺)의 전설이
있는데, 권율 장군이 산 위로 흰 말을 끌어다가 흰 쌀로 말을 씻기는 시늉을
해 보이므로 왜군이 성 안에 물이 풍부한 것으로 속아서 물러났다는 이야기가
전해옴 산 정상에 위치한 보적사는 독산성 창건 당시 성 안에 세워진 그리 크
지 않은 절이다.

# 29. 무의도 국사봉 정모(2012.2.18)

이번 트래킹은 특이하게 승용차 이동 없는 인천국제공항 출국장이 집결지다. 국제적 감각이 가장 넘실거린 곳, 오가는 사람들 보따리 사연들 활기가 넘친다. 호주 해변가 트래킹한다는 느낌으로 공항 출국장 도착하니 10시다.

오늘 트래킹 코스는 무의도 국사봉 코스로 거의 산행길이다.

잠진 선착장 가는 버스 시간표 찾기 30분을 소비하고 나니 11시 마을버스를 타고 잠진 선착장 도착하니 무척 춥다.

무의도까지는 대충 200m 정도인데 다리 한 개 간단하게 놓으면 얼마나 좋을까 하는 생각은 배 시간을 기다리며 나온 푸념. 눈 깜짝할 사이 무의도에 도착하니 입구에 산행 안내판이 있어 쉽게 오를 수 있다. 중간 깔딱 고개 오르니 우로 국제공항, 좌로 을왕리, 왕산리 해수욕장 뒤면으로 전설 속의 실미도. 그리고 멀리 대이작도까지 이어지는 망망대해.

비록 짧은 길이지만 소나무와 잡목 낙엽을 밟으면 걷는 길 상쾌하다.

국사봉 오르기 전 12시. 헬기장에서 점심 먹기는 채송화님의 도시락 2개, 어리굴젓, 리본님 5장육 그리고 소주 3병이 전부다.

시장이 반찬이라 넘 맛있다. 그리 높지 않은 국사봉에 이르니 사방이 확 트여 멀리 인천공항, 인천대교, 희로애락을 실은 비행기는 공항 활주로를 바쁘게 오르내린다.

정상에서 맛있는 커피 한잔 마시고 하산하여 도착한 곳 하나개 해수욕장. 한때 인기 드라마 <천국의 계단> 촬영 세트장이 아직도 해수욕장 홍보를 하고 있다. 오늘의 주 이벤트 메뉴 미국산 삼겹살 파티(나불님 어제부터 준비)로 오늘 마무리 오늘은 외국풍 나는 옥수동 리본 친구 서인영 씨의 입담에 지루하지 않았다.

# 30. 서산 아라메길(2012.3.17)

### 서산 아라메길 제1코스(2012.3.17)

이번 정모는 서산 아라메길 1코스를 다 걷기는 힘들 것 같기에 서산마애여래삼존상 - 해미읍성까지 대중교통 이용 후 서산터미널에서 집결하여 이동. 오전 9시30분까지 걷기 거리는 13킬로 정도이며, 식사 및 먹거리는 각자 지참. 고속버스터미널에서 우등 11,100원 일반 7,600원 첫차 6:00 막차 21:50 배차간격 20분, 소요시간 1시간 50분.

### 이동 수단

대중교통(장거리 / 이동 시간 2시간). 예보대로 아침 날씨는 흐리지만 비는 오지 않고 안개가 많은 편. 못 믿을 것 대중교통 6시 20분에 집을 나서면 충분할 줄 알았는데 터미널 10분 늦었는데 당황하여 우등 버스를 탔다. 아침 일찍부터 서두름에 타자마자 잠에 떨어진다. 생각보다 빨리 서산터미널 도착하니 반가운 길나님들.

용현리 가는 교통수단 편성 중이다. 네바꾸반님 친구 흑기사 차량 대기 나머지는 택시로 이동 마애여래삼존 탐사로 트래킹 시작이다

### 서산마애삼존불상(瑞山磨崖三尊佛像) 요약

종목 : 국보 제84호, 분류 : 유물, 불교조각, 석조, 불상

지정일 : 1962.12.20

소재지 : 충남 서산시 운산면 용현리 2-10,

시대 : 백제 후기

**충**암 절벽에 거대한 여래입상을 중심으로 오른쪽은 보살 입상, 왼쪽에는 반가사유상이 각되어있음. 흔히 '백제의 미소'로 널리 알려진 이 마애불은 암벽을 조금 파고 들어가 불상을 조각한 석굴 형식이다. 특히 이곳은 백제 때 중국으로 통하는 교통로의 중심지인 태안반도에서 부여로 가는 길목에 해당하므로, 이 마애불은 당시의 활발했던 중국과의 문화교류 분위기를 엿볼 수 있게 하는 작품이라 하겠다.

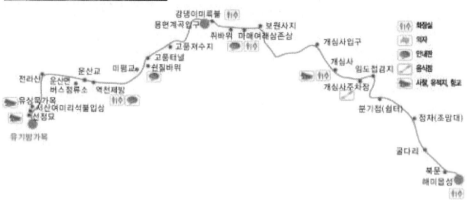

### 서산 보원사지(瑞山 普願寺址) 요약

종목 : 사적 제316호

지정일 : 1987.07.18

소재지 : 충남 서산시 운산면 용현리 105

통일신라 후기와 고려 전기 사이에 창건된 것으로 보이며, 신라 말과 고려 초에 법인국사 탄문이 활약 법인국사 보승탑 비에 승려 1,000여 명이 머물렀다는 기록으로 미루어보아 당시엔 매우 큰 절이었음을 짐작할 수 있다.
보원사지 석조(보물 제102호)·당간지주(보물 제103호)·오층석탑(보물 제104호)·법인국사 보승탑(보물 제105호) 등 많은 문화재가 남아 있다.

### 보원사지 석조(普願寺址 石槽)-보물 제102호

보원사 터에 위치한 석조로 승려들이 물을 담아 쓰던 돌그릇으로 4톤의 물을 저장할 수 있었다 함

### 보원사지 당간지주(普願寺址 幢竿支柱) - 보물 제103호

절에서는 기도나 법회 등의 의식이 있을 때, 절 입구에 당(幢)이라는 깃발을 달았던 곳.

### 보원사지 오층석탑(普願寺址 五層石塔) -보물 제104호

보원사(普願寺)터 서쪽의 금당터 앞에 세워져 있는 고려시대의 석탑이다.

**보원사지 법인국사 탑(普願寺址 法印國師塔) -보물 제105호**

승려의 사리를 모셔놓은 탑은 사리탑 혹은 탑이라 하여 절의 한 켠에 세워두며, 사리를 넣어두는 탑신(塔身)을 중심으로, 아래에는 이를 받쳐주는 기단 부(基壇部)를 쌓고, 위로는 머리장식을 얹어둔다. 이 탑은 보원사(普願寺)터에 세워져 있는 사리탑으로, 법인국사 탄문(坦文)의 사리를 모셔놓고 있다.

법인국사는 신라 말과 고려 초에 활약한 유명한 승려로, 광종 19년(968)에 왕사(王師), 974년에 국사(國師)가 되었고, 그 이듬해 이곳 보원사에서 입적하였다. 978년에 왕이 '법인(法印)'이라 시호를 내리고 '보승(寶乘)'이라는 사리탑의 이름을 내렸다.

**보원사지 법인국사탑비(普願寺址 法印國師塔碑) - 보물 제106호**

법인국사(法印國師)는 광종 25년(974)에 국사(國師)가 되었고, 이듬해에 입적 경종3년(978년)에 세웠음.

### 개심사(開心寺) 요약

사적기(事蹟記)에 의하면 654년(무열왕 원년) 혜감국사가 창건할 당시는 개원사(開元寺)라 했고 ,1350년(충정왕 2) 혜감국사(慧鑑國師)가 창건할 당시에는 개원사(開元寺)라 했는데, 처능대사(處能大師)가 중건하면서 개심사라 했다고 함. 있는 그대로, 자연 그대로  우리나라에서 가장 아름다운 절 중 하나. 왼편에 세심동, 오른편에 개심사라는 돌 비석이 있다. 마음을 씻고 마음을 열고, 그리고 해탈을  충무공 이순신의 얼이 서려 있는 해미읍성.

### 종목 : 문화재 사적 제116호

조선시대 건축된 성 중에서는 보존 상태가 상당히 양호한 성으로 한국교회사에서는 약 3천여 명의 천주교 신자들이 천주교 박해로 처형당한 천주교 순교성지 중 한 곳이다.

이곳은 선조 12년(1578) 충무공 이순신이 병사 영의 군관으로 부임하여 10개월간 근무하였던 곳이기도 하다. 해미읍성은 원래 왜구의 출몰에 대응하기 위한 군사적 목적으로 건축되었다.

성벽의 높이는 4.9m로서 안쪽은 흙으로 내탁되었으며 성벽 상부 폭은 2.1m 정도이다. 성문은 동·서·남·북 4곳에 있는데 네모지게 잘 다듬은 무사석(武砂石)으로 쌓았으며, 출입구인 남문은 아치모양의 홍예문으로 이루어져 있다.

# 31. 강화 교동 다을새길(2012.4.21)

오래전부터 궁금했던 교동도를 모처럼 1일 코스로 방문하게 되면서 땅 길만이 아니고 바닷길을 겸하는 트레킹이다. 몇 가지 역사적 사료(史料)를 배경으로 부픈 기대감을 갖고 길을 걷는다. 일기예보를 거역하고 강행했건만 꿈은 무너지고 도상 연구로 대체하고 다음 기회로 미룬다.

### 강화군 교동도는?

위치 : 인천광역시 강화군 교동면
인구 : 3,820명, 면적 : 47.153㎢
교동도는 우리나라 최북단에 위치하고 대한민국 영토에 속한 섬 3,153개 중 15번째로 큰 섬이자 인천시에서 가장 큰 섬인 강화도(전국에서 4번째 큰 섬)의 부속 도(島)이다. 강화대교와 초지대교의 개통으로 강화도가 육지화되면서 바다 위에 섬으로는 인천시에서 가장 큰 섬이 교동도다.
조선 후기에는 삼도수군 통어사가 있었을 만큼 군사적 요충지였고 지금까지도 최전방 망어선 역할을 하고 있다. 또한 연산군과 광해군을 비롯해 세종의 3남 안평대군, 선조의 첫째 서자 임해군, 인조의 동생 능창대군, 인조의 5남 숭선군, 철종의 사촌 익평군, 흥선대원군의 손자 이준용 등이 교동도로 유배 당했다가 풀려나거나 사사되기도 한 유배의 섬이자 비운의 섬이기도 하다.

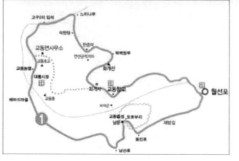

교동 '다을새길' : 월선포구선착장 출발, 교동향교, 화개사, 석천당, 대룡시장, 남산포, 교동읍성, 동진포, 월선포선착장 을 돌아보는 코스로 총 거리 16km, 소요 시간은 5~6시간이다.

오늘은 하프코스 : 12.7km (화개산행 생략) 예정 소요시간 : 약 4시간 30분

경유지 및 구간별 거리 : 월선포 출발 → 교동향교(3.5km) → 화개사(800m) → 교동면사무소(1.2km) → 대룡리시장(0.4km) → 남산포(2.8km)→ 교동읍성 (1km)→ 동진포(0.7km)→ 월선포(2.3km) 도착. 이제부터 교동의 역사와 유적을 따라 도상 트래킹을 시작한다.

향교 : 인천 강화군 교동면 읍내리 148에 위치한 인천광역시 유형문화재 제28호는 성현의 위패를 모시고 제사를 지내며, 지방 백성의 교육을 담당하기 위해서 국가에서 세운 교육기관이다. 고려 인종 5년(1127)에 화개산 북쪽에 지었으나 조선 영조 17년(1741)에 조호신이 현재의 위치로 옮겼다고 한다. 향교에 모셔져 있는 공자상은 고려 충렬왕 12년(1286)에 안향이 원나라서 돌아오는 길에 들여와 모셨다고 전하고 있고, 현재 건물은 교육공간인 명륜당과 동재. 서재가 있고 제사 공간인 대성전과 동무. 서무와 내삼문. 외삼문과 제기고가 있다.

화개산성 : 명종10년(1555) 최세운이 증축하고, 선조 24년(1591)에 이여양이 외성을 철거하여 읍성을 축조하는데 사용하였으며, 영조 13년(1737)에 개축하여 군창(軍倉)을 두었다는 기록과 북벽망루는 외성과 내성의 북벽이 교차되는 지점에 위치하고 있으며, 현재 망루로 추정되는 석축의 유적이 2곳 있다.

대룡리시장 : 교동 면사무소가 위치한 교동면 대룡리다. 행정기관과 교육기관 상점들이 위치하고 있는데 마치 분위기는 1960~70년대 느낌으로 추억속의 고향 장터 생각에 젖어 정겹기만 한 곳. 대룡시장에 가면 교동이발관을 꼭 들러보라 귀띔 해준다. 이 시장 골목에서 50년 동안 '교동이발관'을 운영해온 지광석(70) 할아버지, 모 방송사의 1박2일에 출현하면서 일약 스타가 된 대룡시장의 유명인사다. 지 할아버지는 대룡시장 골목을 지나는 관광객에게 친절히 대룡시장의 역사도 들려주기도 한다.

연산군 잠저지(潛邸址) : 연사군 적거지는 조선 제10대 왕 연산군이 중종반정 이후 유배되어 살았던 곳. 안내판은 적거지 또는 거적지로도 표기하고, 비문 표석은 잠저지 등 여러 가지 용어로 표기하고 있다. 표석대로 잠저지로 알고 연산군이 유배되어 살았다는 곳으로 알면 될 것이고, 현재 옛 집터는 없고 '연산군 잠저지'라고 새긴 화강암 비만 세워져 있다.

**참고 사료**

조선왕조 500년 역사에는 2번의 구데타가 있었고, 그 결과 왕이 아닌 2명의 군(君)이 탄생한다. 중종반정(中宗反正)과 인조반정(仁祖反正)이 그것이며, 연산군(燕山君)과 광해군(光海君)이 그들이다. 2명의 왕은 반정 후에 똑같이 여기 교동도로 귀양을 왔는데, 물길은 변함이 없는데 이끼 낀 유적비만 남아 있다. 1506년 11월 연산군은 이 섬에 귀양온 뒤 2개월 만에 죽는다. 죽었는지 죽였는지는 아직도 역사가 말 안 한다.

화병으로 죽었다고 도하고, 죽임을 당했다고도 한 아리송함. 이곳이 연산군이 죽은 자리라 생각하니 드라마 속의 그 얼굴들이 아련하다. 연산군과 달리 광해군은 여기로 귀양 왔다 제주도로 옮겨 천수를 다 했고, 형 임해군(臨海君)과 이복동생 영창대군(永昌大君)을 여기로 귀양을 보내 죽였는데 자신도 이곳으로 귀양 올 줄(?)을. 비운의 왕 광해군 악정과 패륜을 저지른 폭군으로 역사는 기록하고 있지만, 오늘날 그에 대한 평가는 재조명 중이다.

인조반정은 우리 역사의 확실한 퇴보였고 정묘호란과 병자호란으로 얼마나 많은 국민들이 고통과 상처를 받았는가. 죽은 자는 말이 없고 승리와 영광의 역사도 있었지만 굴욕과 슬픔의 역사 또한 여기에 있다.

영광만 보존 할 것이 아니라 비운의 흔적도 보존해야 하지 않겠나 싶다.

우리가 역사책을 읽어야 할 이유가 되는지 모르겠다. 강풍만 아니면 강행하려 했는데, 500m 쯤 폐가에서 준비해간 음식을 요기하고 돌아설 수밖에 없었다.

# 32. 영덕 블루로드 C코스(2012.5.27)

곳 : 영덕 축산항 - 대진해수욕장 - 고래불 해수욕장 - 칠보산 자연휴양림-
   유금사

## 영덕 블루로드란?

영덕 블루로드는 강구항에서 시작하여 해맞이공원, 축산항을 경유하여 고래불
해수욕장에 이르는 50㎞의 도보 여행코스이다.

A(강구항 ~ 해맞이 공원), B(해맞이공원 ~ 축산항), C(축산항 ~ 고래불 해수
욕장)코스로 이루어져 있고, 동해바다의 다양한 볼거리와 먹거리로 유명함.

"바다, 나는 결국 네게로 왔다. 돌연한 네 부름은 어찌 그렇게도 강렬했던
지."
그러나 갈매기는 날아야 하고 삶은 유지돼야 한다.
갈매기가 날기를 포기했을 때 그것은 이미 갈매기가 아니고, 존재가 그 지속
을 포기했을 때 그것은 이미 존재가 아니다. 받은 잔은 마땅히 참고 비워야
한다. 절망은 존재의 끝이 아니라 그 진정한 출발이다.
                        - 이문열 <젊은 날의 초상> 중에서

오늘은 부득히 영덕 블루로드 C코스는 영덕 마을버스로 탐사하고 칠보산 휴양
림을 답사하기로 결정 유금사까지 버스로 이동 (1일 2회 운행) 휴양림을 즐기
기로 함.

## 경북 영덕 칠보산 유금사

유금사(有金寺)는 영덕군 병곡면 금곡리 칠보산(810m) 동편 산자락에 위치한
천년 고찰이다. 신라 선덕여왕 6년 자장율사가 왕명에 의해 창건한 사찰이라
고 하나 확실치 않고 조선 중기까지 절이 있었다고 알려져 있다.
조선시대에는 철종 9년 우인 스님이 중수하였으나, 화재로 대웅전이 전소되고
근래 1968년 이현호 스님이 중수 유금사가 자리한 지역은 삼국시대부터 금이
많이 생산되어 신라시대에서는 국가에서 금을 채광하였던 곳으로 예로부터 금
과 관련된 전설이 많이 전해내려 온다.
신라의 국보 금척(金尺) 역시 이곳에서 발견하여 신라 왕에게 진상하였다는
말은 그 가운데 하나이다. 그리고 유금사가 자리한 칠보산은 이곳에 일곱 가
지 보물이 감추어져 있다고 하여 그렇게 부른다. 혹은 선덕왕의 일곱 공주가
이곳에 와 모두 출가하여 수도하다가 선화(仙化)하여 신선(神仙)이 되었으므

로 칠보산이라 불렀다고도 전한다.

유금사에 현존하는 건물은 정면 3칸, 측면 2.5칸 크기의 맞배집으로 지어진 대웅전을 비롯하여 정면과 측면 1칸으로 된 산신각과 요사가 들어서 있고 최근에 중창한 건물도 있다. 또한 경내에는 보물 제674호로 지정된 삼층석탑이 있다. 이 탑은 원래 대웅전 앞에 있었는데 법당이 무너져 뒤뜰로 옮긴 것이다. 이전할 때 탑 속에서 금동불이 나와 현재 국립중앙박물관으로 옮겼다.

여전히 막걸리 1통과 과일 몇 조각으로 유금사에 이르니 오후 2시 30분 오늘은 금곡리 입구까지 가는 버스는 없다. 할 수 없이 어제부터 온 대퇴부 통증을 무릅쓰고 걷기로 하고(6km) 멀리 고래불 해수용장 앞 바다를 목표로 칠보산 휴양림을 따라 하산이다. 가끔 유금사와 휴양림 가는 차량만 한두 대 오락가락할 뿐 너무나 한적한 산길이다.

울창한 송림, 계곡에 다래나무 덩굴, 찔레꽃 향기에 어우러진 산길, 참 잘 선택했다고 위로하며 한참을 내리니 숲속에 산딸기가 지천이다. 갑자기 마눌님은 산딸기 따 주는 산딸기 처녀가 되고, 그 딸기를 먹는 총각이 되고 휴양림 입구를 지나 금곡리 입구에 이르니 아침, 점심도 못 먹고 할 수 없이 칠보산 휴게소에 이르러 한식 부페. 1년 전에 7천 원하던 것이 8천 원이다. 허기진 배를 채우려 몽땅 가져 왔는데 결국 다 먹지 못하고 음식을 남기려니 눈치를 보며 버릴 수밖에 없는 미안함을 뒤로하고, 잠깐 동해 바닷물에 발 담그고 포항 가는 차를 수배하는데 40분 기다려 마을버스를 타고 영해까지 와 포항 가는 직행을 갈아타고 포항에 오니 7시 처제가 마련해 준 꼼장어구이로 저녁 먹고 노래방까지 마무리하니 오늘 하루 부자가 됐다.

## 33. 강화 마니산(2012.6.16)

영산인 강화도 마니산 등반하는 날

3100번 화도 공용터미널 – 매표소 – 단군길 능선 – 첨성단 – 마니산 – 함허동
천 – 정수사(4시간 30분).

강화군 화도면에 있는 높이 469m의 산. 인천시 전체에서 가장 높은 산이기도
하지만 지리보다는 국사와 관련하여 유명한 산이다. 또한 마니산을 중심으로
한라산과 백두산까지의 거리가 같다고 함

이 때문인지 전국에서 가장 기가 센 곳으로 알려져 기를 받기 위한 등산객들
이 많이 찾는다. 마니산은 규모는 작지만 바위로 이루어져 산을 오르는 재미
가 있고, 정상에 오르면 경남 통영의 한려수도 버금가는 시원스레 한눈에 볼
수  있다. 정상에 단군이 하늘에 제사를 지냈다는 참성단이 있고, 지금도 매
년 개천절에 이곳에서 제를 올린다. 정상의 참성단까지의 길이 나무 계단으로
등반이 수월해 졌고 동편에는 사찰 정수사가 있다.

신라 선덕여왕 8년(639년)에 창건되었고, 정수사 법당은 보물 제161호로 지정
되어 있다.

## 34. 강릉 리버님 정년퇴임 기념 기행(2012.6.23-24)

### 리버님 정년퇴임 기념 강릉기행

여주 이신화 여행작가 픽업(10시 30분) - 강릉 도착 11시 30분 - 중앙시장 아점(삼식이 매운탕) 리버님 합류(2시 30분) - 2012년 남대천 강릉 단오제 참관(4시) - 주문진 소돌 아들 바위공원까지 걷기 대신 차량으로 강릉 앞바다 구경(4시~7시) 소돌 아들바위에서 기념행사 - 열해식당 저녁식사는 해계탕(海鷄蕩). 2차 퇴임 행사 건배(10시 30분) - 숙박지 3차 기념행사 24일 02시까지(리버님 거주 관사) 08시 기상 - 농촌 순두부집 아점 식사(10시 30분) - 강릉 바우길 제12코스 소나무숲길 트레킹(11:00) 강릉항 숭어 낚시 참관. 회 한 점 맛 봄(11시 30분) - 카페에서 커피 한잔 맛 봄(리필까지 2잔) - 서울행 시동 오는 길 참새 방앗간 놓칠 수 없어 여주 8선 중국 요리집과 이신화 작가님의 집 부처 앞에 맥주 보시.

이번 강릉기행은 그냥 기행이 아니라, 청춘을 바쳐 국가에 봉사하신 리버님의 녹조 훈장으로 공직생활 마무리와 제2의 인생 시작을 축복해드리는 자리였고 작년 이맘때 쯤 강릉 사태의 기억을 더듬어보고 퇴임 일주일을 앞둔 리버님께서 제날짜에 무사히 정년 퇴임식을 치르실 수 있도록 기원도 하고, 6학년 졸업 후 새롭게 거듭 나시길 기원도 하고 이 모든 것(리버님 퇴임, 길나 카페 탈퇴한 님들) 이 마지막이란 단어에 포함되지 않기를 기원하고 대관령 안개비를 맞으며 넘는다.

85

# 35. 진도 김상옥 선생 댁 방문 기행(2012.7.6)

2박 3일간 진도의 남서쪽에 위치한 조군도(조도)을 다녀왔다.
1) 7월 6일 : 진도 도착 및 투어(운림산방, 향토문화회관 관람 외),
   돌부처 결혼 35주년 파티
2) 2012년 7월 7일(토) : 낚시 및 트레킹(상조도 낚시 및 도리산 전망대)
3) 2012년 7월 8일(일) : 금골산 산행(부처손 채취) ～ 귀경
3. 참석 인원 : 6인

이번 기행은 밀리언셀러 작가 김상옥 선생님 댁 방문과 우연히 마눌님 환갑 그리고 결혼 35주년 행사다. 업무를 대충 마치고 진도행 막차 고속버스(오후 4시 35분)에 몸을 실으니 여행의 부푼 상상이 나래를 편다. 언제부턴가 배낭을 메면 가장 느린 버스로 가장 싼 운임으로 가장 여유 있게 가는 계획을 선호한다.

## 진도군은?

진도 앞바다는 다도해 해상국립공원 지역이다. 진도군(珍島郡)은 진도(본섬)를 포함해 230개 섬(유인도 45, 무인도 185개)으로 이루어져 있다.

조도군도는 좀 특이하다. 154개(유인도 35개, 무인도 119개)의 섬이 바다 위에 오밀조밀 모여 있는 모습이 새 떼가 앉아 있는 것처럼 보여 지명에 새 조(鳥)자가 들어 있다.

상조도와 하조도를 잇는 조도대교(1997년 개통), 그리고 <1박2일>로 유명해진 관매도 진도는 고려 초기에는 나주(羅州)에 속하였다가 뒤에 진도군으로 독립하였으며, 995년(성종 14) 옥주군(沃州郡)이라 했다.

조선 태종 때 해남 현과 합하여 해진군(海珍郡)이라 하였고, 1437년(세종 19) 해남과 분리하여 진도군이라 하였다. 진도읍 군내면·고군면·의신면·임회면·지산면·조도면 등 1읍 6면으로 이루어졌다. 면적은 430㎢이다. 특산물로는 구기자·돌미역·돌김·멸치·유자와 진도홍주가 있으며, 진돗개(천연기념물 제53호)는 전국적으로 유명하다.

진도아리랑을 비롯해 어디를 가나 부녀자들의 노래 가락을 들을 수 있다. 팽목항에서 조군도(조도) 창유 선착장 그리고 낚시, 국도 18호선을 타고 서남쪽 끝으로 가면 관문 연안항으로 조도를 비롯한 근해의 섬들을 진도와 연결하는 팽목항이 있다.

어제 저녁 김상옥 사모님에 마련해준 음식과 홍주로 이야기꽃을 피우고, 오늘은 낚시를 하기 위해 7시에 창유항을 거쳐 관매도로 가는 정기여객선 한림 페리 3호를 타고 30여 분 창유항에 도착. 시골 전유 모습인 트럭 뒤에 몸을 실고 해조도- 조도대교(건교부 선정 <한국의 아름다운 길 100선> 중 하나 - 상조도 끝자락 해변에 둥지를 틀고 1조가 먼저 낚싯배 선상에 오르고 조군도 사이로 바다를 가르고 선장의 지정 낚시터에서 미끼를 넣자마자 팔뚝만한 장어가 올라온다.

오늘 낚시가 되나 싶더니 3시간 동안 장어 5마리로 1조 낚시 끝이다.

※ 참고
구간 소요시간 여객운임 차량 운임 외 : 팽목항 ↔ 창유항 30분, 4,200원


## 도리산 전망대

다도해의 절경을 한눈에 내려다 볼 수 있는 전망대가 상조도의 도리산(210m)에 있다. 도리산 전망대는 바로 아래까지 포장되어 있어 차로 쉽게 오를 수 있고, 주변의 멋진 섬 풍경은 한 폭의 산수화다(이렇게 쾌청한 날씨 섬 풍경 보기 드물다고 선장이 귀 뜀 해준다).

세방낙조 돌아오는 길에 지산면 가치리 세방마을에서 보는 해질 무렵 섬과 섬 사이로 빨려 드는 붉은빛 일몰은 중앙기상대가 한반도 최남단 제일의 낙조 전망지로 선정했을 정도로 장관이다. 각흘도, 곡섬, 불도, 손도, 발도 외 조도군도에 속하는 섬들이 떠있다.

## 금골산(金骨山) 산행

금골산은 진도대교 건너 본도 군내면에 위치한  해발 193m에 불과하지만, 금골산은 산 전체가 거대한 바위로 우뚝 솟은 기이한 산이다. 금골산은 정면에서 바라보면 마치 조각가가 일일이 예술작품을 조각해 놓은 것 같다. 수십 길 절벽에는 층층바위를 이룬 곳 구멍이 숭숭 뚫린 곳이 있는가 하면, 보는 방향에 따라 사람으로 또는 짐승으로 연상케 하는 기암괴석이 산 전체를 수놓고 있다. 여기다가 황색 흑색 백색 회색 등 기암마다 색깔을 달리하고 있어 예부터 '진도의 금강(金剛)'이라 함.

해원사는 옛날 도선국사가 3천8백 군데의 사찰을 정할 때 그중 한 곳으로 정한 곳이라는 얘기가 전해지고 있다. 해원사 위 수십 길 절벽 위 자연석굴 속에 있는 마애불에는 다음과 같은 전설도 전해진다.

이 굴속에는 늙은 스님과 상좌 한 사람이 살았는데 바위구멍에서 매일 두 사람이 먹을 수 있는 쌀만 나왔고, 식객이 더 늘더라도 절대 욕심을 버리고 그 나온 쌀만으로 먹고 살아야 된다는 불문율이 있었다. 그런데 어느 날 의외로 많은 손님들이 찾아와 두 사람 분 쌀만 가지고는 음식을 함께 먹을 수 없게 됐다. 그래서 늙은 중이 화를 내며 '이놈의 구멍은 인정사정도 없더란 말이냐'하면서 더 많은 쌀이 나오기를 기대하며 쌀 구멍을 쑤셨다. 그러나 쌀은 더 나오지 않고 홧김에 쑤신 구멍만 망가지고 그 이후로는 구멍에서 한 톨의 쌀도 나오지 않았다고 한다.

그 뒤 놀라움과 후회에 잠긴 노승은 상좌와 함께 더 이상 먹을 것이 없는 이곳을 떠나고 말았다는 얘기가 그것이다. 이 굴속에 양각되어 있는 마애여래좌상 가슴 아래 움푹 패인 사각형 구멍이 바로 전설 속의 쌀 구멍이다. 지수 스님에 의하면 6·25 때에는 순경 3형제가 인민군에게 잡혀와 총살을 당했는데 세 사람 모두 총알이 빗나가  살아남았을 정도로 이 산은 영험함이 있는 산이라고 한다. 최초 계획은 관매군도 관매 8경 기행 다음 기회로 미루다

# 36. 아차산 번개(2012.8.18)

모처럼 <길과나> 번개로 아차산 둘레길을 걷기로 했다.

날씨의 뜨거움을 고려해 간단한 서울 근교 둘레길을 선택한 것이다.

군사적 요충지였던 아차산은 서울과 구리시에 걸쳐 있는 아차산은 해발 287m 으로 가벼운 산행을 즐기기에 더할 나위 없이 좋은 곳이다. 1시간 정도만 투자하면 한강의 아름다운 전망을 마주 할 수 있다.

한강을 사이에 두고 맞은 편 남쪽에 있는 풍납토성과 함께 중요한 군사적 요지로서 백제의 운명을 좌우하던 곳이기도 하다. 아단성(阿旦城), 아차성(蛾嵯城), 장하성, 광장성 등으로 불리우기도 하여 백제, 신라, 고구려가 한강을 중심으로 공방전을 장기간에 걸쳐 벌였던 것을 짐작할 수 있다.

아차산(阿嵯山 · 峨嵯山 · 阿且山) 기슭에 사는 사람들은 아차산을 아끼산, 액끼산, 에께산, 액계산, 액개산 등으로 다양하게 불렀다. 옛 기록을 보면 『삼국사기』에는 '아차(阿且)' 또는 '아단(阿旦)'으로 언급되며, 조선시대에 쓰인 『고려사』에는 '아차(峨嵯)'가 처음으로 나타난다. 특히 태조 이성계의 휘가 '단(旦)'이기 때문에 이 글자를 신성하게 여겨 '단'이 들어간 이름은 다른 글자로 바꾸면서 '단' 대신 이와 모양이 비슷한 '차(且)'로 고쳤는데, 이때 아차산도 음은 그대로 두고 글자만 고쳤다고 한다.

# 37. 고창 둘레길 트레킹(2012.10.6-7)

**1일차** : 고인돌군락지-선운사입구(연기마을 입구) 16.5킬로 약 5시간 소요

**2일차** : 해리- 담바우 – 용문굴 – 도솔산정상 – 도솔암 – 선운사

**교통편** : 강남터미널에서 고속버스 이용

**집결지 및 출발지** : 합정동 구 홀트 아동복지회관 앞에서 집결. 상황이 변하
면 고속터미널

**준비물** : 방풍의 / 여벌의 옷 / 따뜻한 옷
이번 트레킹은 우리 <길과나> 길 걷기의 초심을 찾아 떠나는 길로 고인돌군락

에서 선운사 입구까지의 1일차, 길과 해리에서 출발하여 담바우 도솔산 정상
을 지나 선운사 주차장으로 내려오는 길을 걸으면서 우리의 현재를 돌아보는
귀중한 길입니다. 아래 코스로는 첫째 날 1,2코스를 감.

# 38. 경북 봉화 승부역 - 석포역(2012.11.17)

**집결지 / 숙박** : 태백시외버스터미널 3분 거리
**출발지** : 동백산역(간이역 / 버스터미널에서 택시로 15분 거리(요금 5,000원)
**참석 예정자** : 7명
**코스(12km)** : 강원도 태백시 동백산역 출발(07:50)→ 봉화 승부역(08:27)
　　　　　　　　기행 → 경북 봉화 석포역 도착(16:00 예정)
**세부 일정**
승부역 도착(08:27) - 승부교 - 하늘 세평 펜션 - 석포초교 승부분교 - 암기동 결둔교 마무이 - 굴치 - 굴현교 - 영풍 석포 제련소 - 석포역 영풍상사 석포역(경북 봉화군 석포면 석포리 590)

낙동강의 천삼백 리 길 못 다한 설렘을 안고 11월의 중순 태백의 산야는 한겨울처럼 쌀쌀하다. 2009년도 낙동강의 발원지부터 부산 을숙도까지 1,300리를 걷기로 했던 그 시발점(당시 첫 번째 코스를 걷지 못했던 곳)을 오늘 보충 걷기로 한 것이다.

**걸어야 할 곳** : 승부역 ~ 석포역까지 12km
동서울터미널에서 예약 없이 시간 되는 대로 태백으로 간다. 16일 저녁.
낙동강의 발원지는 태백의 황지연못이 발원지라는 설도 있으나 10㎞ 정도 올라간 너널샘이 발원지라 알려져 있다. 낙동강은 영남지역의 백두대간이 문경 새재인 죽령 조령에서 무주, 거창, 함양으로 물이 모아져 부산까지 남하 낙동강을 형성한다. 태백시에서 하룻밤을 지새우고 아침을 여니 사방이 1,000미터가 넘는 산이 병풍을 이룬다.
아침 일찍 낙동의 발원지 황지연에서 인증 촬영을 하고, 아침을 해장국으로 때우고 산과 산이 마주하는 첩첩산중 곧 찾아 올 겨울 추위를 그리고 설산을 그리며 승부역으로 이동.
첩첩산중에 위치한 승부역은 기차역에 대부분 있기 마련인 외부와 통로인 찻길이 없고, 이곳에서 빠져나가기 위해서는 산을 넘거나 다시 뒤돌아 가야 하지만 오늘은 거꾸로 발원지 쪽으로 걷기로 한다. 역에 도착하여 역사로 들어서니 역장이 반갑게 맞아 주었고, 기념 촬영을 하다.

**승부리 전설**
승부리 건너에 결둔마을이 있는데 옛날 전쟁 때 군이 주둔하여 집결한 장소였

다고 하여 결둔이라 한다. 반야계곡, 백천계곡, 태백지역에서 내려오는 낙동 강 상류 물이 이곳 마을 앞을 지나는데 열목어, 메기, 가물치 등 각종 민물고 기 종들이 서식하고 많은 낚시꾼들이 강을 찾고 있다. 또한 10여 가구가 대 추, 당귀, 약초 등으로 농사를 짓고 있으며 가구(세대) 마다 토종벌을 사육하 고 있다.

중미골, 오미골, 태미네골, 농우골 등 이름 모를 골이 수없이 많이 있고, 자 연경관이 매우 아름답다. 옛날 전쟁 때 승부가 이곳에서 결정되었다하여 붙여 진 이름이라고 한다.

승부역 대합실 앞에 승부리를 모두 종합한 돌비가 하나 있다.

승부역은 "하늘도 세 평이요 꽃밭도 세 평이나 영동의 심장이요, 수송의 동맥 이다" 묵묵히 지키고 있다. 그리고 승부역 옆에 영암선 건립 기념비가 하나 있다. 영암선(영주 – 철암 간 87km) 개통 기념비는 1949년 4월 공사시작 1955 년 12월 30일에 전 구간 준공한 영암선은 6·25 전쟁 등 어려움을 극복하고 우리의 손으로 건설된 것을 기념하기 위해 당시 이승만 대통령의 친필을 받아 영암선 건설공사 구간 중 가장 어려움이 많았던 승부역에 세우게 된 철도개통 기념비이다. 태백산맥을 가로질러 동서로 건설된 영암선은 33개의 터널과 55 개에 이르는 교량이 있다. 철암에서는 철암선과 이어져 동해안의 묵호와 삼척 까지 연결되었고, 영주에서는 중앙선과 연결되어 서울을 비롯한 전국의 동서

남북으로 이어져 동서횡관(東西橫貫) 산업철도로서의 중요한 역할을 담당하고 있다. 1963년 5월 17일 영암선을 비롯해 동해북부선과 철암선을 하나로 통합해 영동선이라 개칭했다(영동선).

## 마무이
태백시 동점동 통점에서 구리를 싣고 결둔으로 들어오는 말이 산을 넘어서는 입구였다고 하여 마문(馬門)이라고 불리어지다가 언제부터인가 어원이 변화되어 마무이로 차츰 부르게 되었다고 함.

## 암기동
낙동강 상류지역에서 내려오는 강물이 이곳을 굽이쳐 흐르는데 강물 주위에 암벽과 크고 작은 기묘한 바위가 많아서 암기동이라 불리어지고 있다. 현재 1가구가 거주하고 있으며, 양배추, 무, 배추 등 고랭지채소로 생활을 영위함.

## 학교마을
이 마을은 울진군 서면에 속하여 있었으나, 1983년 2월 15일 행정구역 개편 때 봉화군 석포면에 편입되었고 석포초등학교 승부분교가 있어서 학교마을이라는 이름이 붙여졌으나 193년 3월 1일자로 폐교되었다. 여기서 이정표를 잘못 해석 1km를 덤으로 걷는 고마움을 만끽한다.

## 기타 참고 사항
1. 승부역에서 분천, 현동역 방향으로 가려면 승부역 터널을 통과 하거나 산을 넘어야 한다.
2. 승부역에서 석포역까지 매점(구멍가게)이 없고, 대중교통(버스) 또한 없다.(모든 먹거리는 준비해 가야 됨)
석포면에서 운영하는 마을버스가 하루에 두 번 있다고는 하나 아침 8시부터 오후 4시까지 구경 못함.

# 39. 경북 영주-봉화 외씨버선길(2013.1.18-19)

**집결 및 숙박** : 영주역 역장실 - 봉화역 침실객차(객차를 펜션처럼 개조한 숙박시설)

**오늘 걸어야 할 길:** 9코스 춘양목 솔향기길(17.4km)

외씨버선길 봉화구간은 춘양목 솔향기길로 주제를 설정했고 모두 4구간으로 나눈다. 4구간은 연결구간(우련전~분천역, 22km), 8구간(보부상길, 분천역~춘양면사무소 18.5km), 9구간(춘양목 솔향기길, 춘양면사무소~두내 약수탕 17.6km), 10구간(약수탕길, 두내 약수탕~ 용운사 15km)이고, 총연장 73.2km

**둘러보기** : 만산고택 & 권진사댁 - 서동리 3층석탑 - 거포리 사과 과수원- 억지춘양(도심공원) 서벽리 춘양목 군락지 - 두내 약수탕 - 춘양목 체험관.

침실객차 펜션에서 오들오들 떨고 하룻밤을 지새우니 꿈만 같다.

아침을 콩나물 소고기국밥으로 속풀이하고 베낭을 메고 출발 하는데, 88번 국도로 진입 만산고택, 권진사댁, 서동리 3층석탑을 지나고 새터마을, 도심리, 서벽리 춘양목 군락지에 이르니 아직도 쌓여 있는 눈은 겨울의 새로운 맛을 더 해준다.

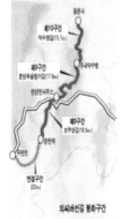

춘양면 주변 둘러보기

춘양역 여객열차 운행 안내
영동선 무궁화호
정동진 현동 방면(14.8km) – 춘양 – 봉화, 부전 방면(23.2km)
정동진 임기 방면(9.7km) – 춘양 – 봉화, 동대구 방면(23.2km)
경북선 무궁화 호
정동진 석포 방면(38.9km) – 춘양 – 봉화,부산 방면(23.2km)

관광열차 중부내륙순환열차
서울, 봉화 방면(23.2km) – 춘양 – 분천, 철암 방면(21.4km)

억지 춘양 이야기
한국어의 관용적 표현 중 하나로 "억지춘양' 또는 '억지춘향'이라는 말이
있다. 이 말의 유래는 여러 가지로 추측되는데, 그중에 하나가 바로 춘양역과
관계가 있다. 본래 일제강점기 당시 영암선(영동선의 전신)을 부설할 때는 춘
양을 통과하지 않기로 계획되어 있었으나 해방 후 그 계획이 자유당 집권 당
시 비중 있던 정치인이었던 봉화군 출신 정문흠의 요구로 인해 갑자기 수정되
어 춘양을 경유하도록 철로가 S자로 굽어져서 부설된 데서 유래했다는 설이
다.
또는 영동선 건설 당시 산 고개를 뚫을 터널 기술이 부족한 관계로 마을을 통
과하는 것이 불가피했기 때문이었다는 이야기도 있다. 일제 강점기 때 춘양목
이라 불리는 적송을 운반하기 위한 수작을 부리지 않았나 억지를 부려 본다.

양목과 간벌(間伐, Thinning)
간벌은 삼림을 가꾸는 방법 중의 하나이다. 나무를 심은 후 10년에서 20년 사
이에 주변 상황을 살펴 솎아내는 것을 간벌이라 하는데, 삼림의 보호와 육성

을 위해 반드시 필요하다.

빽빽한(울폐된) 나무를 잘라내어 나무의 밀도를 조절하면 나무가 지름생장을 하여 이용가치가 향상된다. 간벌은 나무 상호 간의 경쟁을 완화시키고, 알맞은 생육공간을 제공하여 우량한 목재를 생산하는 데 반드시 필요한 조치이다. 그런데 우리는 일제강점기와 6·25전쟁을 겪으면서 황폐화된 국토의 녹화에만 관심이 있었고, 목재를 얻기 위한 간벌은 생각도 할 수 없는 형편이었다.

우리나라의 삼림정책은 단기간에 삼림을 녹화시키는데 있어서 세계적으로 성공한 모범사례가 되지만, 올바른 간벌을 하지 않아서 정작 필요한 우량목재생산을 하지 못하고 있는 것이다. 지난 50여 년 동안 무분별한 식재로 계획적인 숲 가꾸기를 하지 못하여 삼림의 혜택을 충분히 누리지 못하고 있는 실정.

# 40. 경기도 삼남길 번개기행(2013.3.1)

번개모임(삼남길 경기 구간 첫째길 - 서호천길

**집결지** : 1호선 <당정역(한세대역)> ①번 출구
①번 출구 - 87번버스 - 의왕시청 하차 - 65번 환승 - 골사그내 귀경

**예상 코스** : 1구간 서호천길 - 골사그네 - 서호공원 입구

삼남길 경기구간은 수원-화성-오산에 걸친 총 길이 33.4km의 걷기 코스로 1구간 서호천길(7.1km), 2구간 중복들길(7km) 3구간 화성 효행길(6.8km) 4구간 독산성길(7.2km) 5구간 오나리길(5.3km)로 이루어져 있다.

골사그내 - 지지대비 - 지지대쉼터 - 해우재 - 이목고교 - 국립원예특작과학원 - 여기산앞 - 서호공원 입구

삼남길 복원을 보면서 삼남길은 조선시대의 한반도 대동맥 이였던 길이 다시 태어난 셈이다. 도보길로 남태령을 지나 경기도를 거쳐 충청도, 전라도(해남), 경상도(통영)로 이어지는 옛 길을 복원한 셈이다.

삼남대로는 조선시대 천안에서 영남대로와 나눠져 전주, 광주, 목포 방향으로 이어지는 길로, 군사는 물론 진상품이 이동했던 경로다. 과거를 보러 한양으로 간 길로 알려져 있고 한반도 동맥과 같은 역할을 했었지만 지금은 거의 잊혀진 상황이다. 전남도는 지난달 30일 도청 정약용실에서 박준영 전남지사, 백덕현 코오롱인더스트리 ㈜FnC부문(코오롱스포츠) 대표이사 등이 참석한 가운데 '삼남길 개척 및 탐방 활성화를 위한 업무협약'을 체결했다. 이번 협약에 따라 코오롱스포츠는 해남에서 시작해 강진~영암~나주~광주~장성을 거쳐 서울에 이르는 500㎞ 내외의 삼남길을 개척한다. 이중 전남도 구간은 약 200km. 2011년까지 걷기 편한 길을 만든다는 구상이다.

길 개척과 홍보에 소요되는 비용은 코오롱스포츠가 부담하고 전남도와 시·군은 삼남길 개척단이 원활하게 임무를 수행하기 위한 편의시설 등 행정적인 지원 및 정보를 제공한다.

상업성이 결부 되도 좋다 옛길을 복원하고 옛 추억과 역사를 더듬으면 아름다움과 의미를 더하지 않은가 전남 해남 땅끝마을에서 이어오던 삼남길은 전북 충청구간을 잠깐 건너뛰어 경기도에서 1차 개통식을 경기도에 따르면 삼남길은 정조대왕이 어머니 혜경궁 홍씨와 함께 아버지 사도세자가 묻힌 능(융릉)을 찾았던 길이고, 이 길로 이순신 장군이 전라좌수영으로 부임했고 정도전과 정약용 선생이 나주와 강진으로 유배를 갔다. 도는 삼남길 가운데 수원~화성~

오산 35㎞ 구간의 복원을 마치고 경기도에서 지난해 10월 13일 개통한 둘레길이다 1차로 가까운 경기 지역 삼남로 1코스를 탐방하다.

# 41. 양평 물소리길(2013.5.4)

**양평 물소리길 1코스** : 13.8km
양수역 – 부용리 논두렁길 – 정창손 묘 – 한음 이덕형 신도비 – 한계산 둘레
길 – 부용산 약수터– 몽양 여운형 생가 기념관 – 신원역 – 양서초등학교 –
도곡터널 – 국수역

**모이는 곳** : 중앙선 양수역(오전 09:00)

경기도 양평군이 2013.4. 27일 개장한 "물소리길"은 사단법인 제주 올레가 제
주도를 벗어나 국내에 처음으로 개척한 도보여행길이다. 서명숙 제주 올레 이
사장이 "6년간 수많은 루트를 탐사한 노하우와 경험을 쏟아 부어 만든 길. 생
태관광 레포츠 도시를 추구하는 양평군은 지난해 제주 올레를 벤치마킹하고
도보여행길 개발에 관한 모든 과정을 연구용역 형식으로 맡겼다. 이후 제주
올레 탐사팀 10여 명이 석 달간 양평에 상주하며 길 내는 작업에 공을 들였다
고 한다. 물소리길은 양수역~국수역~양평시장 2개 코스 30.2㎞이 개설됐다.

둘러보기

두물머리
두물머리라는 이름은 두 물줄기가 만나는 곳이라는 의미를 지니고 있는 양수
리의 우리말 이름이다. 400년 된 장대한 느티나무와 이른 아침 물안개 피는
모습은 자연의 운치를 더한다. 두물머리는 각종영화, CF, 드라마 등 촬영지로
많이 알려져 있다

## 정창손 묘

정창손(鄭昌孫, 1402 ~ 1487)은 조선 초기의 문신으로 세종 8년(1426) 문과에 급제하여 세조 때부터 성종에 이르는 15년간 좌의정·영의정 등을 역임하였다. 좌익공신·익재공신 좌리공신 등 여러 공신에 책봉,중종 때에는 청백리에 선정되었었고,《고려사》《세종실록》등 각종 편찬사업에 참여하였다.

## 한음 이덕형 신도비

이덕형(李德馨, 1561~1613)은 조선 중기의 문신으로 선조 13년(1580)에 과거에 급제하여 여러 벼슬을 거쳤으며, 선조 25년(1592)에 예조참판이 되어 대제학을 겸하였다. 1592년 임진왜란이 일어나 왜적이 대동강에 이르러 화의를 요청하자, 선생은 단독으로 적진에 들어가 대의로써 그들을 공박하였다. 그 뒤 정주까지 왕을 호위하였고, 명나라에 파견되어 지원군 요청에 성공하였다.

## 몽양 여운형 생가 기념관

몽양 여운형 생가 기념관은 우리 민족의 자주독립과 평화통일을 위해 일생을 바친 민족의 큰 스승이자, 양심적인 지도자였던 몽양 여운형 선생(1886~1947)의 삶을 올바로 알리고, 뜻을 널리 선양하고자 2011년 11월 개관하였다.

# 42. 화악산 집다리 자연휴양림(2013.7.27)

일시 : 2013.7.27 (토)
화악산 집다리 휴양림: 춘천시 사북면 화악지암 1길 130(둘레길 17.5km)
참석 예정자 : 8인(오늘은 승용차 2대로 이동)
대중교통 이용 시 : 서울 동서울종합터미널에서 버스나, 경춘선 전철을 이용
춘천까지 가고 춘천에서는 지암리까지 1일 5회 운행하는 버스를 이용하면 된
다. 집다리골 자연 휴양림은 호반의 도시 춘천에서 20여 분이면 닿을 수 있는
곳으로 의암댐, 춘천댐, 소양댐 등 주변엔 북한강의 물줄기가 산과 계곡으로
연이어 이어진다.
강원도 춘천시 사북면 지암리는 응봉(1,436.3m)에서 남쪽 촉대봉(1,170m)으로
이어지는 능선 동쪽 마을이다. 지암리 최상단부에 집다리골이 자리하고 있다.
집다리골에는 먼 옛날 계곡을 사이에 두고 양쪽에 살던 총각과 처녀가 사랑을
나누기 위해 볏짚을 엮어서 다리를 놓고 사랑을 이루었다는 전설이 있다. 그
후로 사람들이 이 골짜기를 '짚다리'라고 부르게 되었다고 한다. 이 짚다리
가 지금의 집다리로 바뀌어 불려온다고 한다
전체가 원시림으로 뒤덮여 볕을 거의 볼 수 없으며 크고 작은 폭포와 물웅덩
이들, 깨끗하고 풍부한 물, 웅장한 바위로 이루어진 계곡과 천연 활엽수 원시
림이 있다. 지암리 종점에서 계곡 상류로 약 1.8km 가면 자연휴양림이다. 계
절의 변화가 뚜렷하여 봄에는 온 산이 짙은 녹음과 봄꽃으로 가득하고, 한여
름의 더위에도 계곡에서 10분 이상 있으면 추위를 느낄 정도로 시원하며, 가
을에는 오색단풍 겨울에는 설경이 아름다운 장관을 연출한다. 원시림에는 희
귀한 야생초와 수목들이 있고, 신선한 공기, 맑은 물과 함께 다람쥐와 청설모
가 수시로 도로를 가로질러 다니는 청정자연의 보고라고 할 수 있다. 휴양객
을 위한 숲속의 집, 야영장, 운동시설, 등산로, 산책로 가 조성되어 있어 사
계절 가족단위 휴양지로 각광을 받고있는 자연의 보고이다.

편의시설 : 데크 25개(크기 2.7m-5.4m)

이용 요금 : 성수기 1만 원, 주말, 휴일 : 7천 원, 평일 : 5천 원(입장료, 주
　　　　　 차비 별도).

그 외 숙박시설 : 통나무 펜션, 펜션형 다중숙소, 숲의 집, 방갈로 등

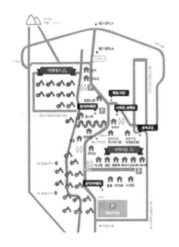

# 43. 인제군 원대리 자작나무 숲길(2013.10.19)

도시의 찌듦을 벗어남은 일단 그 자체만으로도 환희가 아닐 수 없다.
모처럼 대중교통이 아닌 승용차로 지인들과 인제군 원대리 자작나무숲을 탐방
하기로 했다.

참고 : 대중교통으로는 인제에서 하루에 차량 1회 운행, 기린면에서 5km 정도
도보 가능). 아침 6시에 출발했어도 춘천선은 여전히 밀린 차량들은 단풍의
계절 가을임을 실감케 한다. 소양호의 끝머리쯤에서 원대리 쪽으로 우회전 심
산계곡을 4km 정도 오르면 자작나무숲 입구 조성된 자작나무숲은 23년 정도
전체 3코스로 구분해 있지만 전체 3km 정도면 둘러 볼 수 있다.
지난 추위에 멍든 단풍 말고도 새로움을 더해주는 단풍들, 중간중간에 내뿜는
솔향. 정상에서 준비해 간 막걸리 한 사발은 심신을 치유해주는 만병통치약
이려니 한다. 자작나무하면 러시아를 상징하게 하는 데는 19세기의 대문호 톨
스토이가 묻힌 곳이기도 하고, 영화 <닥터 지바고>의 배경도 그럴듯 감흥을
더해 준다.

로버트 프로스트 시 한 구절을 음미해 본다

**가지 않는 길**(The road not taken)

노란 숲속에 길이 두 갈래로 났었습니다.
나는 두 길을 가지 못함을 안타까워하면서
오랫동안 서서 한 길이 굽어 꺾여 내려간 데까지,
바라다볼 수 있는 데까지 멀리 보았습니다
그리고 똑같이 아름다운 다른 길을 택했습니다.
그 길에는 풀이 더 있고 사람이 걸은 자취가 적어
아마 더 걸어야 될 길이라고 나는 생각했던 것이지요.
그 길을 걸음으로 그 길도 같아질 것이지만.
그날 아침 두 길에는
낙엽을 밟은 자취가 없었습니다.
아! 나는 다음 날을 위해 그 길을 남겨 뒀지요.
길은 길에 연하여 끝없겠지만…
내가 다시 돌아올 것을 의심하면서…
훗날에 훗날에 나는 한숨을 쉬며 어디선가 이야기할 것입니다.
숲속에 두 갈래 길이 있었다고, 나는 사람이 적게 간 길을 택하였다고
그리고 그것 때문에 모든 것이 달라졌다고, 일상의 삶 속에서 희로애락의
인생 고백을 하지 않았나 실감한다

분주한 일상을 하루쯤은 짬을 내어 한적한 즈음에 감흥에 젖어 봄직한 곳이다. 자작나무숲은 인제 국유림관리소의 경제림 조성단지로 지난 1974년부터 1995년까지 138ha에 자작나무 69만 그루를 조림해 관리하고 있으며, 이중 5ha를 지난 2008년부터 숲 유치원으로 운영해오고 있다. 친환경은 물론 새로운 이벤트로 하나의 장 을 만들어준 인제군에 감사한 마음을 느낀다.

자작나무 는 북부지방의 산악지역에 자라는 자작나무과에 속하는 교목. 키는 20m에 달한다. 수피(樹皮)는 흰색이며, 수평으로 벗겨지고 어린 가지는 점이 있는 붉은 갈색이다. 잎은 길이가 5~7㎝인 3각형의 난형으로 끝은 뾰족하고 가장자리에는 톱니가 있으며 잎자루는 길이가 2㎝ 정도이다. 꽃은 4, 5월경에 암꽃이 피며, 같은 시기 같은 그루에 수꽃은 벼 이삭처럼 아래로 늘어진다. 마르나 젖으나 불에 넣으면 자작자작 소리 내며 탄다하여 자작나무라 한다. 자작나무는 껍질이 여자처럼 미끈하고 하얗다하여 일명 미인송이라고도 하고, 숲의 귀족이라고도 한다. 참고로 《팔만대장경》 일부도 자작나무로 만들었다고 함.

# 44. 능의선 철길 따라서(2013.11.16)

**천천히 걸으며 보는 세상**

걷는다는 것은 두 발로 걸으며 느끼는 행복도 행복이지만 무엇보다 이 땅에 살고 있다는 것을 실감할 수 있다. 말하자면 자연은 완전히 나의 자산이 되는 것이다 이어지는 매력적인 풍경들, 자유로운 공기, 걸으면서 느껴지는 건강하다는 생각 모든 것으로부터의 자유 어떤 강요도 두려움도 없이 사물들을 마음대로 내 것으로 만들고 나는 자연을 다스리는 군주가 된다. 외나무다리를 건너듯 천천히 오늘도 그 길을 걷는다. 천천히, 천천히……

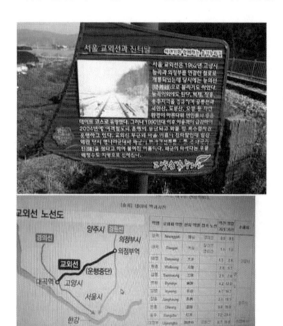

모처럼 까다로운 철길에서 그때의 역사를 더듬다.

능의선은? 능의선은 능곡에서 의정부까지 1961년 오늘, 경의선의 능곡(陵谷)과 경원선의 의정부를 연결하는 '능의선'이 개통됐다. 윤보선 대통령과 박정희 최고회의 의장도 참석해 침목을 다지고 능의선 처녀 운행을 축하했다. 급증하는 서울 인구와 주택을 분산하는 효과를 가져 올 것으로 기대됐다.

한국 철도의 발자취 9월 18일은 철도의 날. 이 날은 1899년 우리나라 최초의 철도인 경인선이 개통된 날을 기념해 제정됐다. 철도는 개통 이후 우리나라 산업의 촉매제이자 대중교통의 중추적인 역할을 담당해왔다.

1950년대 강원지역 지하자원 등을 운반하기 위해 개통된 영암선·문경선·함백선 등 산업철도 개통과 6·25전쟁으로 끊어진 한강 제3철교의 복원, 1960~70

년대 경인선 복선화와 정선선 등의 개통, 1990년대 경부고속철도 공사 등 철도선의 변천 역사다. 1950년대 대통령 전용열차, 1960년대의 재건호, 태극호, 1980년대 수인선 협궤열차·신혼열차·우정의 문화열차 등 변천사와 함께 능의선은 1961년 개통되었다.

# 45. 임진각 - 의주길 / 카미노(2014.4.26)

**모이는 곳 :** 임진강역(10:00)
**도보 코스 :** 임진각 - 화석정 - 선유삼거리 - 파주읍사무소(19km)
모처럼 카미노에 노크하니 임진 의주길 코스가 공지되어 있다.
2010년 동강 기행을 처음 대하고 세월의 한참 뒤 오늘의 기행을 노크했다.
주변의 지인들과 모처럼 카미노의 정겨운 모습을 재회하고자 주섬주섬 챙겨
미디어시티역으로 가는 발걸음, 설레임을 앉고 문산역에 이르니 카미노 회원
들에 윤곽이 들어나고 수인사를 나누니 오늘에 임진 의주길 도보 기행이 시작
된다. 모두가 낯설지만 걷는 데는 지장이 없다. 자체가 우리 인생사가 아니던
가.나오면 이렇게 좋은걸 오늘 하루는 모든 잡념을 잊은 도보 기행이었다.글
로리 카페지기님 23km 길 안내하시느라 수고하셨습니다. 금옥님은 사진 촬영
에 고생 많았고, 구름조아님, 조이님 인생사 많은 얘기 좋았습니다.

# 46. 송추- 산너미길(2014.5.3)

북한산과 도봉산은 넘지 못 하지만 그 주위를 맴도는 둘레길은 그런대로 걸어 봄직하다. 무르익어가는 봄을 바라보며 조금의 아쉬움 땜에 새해 들어 나들이를 제대로 하지 못해 끙끙 앓고만 있었는데 인생에서 가장 중요한 날 오늘을 그냥 지나칠 수 없어 둘레길 중 산과 어우러진 최고의 길 송추 길과 산너미길을 선택 번개 때리니 겨우 5명, 이렇게 가는 봄을 보내려 길을 나선다. 일정 코스는 이렇다.

연신내역 3,4번 출구(8시 30분), 보병 720부대(일명 올림픽부대), 10시 원각사 입구 계곡 간식(11시 30분), 산너미길 사패능선 중식(오후 1시) 안골 계곡을 빠져나와 다시 연신내행 버스(오후 4시 30분).

연신내시장에서 막걸리 한잔 뒤풀이로 번개 도보기행 마무리. 일본 감동 영화 <역로(驛路)>에서 코즈카가 하는 말 새삼 와 닿는다. 보통 사람에게도 평범하고 기나긴 인생을 걸어가다  어느 역로에 다다르게 되었을 때, 문득 지금까지 참아왔던 인생을 이쯤 해서 더 이상 참을 수 없다. 자기 생각대로의 여행으로 새로이 고치고 싶다. 그런 생각이 들지 않을까, 일이라는 건, 가정이라는 건 남자에게 있어선 참고 나아가는 길이잖아. 코즈카 씨의 마음 잘 알 것 같다.

# 47. 아침가리길과 곰배령 트레킹(2014.7.12)

그렇게 염원했던 곰배령을 드디어 가게 되다.
몇 차례 기회는 있었지만 종종 시간이 맞지 않아 가지 못했던 천상의 화원이

란 곳. 1주일 전에 예약을 해놓고 밤잠 설치면 어떻게 감상해야 좋을 지를.

**첫째 날**(2014.7.12) 조경동(아침가리골) 트레킹
양재역에서 7시 20분에 출발. 방동약수 산행 초입에 도착한 시간은 11시. 물론 산행 도반님들 모두가 초면이다. 수인사도 없이 눈인사만 하고 가이드의 안내 왈, 길 따라 가기만 하면 된다고 한 산길을 시작하니 산딸기가 그리고 이름 모를 나비들, 잠자리가 반긴다. 지나오는 버스 차창에 보이던 미산과 미산계곡이 이라는 푯말에 걸맞게 숲과 계곡이 마음을 사로잡는다. 15km 산행을 마치고 천(川) 입구에 이르니 주인도 없는 가게와 조경동교가 가리게골 트레킹을 알려준다. 주인 없는 가게에서 옥수수 막걸리 한 통(돈은 계산대에 놓고 오면 됨)으로 허기를 달래고 지금부터는 수륙 양용 트레킹화로 바꾸고(어제 조금 내린 비에 영향으로 수량은 적당함) 소지품은 배낭에 챙기고  6km의 하천 트레킹이 시작된다. 아침가리게골(조경동)은 해발 1,388m의 구룡덕봉에서 시작해 방태천까지 약 20㎞에 이르는 계곡이 깊고 수량이 풍부함.
구룡덕봉, 응복산, 가칠봉, 갈전곡봉 등 높은 산들로 둘러싸인 20km 길이의 깊고 긴 계곡으로 인적이 드문 계곡에는 열목어가 서식하고 수달, 하늘다람쥐 같은 천연기념물의 희귀동물도 볼 수 있는 청정계곡 조경동계곡은 원래 이름은 아침가리입니다. 아침나절이면 밭갈이가 모두 끝날 정도로 농사지을 땅이 작다는 이야기(한자로 아침 조朝, 밭갈 경耕 자를 사용한 조경동이 됐다고 함). 물장구 치고 건너고 빠지고 건너고 빠지고를 수차례 목적지 진동1리 마을 회관에 오니 7시 30분. 공교롭게도 예상 인원 부족으로 아침 김밥도 못 먹고(아침가리) 부실한 점심(참고로 닭백숙 재료는 있는데 연료가 없음) 산과

물에 심취되어 배고픔을 모르다. 목적지에 오니 무지 배고픔. 곰배령 입구 민박 겸 식당 설피민국에 오니 곤드레 비빔밥이 반긴다.

## 둘째 날(2014.7.13) 곰배령을 가려면

행정구역 : 강원도 인제군 기린면 진동리

지난 1982년 설악산이 유네스코 생물권 보전지역에 포함될 때 천연림보호구역으로 지정되어 하루 입장객 200명으로 제한하고 있다. 일대의 숲과 계곡은 청정자연이 숨 쉬는 원시림 그대로의 모습을 간직하고 있다. 일반 산행과 달리 예약제로 운영, 매달 20일에 다음 날 예약이 시작되는데 점봉산 생태관리센터(http://supannae.forest.go.kr)에서 신청을 받는다. 월, 화는 탐방 불가이며, 1일 탐방가능 인원은 200명으로(9시 60명, 10시 60명, 11시 80명)으로 예약자만 입산할 수 있다. 하절기(4월 17일~10월 31일): 1일 3회 (09시, 10시, 11시) 동절기(12월 16일~익년 2월 29일) : 1일 2회(10시, 11시)

## 곰배령 유래

곰배령은 백두대간의 등뼈에 해당되는 산줄기로 남설악에 위치한 점봉산 남쪽 능선에 넓은 터(嶺)를 이루고 있는 모양이 마치 곰이 하늘로 향하고 누워 있는 형상에서 유래됐다고 한다. 점봉산의 령인 곰배령으로 우리나라 유일의 원시림지역이어서 1987년부터 유전자 보호림으로 지정되어 입산통제를 하였으나 22년만인 2009년 7월15일 원시림 가운데 일부 구간을 생태체험 탐방로로 개방되었다.

## 천상화원 곰배령

마루 전망대에서 강원도 인제군 점봉산 남쪽자락의 곰배령은 초여름의 신록을 만끽할 수 있는 최적의 산행코스다. 남북으로는 점봉산(1,424m)과 가칠봉(1,165m)이 솟아 있고, 점봉산은 백두대간에 속한 봉우리다. 멀리 동해 앞바다와 설악산 대청봉, 중청봉이 한눈에 그리고 남쪽으로는 오대산 준령으로 이어진다. 곰배령은 오지 트레킹 마니아에게나 알려진 오지 중 오지이다. 곰배령 산행로는 계곡이 나란히 옆에 붙어서 따라간다. 녹음이 짙어질수록 물소리도 더 또렷이 들려온다. 계곡에 짐을 풀고 손을 담그면 얼음처럼 차가운 물이 춘곤증으로 무거워진 마음에 소름마저 돋게 한다.

곰배령의 매력은 웅장하지도, 그렇다고 화려하지도 않은 소박한 아름다움, 누군가의 말처럼 화장하지 않은 젊은 처자의 수더분하고 맑은 모습 그대로다. 곰이 배를 하늘로 향하고 벌떡 누워 있는 모습 있어서 붙여진 지명. 해발 1,100미터 고지에 약 5만 평의 평원으로 형성되어 있으며, 계절별로 각종 야생화가 군락은 고산화원이란 말이 절로다. 죽기 전에 가 보아야 할 아름다운 산 곰배령을 오늘 탐방 선택을 잘했다는 생각을 하며 자연에게도 감사한다. 곰배령에 오르니 생각만큼이나 화려하지는 않으나(여름 야생화가 별로 없음) 곰배령을 넘는 바람은 초가을 날씨같이 시원하고 상쾌하다. 점봉산을 휘감고 있는 안개구름은 한 폭의 산수화, 날씨가 좋으면 멀리 동해바다가 보이련만 아쉬움이 남는다. 내리는 길에 강선마을 입구에서 감자전과 막걸리는 또 다른 별미를 낳고 계곡에 얼음물에 발 담그니 어제 오늘에 피로가 싹 가신다. 마지막 곰배령 입구 관리 사무소에 준비해 간 《산이 좋아 산에 사네》한 권 증정하고 곰배령을 마감한다.

　오늘도 마눌님에 남편 폄하 잔소리는 변함없이 차내를 시끄럽게 한다. 모두가 틀린 말이 아닌데 왜 내 귀에는 잔소리로 들리는지 도반님들은 어떤 생각을 했을지? 궁금증은 담에 듣기로 하고 마눌님에 발에 물집 생기는 고통 도 아랑곳 하지 않고 좋아 하는 모습에 위안을 삼고 즐거운 산 강 트레킹을 마감하며 산맥님에 트레킹 제공에 감사드린다.

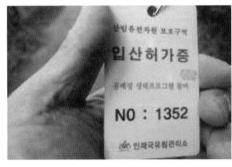

# 48. 대관령, 선자령 도보기행(2014.7.26)

**예상 코스** : 대관령 하행 휴게소 - 야생화 숲길- 국민의 숲 - 재궁골 - 국사 성황당- 양떼목장 - 선자령 입구.

**실제 코스** : 대관령 하행 휴게소 - 야생화숲길 - 능경봉 입구(임도) - 국민의 숲 - 제궁골(이깔나무 숲길) - 바우길1구간 갈림길 - 바우길 2구간 갈림길 - 국사성황당 - 선자령 등산로 입구(예상 거리 : 11km)

**대관령, 선자령을 오르기 전에**

선자령(仙子嶺)은 강원도 강릉시 성산면 보광리와 평창면 도암면 횡계리 사이
에 있는 고개이고, 대관령 길이 나기 전에는 영동 지역으로 가기 위해 선자령
을 넘나듦. 선자령 계곡이 아름다워 선녀들이 아들을 데리고 와서 목욕을 하
고 놀다 하늘로 올라간 데서 유래. 령 중턱에는 삼양 축산이 개발한 양떼 목

장이 대관령 목장과 함께 있고 령 정상에는 풍력 단지가 조성되어 새로운 산업 및 관광 자원이 형성된 자연 청정 지역, 특히 선자령과 남쪽에 위치한 제왕산 겨울 설경이 아름답기로 유명하고 겨울 산행의 최적지다.

선자령에 오르니 태풍이 오고 있다는 어수선한 날씨를 예측은 했지만 장조림에 민어 튀김에 설쳐대는 마누라와 주섬주섬 배낭을 메고 서초 구민회관 앞에 오니 낯선 얼굴들이지만 모두가 상기된 얼굴들이다.

대관령은 눈과 바람으로 유명한 지역에 걸맞게 하행 휴게소 이르니 역시 바람에 세다. 영동 고속도로 개통 기념탑을 기점으로 야생화 숲길을 걷는 하늘은 비가 약간 뿌린다. 둘레길인 줄 알았는데 선자령 등산 개념의 코스다. 선자령 정상에 오르니 선녀들이 놀고 간 전설을 생각할 겨를이 없다. 6년 전 눈꽃 산행 때도 이런 바람은 없었는데 1년 전 노부부 실종 사건이 뇌리를 스치고 어떻게 하면 살아 돌아갈까만 생각하게 하는 세찬 바람이 몰아치니 낭패다. 바람과 씨름하고 중부 능선 전망대에 이르니 동해바다 위에 뭉개구름이 한가하게 떠가는데 새 희망의 무지개가 안도의 평상심으로 돌아오게 하고 무사 산행을 마치게 한 선자님께 감사드린다.

# 49. 강화 나들길 9, 10 코스(2014.10.4)

2012년 강풍만 아니면 강행하려 했는데 500m 쯤 폐가에서 준비해간 음식을 요기 하고 돌아선 기억을 더듬어 오늘도 강화도 행 버스를 탄다.

조선왕조 500년사에 중종반정과 인조반정의 쿠데타에 의한 왕이 아닌 2명의 군(君)이 탄생한 곳이다. 바로 연산군과 광해군 그들이다. 그들은 반정 후 똑같이 이곳 교동도로 귀양 온 뒤 2개월 만에 죽는다. 죽었는지 죽였는지 아리송한 아직도 역사는 말하지 않고 유적비만 남아 있는 곳이기도 하다. 오늘은 화개산 역사의 흔적은 다음으로 미루고 강화 나들길 9,10 코스 중 평지 코스만 돌아본다. 강화군내에 20개 코스 중 교동도에 2개 코스는 9,10코스로 9코스는 다을새길(16km)이고, 10코스는 머르메 가는 길(15km)이다. 다을새는 교동도의 옛 지명 중 하나로 달을신(達乙新: 하늘에 닿을 새)의 소리음으로 표기한 것이며, 머르메란 옛 지명 두산동(頭山洞)의 머리 뫼가 변형된 말이다

교동(喬桐)은 동서로 약 12km, 남북으로 8km, 둘레 37.5km, 면적 47.2㎢ 우리나라에서 열네 번째로 큰 섬으로(지금은 섬이 아님) 주로 농업 위주로 삶이 형성됨. 주요 농산물은 쌀, 콩, 고추, 속노랑고구마 등이다. 전에는 창후리에서 배를 타고 건넜던 교동도. 지난 6월 연육교 개통으로 새로운 모습으로 변해 있다. 현지 주민은 통행증이 있고 외지 여행객은 꼭 신분증이 필요함.

**교통편** : 아침 07:00시에 집을 나서 송정역 좌석 3,000번. 강화터미널 하차 -> 09:30 출발 18번 버스로 환승 대룡시장(10:30분)에서 트레킹 시작 - 난정 저수지 -죽산포 - 남산포 - 교동읍성 - 동진포 - 제방길 - 월선포 선착장 - 다시 대룡시장에서 주인 없는 교동 이발관에서 한 컷. 06:20분 군내버스 이용 강화터미널 도착(17:00). 풍물시장 2층에서 밴댕이회덮밥으로 저녁식사로 20km 트레킹을 마감한다.

# 50. 강화 나들길 11코스 석모도 바람길(2014.10.9)

왜 그리 먼 길을 걷고 있느냐고 묻는다.

가끔씩 묻는다. 왜 그렇게 걷느냐고 가까운 길이 있는데도 왜 그리 멀리 돌아가느냐고. 자동차도 있고, 비행기도 있고, 배도 있는데 왜 그렇게 걷느냐고 그럴 때는 달리 할 말이 없다.

"길에는 몸이 가는 길이 있고, 마음이 가는 길이 있다. 몸의 길은 걸을수록 지치지만 마음 길은 멈출 때 지친다. 몸의 길은 앞으로만 나 있지만 마음 길은 돌아가는 길도 있다. 몸의 길은 비가 오면 젖지만 마음 길은 더 깨끗해진다. 몸의 길은 바람 불면 흔들리지만 마음 길은 사랑을 하게 된다, 오늘은 몸보다 마음이 먼저 길을 나선다."

정용철 시인의 <길>에 나오는 말이다.

길(道)은 시작과 끝이 없고 가까운데 있는 것을 멀리서 찾고 있다 보면 실패와 성공 기쁨과 슬픔 그걸 깨닫고 후회하고 아쉬워하며 비우고 채우며 그렇게 먼 길을 걷다 보면 벌써 여기까지 와 버렸나 뒤를 돌아보게 된다. 학창시절이 그려지고, 군생활이 그려지고, 사회생활이 주마등처럼 스친다. 이게 어쩌면 우리네 인생길과 흡사하지 않은가?

메고 있는 보따리 비우기, 머릿속에 있는 고뇌와 욕망 비우기, 가벼운 마음 갖기 위함이 아닌가?

오늘도 걸으면서 왜 걷는지는 모른다, 아무래도 상관없다. 걷는 동안만큼은 내가 나에게 잠시 와 있으니까. 오늘은 지난주에 이어 강화 나들길 11코스로 잡았다, 조금은 무리인 듯했지만 마눌님의 성화에 못 이겨 배낭을 챙기기로 했다.11코스는 석모도 바람길이다. 예상치 않게 길과 나 친우들이 합류하기로

했다. 아침 7시 30분에 송정역에서 합류하여 모처럼 승용차로 석모도까지 이동, 보문사 주차장에 주차하고 바람길을 향해 바닷가로 길을 나선다. 바람길은 총 16km인데 오늘은 망둥이 낚시도 겸하기로 하고, 중간 지점인 민머루해수욕장에 여장을 풀고 망둥이 낚시에 들어간다.

물때를 맞춰 오후 2시부터 물이 들어오는 갯벌을 따라 이동하며 하는 낚시, 처음 입질에 12마리를 잡고 나니 망둥이들이 눈치를 챘는지 입질이 끊긴다, 잡아온 망둥이를 라면과 함께 끓이니 망둥이 해물라면이 된다. 석모도 갯벌은 질이 좋기로 유명하다. 500m까지 갯벌 밑에 자갈도 없고 조개껍질도 없어 갯벌 체험에 또 다른 별지 갯벌에서 한참을 헤매니 온몸이 나른하다.

현지에서 조달한 소주로 한잔하니 피로는 가고 만사가 내 세상이다.

# 51. 정릉기행 - 아이필드 전주 송별 산행(2015.7.19)

왼쪽 산중턱에 그리 크지 않은 봉분 하나가 정릉 태조 이성계 둘째부인 신덕왕후 강씨의 무덤이다. 고려조 말기 이성계를 만나 개국에 일조했고, 방번 방석 두 아들을 낳은 여인이다. 조선조 개국 후, 이성계의 첫째 부인 한씨를 제치고 으뜸 왕비가 되었고, 자기 막내아들 방석을 세자로 책봉토록 만들기도 하였다. 그러나 그녀가 죽고 난 이듬해 첫째 부인 한씨의 아들 방원이 그녀의 두 아들 방번과 방석을 급습하여 다 죽여 버린 사건이 일어남.

이를 '1차 왕자의 난'이라 부른다. 방원이 태종으로 등극하고 나서는 더욱 그녀에 대한 반감을 노골화하였다.

그녀를 신덕왕후란 칭호에서 계모로 강등시키고, 그녀의 능도 정동에서 여기 산골짝으로 이장하였다. 이장하고 한 달 뒤 방원은 능의 모든 석물들을 부숴 버렸단다. 그리고 그 석물들을 가져다가 청계천 광교다리 축조하는데 석재로 썼다고 한다. 그러고 보니 이장된 뒤부터 수백 년간 정릉은 왕후의 능이 아니라 버려진 무덤이었던 셈이다.

1669년 현종 때에 이르러서야 능을 수리하고, 왕후로 복위시키고, 종묘에 배양하고, 능참봉도 두었다 한다. 얼마나 야속한 역사의 소용돌이인가.

사냥 나왔던 이성계가 목이 말라 버드나무 밑 우물가로 가서 그녀를 만났고, 그녀가 바가지 물 위에 버들잎을 떨어트렸다는 야사는 실제 역사에 비하면 그래도 조금은 낭만적이다. 그 봉분 밑에는 그녀의 백골이 묻혔으리라.

예나 지금이나 권력의 속성과 증오의 결과는 이토록 처참하다.

훗날에 보면 모두가 일장춘몽인 것을…….

깍깍깍 능 주변 초록 그늘 속에서 까치 소리가 들려온다.

## 52. 강화 나들길 번개(2015.10.4)

오늘은 지인들에 번개 걷기로 또 강화도로 택했다.

일명 밤 주우며 걷는 트래킹이다.

나이답게 느슨하게 10시 30분 강화 터미널로 모이고 강화 나들길 5코스 중간 쯤만 걷기로 하다. 잘 알겠지만 강화도 시내버스는 1시간 간격으로 운영되고 있다. 그래서 택시로 출발 지점까지 도착하여 강화 터미널로 오는 코스.

내가 저수지에 내리니 출렁이는 황금 들판 외포리 앞바다는 바다대로, 고려산 은 산대로 탁 트인 분위기는 모든 심신을 상쾌하게 해주니 이 맛으로 자주 찾 는다. 올해는 강수량이 부족해 이미 밤송이는 다 까진 상태. 이삭 줍는 심정 으로 몇 알 줍고 나머지는 도토리로 대신한다.

몇 번을 걸었던 그 길이지만 그때마다 다른 느낌을 준다. 고빗길을 넘고 청련 사 입구, 그리고 국화수지를 지나 강화풍물시장에 이르니 오후 5시다.

지금은 물 들고 있는 단풍이지만 헐구산 - 고려산 봄 진달래의 그리움을 남기 고 온다. 당연히 밴댕이 무침으로 소주 한잔으로 오늘을 마감한다.

# 53. 충주 앙성 비내길 걷기(2015.12.5)

**참가 인원** : 10명(승용차 2대)
**코스** : 7km(소요 시간 4시간 30분)
앙성 온천광장(비내길 출발지점)- 대평교 - 철새 전망공원 - 옛 조대 나루터
- 비내섬 - 비내마을 - 새바지산 정상 - 앙성온천 전망대 - 능암 탄산온천
**대중교통 참고** : 충주터미널 - 앙성(시내버스) / 1일 왕복 8회
**충주 안성 비내길은?** 비내길은 앙성 온천광장에서 남한강변을 따라 총 연장
17km에 이르는 오솔길을 이용해 만든 아름다운 길로 2014년 행정안전부가 선
정한 우리 마을 녹색실 베스트 10에 선정된 길이다.
4시간에서 5시간까지 걸리는 코스로 산과 논밭, 과수원 등 산수화 같은 전원
풍경을 즐기며 걸을 수 있도록 조성된 길이다. 충주와 남한강을 사랑한 시인
신경림의 시화판을 비내길에 설치해 문학이 있는 테마 길로도 단장되어 있다.

충주와 남한강을 사랑한 시인 신경림의 시화판을 비내길에 설치해 문학이 있
는 테마 길로도 단장되어 있다. 노은면에 태어난 신경림은 1956년 <낮달> <갈
대> <석상> 등을 발표하며 문단에 나와다. 1971년에 <농무> <전야>, 등을 발
표 주목을 받았고 1979년 출간한 시집 《새재》에서 남한강과 연관된 <목계장
터> <달래강 옛 나루에> <개치나루>에서 등을 통해 충주 지역 남한강의 서정
과 서민들의 삶의 애환을 담아냈다. 그의 시는 한국 민중문화의 지평을 연 것
으로 평가받고 있다.
비내섬은 갈대 숲과 강변 은빛 물결과 철새 도래지로 유명하고 사극 근초고왕
광개토대왕, 전우치 등의 촬영지로도 잘 알려져 있다.

엊그제 내린 폭설로 염려 했었는데 7~8도의 따스한 햇빛에 녹아내리는 눈 위를 걷는 행운을 얻은 <길과나> 님들 눈송이만큼 함박웃음이다. 봄여름가을의 강과 함께 어우러진 풍경들도 그리며 가슴에 새기고 그때쯤 다시 한 번 방문할 것을 다짐한다.

산길 : 비내마을 - 새바지산 사면 - 능선전망대 - 임도3거리 - 능암온천
급한 오름은 없지만 눈길을 오르막, 내리막을 몇 차례 반복하니 주 능선에 이른다. 쇠바위봉이 건너 보이는 전망대가 마련되어 있다.

126

# 54. 섬진강 매화꽃 마중 여행(2016.3.26)

산이면 산, 길이면 길, 나름대로 이곳저곳 많이 다녔다 자부 하는데 왠일인지 지리산, 섬진강은 여행을 못 했는데 오늘 그 염원을 푸는 섬진강 둘레길 중에 곡성 둘레길을 걷게 되는 행운을 얻다

곡성 둘레길은 5개 구간 코스로(정확히 15km )

1구간 : 섬진강 기차마을 - 효자정려 - 퐁퐁다리 - 작은침실골(3.2km)

2구간 : 침실골 - 전망대 - 침곡 - 침곡역(2.2km)

3구간 : 침곡 - 대죽정마을 - 샘터 - 송정 - 가정역(5.1km)

4구간 : 가정역 - 봉조마을 - 이정역 - 이정마을(2.1km)

5구간 : 이정마을 - 강변 흙길 - 강변 돌길 - 압록

## 찾아가기

버스의 경우는 곡성터미널부터, 기차의 경우는 곡성역부터 걷기 시작한다.

서울이나 수도권에서 곡성으로 직접 가는 버스는 많지 않으므로 광주나 남원까지 먼저가고 광주나 남원에서 곡성으로 가는 버스를 타는 것이 좋다. 오토캠핑장(2.4km)섬진강변을 달리는 전라선 복선화로 1999년 곡성역에서 압록역까지 기찻길이 폐선되어 곡성역 일대를 기차 마을로 꾸며 관광열차, 레일 바이크, 장미공원 등을 조성 볼거리와 즐길 거리를 조성하고 있는 길이다. 그냥 설명이 필요없다.

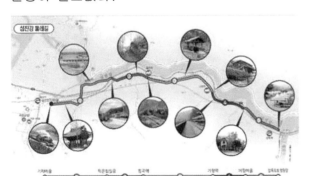

## 55. 영월 외씨버선길 – 김삿갓문학길(2016.6.25)

걷는 길 : 김삿갓문학관 ~ 김삿갓면사무소(약 12.5km)

방랑시인 김삿갓의 행적을 따라 자연을 벗하며 걷다 보면 누구나 시인이 되고, 길속의 박물관에서는 다양한 문화를 체험 할 수 있는 길. 영월의 김삿갓문학관 ~영월 관풍헌까지 청정 오지를 굽이굽이 산길, 물길, 숲길은 마치 승무의 춤사위 같은 길 바로 외씨버선길이다.

길 이름하여 <외씨버선길>은 영양 출신 조지훈 시인의 시 <승무>에서 따왔다한다. 외씨버선 길은 경북 청송 주왕산에서 강원도 영월 관풍헌까지 170km에 이른다. 봉화, 영양, 청송, 영월의 4개 군에 걸쳐 있고 청송의 슬로시티길, 영양의 조지훈 문학길 봉화의 춘양목 솔향기길 그리고 이곳 영월의 김삿갓문학 길로 크게 분류해 놓고 지역별 특색 있는 테마를 주제로 2012년 조성되었으며, 우리나라의 최고의 청정지역의 숨은 자연의 아름다움과 역사, 문학을 즐기며 걸을 수 있는 우리 길의 보고라 할 수 있는 길이다.

2013년 겨울 봉화 춘양목 솔향기길을 걸은 경험으로 청정의 보고를 다시 찾으러 오늘 왔다. 봉화 춘양목 솔향기길 마지막 약수탕길에 이어 감삿갓문학관에서 시작하는 김삿갓문학길에서 출발이다. 문학관 관람은 다음으로 미루고 시비와 묘소만 둘러보고 일정을 위해 걷기 시작이다.

오락가락하는 장맛비가 어제까지 중북부 지역에 조금 내렸고, 오늘은 구름 약간에 시원하다 걷는 동안 내내 남녀노소 통틀어 가장 많이 하는 말 "야! 정말 좋다!" 사람의 감성은 누구나 같은가 보다 이 아름다운 청정의 풍경을 보

고 그 누가 감탄 않으랴.

여기서 난고 김삿갓님을 언급해 본다.

세상 사람들은 그를 방랑시인, 철인, 광인, 술꾼으로 거듭 인지하고 있다. 하지만 그는 서민의 애환을 노래하고 민중과 벗이 되었으며, 틀에 박힌 한시의 정형을 깨부순 시인 다시 말해 그는 제멋대로 시를 짓고 읊었다. 삐뚤어진 세상을 농락하고 기성 권위에 도전 민중과 함께 숨 쉬며 탈속한 참여시인이었고, 민중의 시인이었다. 노랫말처럼.

흰 구름 벗 삼아 걷는 나그네 뻐꾸기 울고 울어 눈물을 짓고 타고난 글재주 펴볼 길 막힌 기구한 운명의 슬픈 김삿갓 오늘은 남한강 물 팔러 영월 땅 언저리를 걷고 있는 나그네

# 56. 강진 가우도, 완도 보길도(2016.8.3-4)

찜통더위 휴가를 강진 가우도, 해남 땅끝마을, 완도 보길도로 2박 2일 코스를 잡다. 언제나 그랬듯이 내 사전에는 예약이 없다. 이른 아침 무작정 고속버스 터미널로 가 강진 가는 첫차(7시 30분, 33,200원) 표를 끊고 나니 30분의 여유가 있다. 간단히 허기를 채우고 승차하니 생각보다 좌석이 여유가 있다. 4시간가량 서해안 고속도로를 달려 강진에 도착하니 11시 40분, 우선 근처 영랑 김윤식 쉼터를 찾아 둘러보니 모란은 지고 없지만 시인의 향기가 물씬 풍기는 동백나무와 대나무 숲이 우거진 아담한 초가집 생가. 오랜 세월 동안 함께 해 왔을 정서의 여운을 남기고 발길을 돌린다. 금강산도 식후경이라 아침 겸 점심을 먹고(한정식 7천원) 1차 목적지 가우도 출렁다리를 가기 위해 (걷기에는 넘 지루한 길) 마량 가는 농어촌 버스를 타야 했다(요금 1,750원).

가우도는 강진만의 8개 섬 가운데 유일한 유인도로 강진읍 보은산이 소의 머리에 해당되고 섬의 생김새가 소(牛)의 머리에 해당된다 하여 '가우도'라 부르게 되었다. 강진 대구면을 잊는 출렁다리(438m)와 도암면을 잊는 출렁다리(716m) 총 1,154m 폭 2.2m로 연결되어 있으며, 해안선을 따라 조성된 생태탐방로 '함께해(海)길'(2.5Km)는 산과 바다를 감상하며 걷는 천혜의 트레킹 코스로 지상파를 탄 이후 많은 관광객들이 찾는 곳, 오후 2시에 도착 두 출렁다리와 섬 한 바퀴를 가오리 빵 한 봉지를 사 들고 돌고 나니 4시 30분 청자 축제가 열리는 청자마을을 가다. 더위의 고비를 넘기지 못하고 발길을 해남 땅끝마을로 돌린다.

강진 터미널에서 직행 버스를 타고 해남 터미널에 오니 6시 30분 내일 첫 배를 타기 위해 땅끝마을에 오니 어둠은 깔리고 허기져 맛있는 기념 음식을 먹으러 횟집에 들리니 장난이 아니다. 을왕리 바닷가 두 배, 그러나 어쩌나 회 한 접시(8만 원) 시켜 놓고 허기진 배를 채우니 12시를 훌쩍 넘기고 땅끝마을 탑 주위에서 파도소리와 함께 막걸리(한 통 2,500원) 두 통을 비우는데 어느덧 더위를 파도 소리가 잠재운다. 두 시쯤 어쩔 수 없이 모텔에 문을 두드리니 숙박비 5만 원 거금을 투자 내일 첫 배를 타기 위해 에어컨 빵빵하게 틀어 놓고 단잠을 이룬다.

땅끝 - 노화도(산양진항) 07;00 출발, 승선권 5,200원, 약 60분 소요.
8시에 도화도 산양진항에 도착하니 두 사람만 남겨 놓고 같이 타고 왔던 사람들 모두 승용차로 사라졌다. 알고 보니 산양진항에서는 보길도까지 택시나 승용차를 이용해야 한다고 한다. 노화읍의 항구 및 육로 이용 안내(2개 항구가 있음).

**산양진항** : 해남 땅끝 길두항과 전용 노선으로 농어촌 버스가 없어 도보 여행자는 불편하다.

**동천항** : 완도 화흥포항 전용 노선으로 완도읍, 화흥포항, 노화읍, 보길도 연계 농어촌 버스가 있다. 걷기에는 너무 멀어 콜택시를 불러(10,000원) 보길도에 도착 일단 아침식사를 하고 주민들의 안내를 받는다. 보길도 해안선 길이는 약 41km 가마솥더위에 걷기에는 무리 그래서 농어촌 버스로 일주(1,000원)하고 윤선도 유적지를 돌아보기로 함.

고산 윤선도 선생께서 보길도에 18번이나 머무르셨다고 하며, 고려 때 최영 장군이 탐라를 토벌하러 가다가 정박했던 곳이 보길도이다.1992년 사적 제368호로 지정되었다가 2008년 명승 제34호로 변경. 1636년 병자호란 때 인조(仁祖)의 항복소식을 듣고 울분을 참지 못하여 은거를 결심한 윤선도가 제주도로 가던 중 보길도의 수려한 경관에 매료되어 부용동에 연못을 파고 세연정(洗然亭)을 세워 선유를 즐기며 불후의 명작 <오우가(五友歌)>와 <어부사시사(漁父四時詞)>등을 남긴 곳이기도 하다

윤선도는 1637년(인조 13)부터 1671년 죽을 때까지 일곱 번이나 이곳에 드나들며 글을 쓰며 13년이나 생활했는데 그의 흔적이 남아 있는 유적지가 많으며, 현재 쓰이는 섬 내의 지명도 거의 그가 붙인 것이다.

① **세연지(洗然池)** : 산에서 흘러내리는 개울을 판석(板石)으로 만든 보(길이 11m, 너비 2.5m의 돌다리)를 설치하여 둑을 조성하고 자연적으로 수위조절이 되도록 조성한 연못이다.

② **세연정(洗然亭)**: 1637년 세연지 가에 단(壇)을 조성하여 지은 3칸짜리 정자이다.

③ **낙서재(樂書齋)**: 시문을 창작하고 강론하던 곳으로, 석실과 마주보이는 곳에 있다.

④ **곡수당(曲水堂)**: 낙서재 건너 개울가에 지은 집이다. 윤선도의 아들이 조성한 초당·석정(石亭)·석가산(石假山)연못·화계(花階)·다리 등의 다채로운 조원(造苑)이 베풀어진 곳이다.

⑤ **동천석실(洞天石室)**: 곡수당 건너 산중턱 절벽 위에 지은 1칸짜리 집. 여기서 독서하며 사색을 즐겼다 한다. 소은병(小隱屏), 오운대(五雲臺), 독등대

(獨쯮臺), 상춘대(賞春臺), 언선대(偃仙臺) 등 그가 섬 안의 바위와 산봉우리
에 붙인 이름은 아직도 남아 있다. <어부사시사(漁父四時詞)> 등 시가를 창작
한 국문학의 산실이기도 하며, 특히 보를 막아 연못을 조성하는 등 기발한 안
목 등 윤선도의 뛰어난 안목을 엿볼 수 있는 유적이다.

아쉬움은 빛고을 도륜 선생과 차 한잔 못하고 올라온 게 아쉬움으로 남는다.

# 제2장.
# 북한산 둘레길

# 1. 북한산 둘레길 1~4구간(2011.9.4)

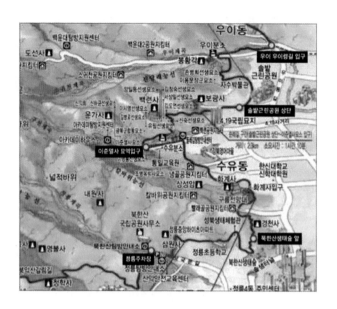

1. **교통편** : 전철 4호선 수유역 3번 출구 – 버스 120. 153번 버스 종점
우이동 도선사 입구로 이동(약 10분)

2. **코스** : 11.6km
　　1구간(소나무숲길 3.1km), 2구간 (순례길 2.3km),
　　3구간(흰구름길 4.1km), 4구간(솔샘길 2.1km)

3. **주요 이정표**
북한산국립공원 우이분소 ~ 손병희 선생 묘소 ~ 솔밭그린공원 ~ 보광사 ~ 국
립4·19 민주묘역 ~ 이준 열사 묘역 ~ 화계사 입구 ~ 구름전망대 ~ 경천사 ~ 솔
샘소나무숲길은 말 그대로 소나무 숲이 많고 송진 향이 그윽한 구간이다. 2구
간 순례길은 이준 열사 묘역 등 12기의 독립유공자묘소. 4·19혁명을 기념하
는 국립4·19민주묘지 등 우리나라 근 현대사를 어우르는 역사 현장이다. 3구
간의 이름은 흰구름길인데 뛰어난 조망을 자랑한다. 높이 12m의 구름전망대에
오르면 북한산, 수락산, 도봉산, 불암산, 용마산, 아차산 등 서울과 수도권의
산세를 볼 수 있다.
솔샘길에서는 성북생태체험관이 있으며 빨래공원과 화계사, 경천사, 상원사
사찰을 볼 수 있다

**국립 4 · 19 민주묘역**

삼각산(북한산) 기슭의 국립 4 · 19묘지는 1960년 4 · 19혁명 때에 희생된 224분의 합동 분묘로서 이들을 기리는 기념탑이 세워져 있고, 기념탑 중앙에는 의롭게 죽어간 이들을 기리는 탑문이 새겨져 있다. 묘지 경내에는 소나무와 향나무, 주목과 단풍나무 등으로 아담하게 꾸며져 있으며, 그 외에 민주의 뿌리, 정의의 불꽃 등 조각 작품과 연못이 있으며, 산책로와 공원에서 바라보는 삼각산(북한산)은 어머니 품과 같은 아늑함을 느낄 수 있다.

**4 · 19혁명을 돌아본다.**

자유당 이승만정권이 장기 집권을 하려고 이승만에게 엄청난 권력이 주어지는 대통령중심제를 실시, 3 · 15 부정선거를 일으킴으로써 국민들의 분노를 일으킴. 결국 1960년 2월 대구의 고등학생들이 들고 일어나면서 4 · 19혁명이 시작됨.

**4 · 19혁명의 과정** : 대구에서 폭발하여 고등학생들이 민주화를 요구하며 시위를 펼쳤으니 이것을 2 · 28의거라 한다. 이승만 정권은 경찰을 동원하여 그 어린 학생들을 진압, 짓밟아버리고. 3월 15일에 4 · 19혁명의 결정적 원인이 되는 3 · 15부정선거가 일어나자 같은 날 마산에서 3 · 15 의거가 일어나니 경찰들이 총탄을 발포. 그리고 4월 18일에 대학생들과 고등학생들이 동시에 대규모 시위를 일으키자, 역시 경찰들이 총탄을 발포하며 해산시킵니다. 그러자 다음날인 1960년 4월 19일, 드디어 온 국민이 한꺼번에 들고일어나 서울 시내를 점령하였고 지방에서도 대규모의 시위가 일어나고. 그 뒤 4월 25일 대학교수들이 시국선언을 하는 과정에서 마침내 이기붕 일가는 자살하고 이승만은 하야선언을 하고 영부인 프란체스카 여사와 함께 하와이로 망명합니다.

**4 · 19명의 결과** : 이로써 새 의원내각제 정부가 출범할 때까지 내무부장관 허정이 대통령의 권한을 대신 맡아 보게 됩니다. 이 4 · 19혁명의 결과는 많은

희생자가 생기는데, 특히 마산에서는 김주열이란 학생이 눈에 최루탄이 박힌 채로 바다 위에 떠오르자 온 국민들은 충격을 받고 오열합니다. 바로 이 4 · 19 혁명은 4월 19일에 한꺼번에 일어난 혁명이 아니라 사건이 하나씩 발생되면서 단계적으로 일어난 혁명입니다.

경찰이 발포해서 수많은 학생들이 죽었고 시민들도 많이 죽었으며 더구나 군인들까지 동원되기도 했는데 이 혁명은 4월혁명 등으로 불리다가 1962년 5 · 16 군사쿠데타가 일어나자 4 · 19의거로 규정되어졌고, 다시 1992년에 4 · 19 혁명으로 고쳐졌습니다.

4 · 19혁명의 의의 : 바로 이 4 · 19혁명은 오늘날 우리들에게 민주주의라는 소중함을 가져다 준 혁명으로써 우리나라에 이후로 발생한 6월항쟁 등의 그 모태가 되어, 민주화를 갈망하던 국민들에게 시위의 불씨를 일으킨 우리 역사에 커다란 의미를 부여한 혁명이라 하겠습니다.

### 빨래공원

빨래골은 조선시대 궁궐의 무수리들이 왕실의 빨래를 했다고 해 빨래골로 붙여진 골짜기다. 지금은 빨래터를 재현해 놓고 어린이들의 물놀이 계곡으로 인기 있고 공원으로도 부른다.

화계사는 1522년(중종 17) 신월이 창건했고 1618년(광해군 10) 화재로 전소되자 흥덕대군의 시주로 도월이 중창했다. 그 뒤 건물이 많이 퇴락하자 1866년(고종 3) 용선과 범운이 흥선대원군의 시주를 받아 중창했으며, 이후로도 몇 차례의 중수가 있었다. 명부전의 현판과 주련은 흥선 대원군의 친필이다. 또 이 절에는 1898년 경상북도 풍기 희방사에서 옮겨온 대종과 북이 있다.

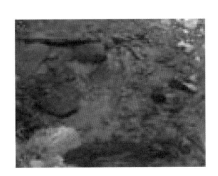

# 2. 북한산 둘레길 두 번째 5-7구간(2011.9.13)

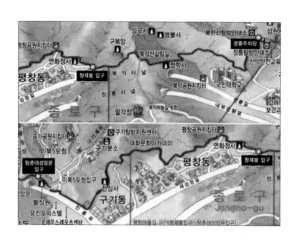

1. **정릉 주차장 가기** : 4호선 길음역 3번 출구 - 시내버스로 정릉 종점 하차
   - 북한산 국립공원 탐방 안내소- 5구간 시작

2. **코스** : 5구간(명상길 2.4km) - 6구간(평창마을길 5km) - 7구간(옛성길
   2.7km)

3. **주요 이정표** : 정릉주차장 - 북악산 갈림길 - 형제봉 입구 - 연화정사 -
   청련사 - 탕춘대 - 구기터널 입구 - 장미공원


## 4. 걸으면서

추석연휴 3박 3일을 시달리다.

지난번 걷다 남은 북한산 둘레길로 방향을 잡다.

오늘은 김밥 대신 떡, 막걸리, 부침개, 과일, 물 4통을 준비했다.

지난번 마지막 코스 다음 평창동 북악터널까지 지지고 볶다 도착한 시간 11:30, 부자들 많이 산다는 산자락 아스팔트 길 따라 1시간을 힘들게 걷고(지나가는 나이 드신 분들 귀향 가는 길이라 투덜댄다 / 섭씨 31도)

이북5도청 건물을 지나 구기터널 위를 지나는 산길을 만난다. 명절 뒤라 시장 절반이 문을 닫았다. 걷기 후 밑반찬 순댓국에 밥 말아먹고 목동까지 가는 571 시내버스가 지친 몸을 반겨준다.

5구간 명상길은 참나무 숲이 아름다운데 명상하기 좋은 구간이라 해서 이름도 그렇게 붙여졌다.

6구간 평창마을 길은 조선시대 조세를 관리하던 선혜청 가운데 가장 큰 창고가 이곳에 있었고, 부자 동네의 표상으로 주택들이 거의 전원주택 수준이다. 연화정사, 해원사, 청련사, 전심사 등 사찰들을 자주 만나는 구간이다. 이 구간은 주로 아스팔트길로 둘레길 중 가장 짜증난 길이기도 하다(특히 삼복 무더위에는).

이어지는 7구간 옛성길은 전망대에 오르면 보현봉, 문수봉, 비봉 향로봉, 쪽

두리봉 등 북한산 서쪽 봉우리들을 감상할 수 있고, 탕춘대성암문(蕩春臺城暗門)에서 북한산 생태공원으로 이어진다.

**탕춘대성** : 인왕산 동북쪽에서 시작하여 북한산 비봉 아래까지 연결한 축성으로 탕춘대성이라고 한 것은 현재 세검정이 있는 동쪽 약 100여 미터 되는 산봉우리에 탕춘대가 있었던 것에서 연유한 것이며, 숙종에 재위 30년(1704)부터 공사 시작 전체의 길이는 약 4㎞ 정도다.

# 3. 북한산 둘레길 8-10구간(2012.2.26)

1. 진관사 생태공원 다리 가기 : 전철 연신내역 3,6호선 3번 출구

2. 코스 : 8구간(하늘길 일명 구름정원길 5km) - 9구간(마실길 1.5km) -
   10구간(내시묘역 길 3.5km)

3. 주요 이정표
불광 그린공원(불광사) - 족두리봉 갈림길 - 정진사 - 선림사 - 화의군 묘역
- 충경사 - 삼천사 입구 - 진관사 생태다리 - 삼천사 입구 - 방패부대 - 경천
군 이해룡 송금물침비(松禁勿侵碑) - 북한산탐방 지원센터 - 북한산성 탐방
지원센타 - 효자동 공설묘지 - 덤으로 차도를 따라 연신내역까지 걷는다.

4. 걸으면서
오늘도 그 길을 간다.
금요일부터 트레킹 계획 잡으라 한다. 토요일은 지인 따님 결혼을 핑계로 넘
겼는데 저녁부터 보챈다. 그래 완만한 북한산 둘레길 8-10 구간 코스로 결정

한다. 3개 구간을 다 걸었는데 덤으로 차도를 따라 연신내역까지 오니 어둠과 피로가 만땅. 오늘은 20㎞를 족히 걸은 셈이다.

제8구간 : 북한산생태공원 상단에서 출발하는 8구간은 이름 그대로 구름정원 길이다. 초입부터 왼쪽으로 불광동 마을을 끼고 계속 오르는 길이다. 숨을 몰아쉬며 숲 위로 공중에 설치된 하늘다리에 오르면 하늘전망대, 선명한 도시의 풍경 뒤로는 북한산 서쪽 봉우리들, 두 손에 잡힐 듯하다. 마을 골목길을 지나 불광 중학교 뒤 산길을 걷다 가족묘같은 비를 발견한다.
비 3개가 있는데 매월비라고 한다. 비석에 새겨진 비문은
1) 천부위상만물천지부모 위주선
2) 지모위성 만물 초목지모 위소생
3) 천지음양 김매월
이라는 글씨가 새겨 있지만 자세한 내역은 검색해 보기로 하고 지난다. 이 길은 특히 잣나무 소나무 등 침엽수에서 분비되는 피톤치드의 향성을 듬뿍 마실 수 있다.
족두리봉, 향로봉 입구를 지나는 길에는 정진사, 불광사, 선림사가 있다. 선림사를 지나면 오래된 묘소와 석물들이 여기저기 나뒹굴고 있고, 그중에 화의군의 묘역도 있다. 화의군은 조선 제4대 왕인 세종대왕의 아홉 번째 아들 화의군(和義君) 이영(李瓔)으로, 이 묘역에는 묘소와 사당인 충경사(忠景祠)와 제실, 그리고 신도비와 홍살문이 자리하고 있다.

제9구간 : 마실길은 은평뉴타운 진관 생태다리 앞에서 시작 방패교육대 앞까지 이르는 아주 편안 한 길이다. 중간에 은평역사 한옥박물관을 덤으로 볼 수 있다.

삼천사 : 원효대사가 개산한 사찰로 당시에 3천 명이나 수도할 수 있는 큰 사찰로 삼천사의 유래다. 임진왜란 때 승병의 집결지로 호국사찰이었고 보물 제

657호 마애여래입상이 있다. 현재는 사회복지법인 인덕원을 운영하고 있다.

제10구간 : 내시묘역길을 지나며 권력을 쥔 사내들의 사패지가 있는 곳이 아닌가 한다. 임금을 보좌하던 내시들의 묘역과 전주이씨 묘역 백화사를 지나 내시 묘역길 표지판이 있고, 조금 오르내리면 경천군 송금 물침비가 보인다.

내시묘역 : 내시들에게도 공동묘지가 있었는데 바로 이곳 백화사 뒤쪽 일대가 내시묘역이었다. 내시묘역은 사대부에서 서민에 이르는 다양한 계층의 무덤이 조성되어 있었다고 하나 그 누구도 관심을 가져주지 않았던 버려진 무덤이 되어 없어지거나 훼손된 것이 많다고 한다.
내시묘역길을 걸으며 우리는 기존에 알고 있던 내시에 역할과 삶의 재발견이 되었으면 한다.

송금물침비(松禁勿侵碑) : 송금비는 조선시대 왕이 하사한 땅 안팎의 소나무를 무단으로 벌목하는 것을 막으려 세운 비석이다. 전통사회에서 소나무는 선박을 만드는 조선재(造船材)와 건물을 짓는 건축재, 연료재 등으로 쓰이는 등 중요한 자원이었다. 소나무 껍질과 송진 등 부산물은 흉년이 들었을 때 식량 대용이 되기도 했다. 이런 소나무를 함부로 베지 못하게 하는 송금정책은 고려시대부터 있었다. 국가가 필요로 하는 목재를 확보하려 소나무 생장에 적당

147

한 곳을 선정한 뒤 벌목하지 못하도록 했던 것이다.

송금정책은 '성내의 송백남벌을 금함과 아울러 공용에 쓸 것 이외에는 시기에 어긋나서 벌송함을 일절 금지하였다'고 적은 《고려사》와 '소나무 베는 것을 금하는 것은 국가의 큰 정책입니다'라고 기록한 《고종실록》 21권 등에서도 확인할 수 있다.

전국에서 유일한 것으로 추정되는 '경천군 이해룡 송금물침비' 2기는 1614년 광해군 때 세워졌다. 이들 비석은 광해군이 임란 전후 일본과의 화평교섭에서 큰 역할을 한 경천군 이해룡에게 내린 땅 경계 지역에 만든 것이다.

'경천군 이해룡 송금물침비' 2기 가운데 하나가 북한산 둘레길에 있다는 사실은 이미 인근 주민들에게 널리 알려져 있었다. 두 번째 '송금비'가 북한산초등학교 인근에서 새롭게 그 모습을 드러낸 것은 지난해 4월의 일이다. 이들 '송금비'에는 '경천군에게 하사한 경계 내의 소나무를 베는 것을 금하니 들어가지 말라'고 적혀 있다.

서울시는 '경천군 이해룡 송금물침비'가 그동안 문헌으로만 알 수 있었던 조선시대 임업 정책의 실례를 보여주는 유물로, 그 역사적 가치가 크다고 설명했다. 시는 또 이들 비석 모두 비교적 원형을 잘 간직하고 있으며, 조선 태조 때부터 고종 때까지 시행한 선조들의 자연환경 보존 정책을 잘 살펴볼 수 있다는 점에서 의미가 깊다고 덧붙였다.

서울시는 12일부터 30일 동안 '경천군 이해룡 송금물침비'에 대한 문화재 지정계획을 예고하고 각계 의견을 수렴한 뒤, 문화재위원회 최종 심의를 거쳐 올 3월 중 이들 비석을 서울시 기념물로 지정고시할 계획이다.

## 길에서 길을 찾는 바보

북한강 강가에 흩어지듯 물안개처럼 보이지 않는 게
우리의 한치 앞의 인생이다
지금 이 나이쯤에 뒤돌아보면
억울하게 살아온 것 같은 허무함이 느껴지는 건
또 하나의 인생 역정의 뒤안길이다
어느 순간 잃어버린 자신을 발견하고  불안에 휩싸이는 것 또한 인생고
어제의 하루는 고통과 아픔이었고
오늘의 하루는 꿈과 희망과 용기였고
내일의 하루는 지난 나를 버리고 앞으로의 나를 찾을 기대감
나의 삶은
걱정과 근심으로 늘 부족한 나날의 연속이기에
늘 또다른 나를 찾아 헤매이기 일쑤다
그 과정은 늘 고통과 갈등과 아쉬움을 안겨준다
길에서 늘 나는 나를 찾아 가는 길을 찾기에 여념 없다

# 4. 북한산 둘레길 11-14구간(2013.6.22)

1. **효자길 출발지 가기** : 연신내역 3번 출구(3,6호선) - 시내버스 이용 효자동 마을금고 앞

2. **코스**
제11구간 효자길 : 효자동 공설묘지 - 사기막골 입구 - 3.3km(북한산 둘레길)
제12구간 충의길 : 사기막골 입구 -교현 우이령길 입구 - 3.7km(북한산 둘레길)
제13구간 송추마을길 : 교현리 우리령길 입구~원각사 입구 - 5.2km
제14구간 산너머길 : 원각사 입구~안골계곡 - 3.8km(사패 7부능선)

3. **걸으면서**
눈을 조금만 돌려 편한 옷과 신발, 반나절 정도의 시간만 있다면, 충분히 좋고 가까운 길. 그리고 싱그러운 바람과 피톤치드 기운을 느낄 수 있는 멋진 길이 곳곳에 발견할 수 있다. 그 길 중의 하나 북한산 둘레길 연장선상인 도봉산 둘레길에 시간을 할애해본다.
참고로, 북한산 둘레길은 북한산 자락을 완만하게 걸을 수 있도록 조성한 저지대 산책로다. 총 길이는 전체 63.2㎞이며, 둘레길 구간은 현재 13개 코스로 구분 해놓고, 북한산 또는 도봉산 둘레길은 특별한 계획이 필요 없다.

일단 어느 코스든 길 여정에 들어서면 길안내 표지판이 너무 잘 되어 있어 누구나 쉽게 접근 할 수 있다. 계절에 구애받지 않고 소나무를 비롯 참나무, 아카시아, 밤나무, 쪽동백 그리고 찔레꽃 등 꽃향, 나무 향으로 상쾌함과 피톤치드로 스트레스 해소를 충분히 하고 남는다.

**11구간 효자길**은 솔직히 말해서 정말 걷고 싶지 않은 길이다. 평창동 주택가를 걸어가는 6코스보다 조금 낫지만, 마지막에 사기막골이 있다. 사기막골은 예전에 이곳에서 사기그릇을 만들었다 해서 붙여진 이름.

**12구간 충의길**은 주변에 충의부대가 있고 말 그대로 忠(마음의 중심을 잡으라는 뜻이 아닌가 한다). 사기막 계곡에서 솔고개로 이어지는 숲속길과 솔고개에서 무더운 여름 햇볕을 식히기엔 안성맞춤이다.

**13구간 송추마을길**은 그야말로 마을길이다.

군부대를 가리기 위한 국립공원 아름다운 사진들을 전시해 놓은 곳을 지나면
모두 아스팔트길이다.

**14구간 산너미길**은 말 그대로 울창한 숲이 반겨 줄 것을 기대해 본다.

원각사 입구 갈림길에서 우측 능선을 타며 산너미 길 시작이다. 여기 산너미 길에는 사패교, 갓바위교, 울띄교 등 나무다리가 조성되어 있고, 울창한 삼림이 하늘을 가려주니 삼복더위에도 졸졸 흐르는 계곡물과 어우러 더위를 식혀준다. 이 구간의 자랑은 역시 전망대 한눈에 들어오는 의정부시가지, 맞은편엔 수락산 우측엔 사패산 능선, 좌로는 희미하게 불곡산과 양주시가 한눈에 들어온다 .70세는 넘어 보이는 어르신이 북한산 둘레길 중 이 구간이 4계절 모두 으뜸이라 귀띔해준다.

**사패산 유래 :** 사패산은 경기도 의정부와 양주에 위치한 산으로 동쪽으로 수락산을, 서남쪽으로 도봉산을 끼고 있다. 수려한 경치를 자랑하는 사패산은 다음과 같은 유래가 전해온다. 사패산에는 바로 자식을 사랑한 군왕의 마음이 닮겨 있어 찾는 이들로 하여금 훈훈함을 느끼게 한다. 조선 선조임금의 여섯째 딸은 정휘옹주였다. 임금은 남달리 옹주를 사랑하였는데 혼기가 찬 딸은 유정량에게 시집을 가게 되었다. 선조임금은 사가로 시집가는 딸을 위해 산을

하사하는데 사패산의 이름은 그런 연유로 붙여졌다

# 5. 북한산 둘레길 15-18구간(2012.2.26)

1. 안골길 입구 가기 : 3,6호선 연신내역 3번출구 – 버스환승 안골마을 입구
2. 코스
제15구간 안골길 : 안골계곡 ~ 회룡골 탐방센터 – 3.5km
제16구간 보루길 : 회룡골 탐방센터 ~ 원도봉 – 2.8km(고구려 석축, 사패산)
제17구간 다락원길 : 원도봉~ 다락원 – 3km
제18구간 도봉옛길 : 다락원~ 무수골 – 2.8km

3. 걸으면서
15구간 안골길은 사패산 서쪽 계곡 일대로 계곡은 깊지 않으나 계곡, 물소리, 진달래, 철쭉을 비롯해 울창한 숲속 길은 한여름 피서지로 안성맞춤이다.
능선에 올라서면 군사시설이 한국전쟁 당시 의정부에서 서울로 진입하는 목 지점으로 당시 전쟁 상황을 그려볼 수 있다.

16구간 보루길은 삼국시대의 석축과 보루가 있었다 해서 불리는 길이다.
사패산 1,2,3보루 표시가 있는 걸로 봐 당시 군사적 요충지였음을 실감할 수 있다.오르내리는 길은 꽤 가파르고 거칠지만 울창한 숲을 따라 걷다 보면 큰 부담은 없다. 17구간 다락원길은 다락원과 웃다락원 지명이 남아있는데 조선 시대 공무로 출장을 다니던 사람들의 묵던 원(院)이 있었고, 원 주변 풍광을 즐길 수 있도록 누각은 세워 붙여진 이름이라 한다. 구간 대부분 공원 외 잭 슨 캠프, YMCA 다락 캠프장 등 편의시설들이다.

18구간 **도봉옛길**은 도봉산을 오르는 길과 만나는 조상의 옛 정취를 볼 수 있는 구간이다. 주요 사찰인 광륜사, 능원사, 그리고 도봉계곡 입구에 서 있는 우암 송시열의 道峰東門(도봉동문)이란 글씨가 바위에 새겨져 있어 도봉산이 명산임을 암시한다. 세종 재위 시 찾았다가 물 좋고 풍광이 좋아 아무 근심이

없는 곳이라 하여 유래된 무수골에는 세종 아홉 번째 아들 영해군의 묘가 있다. 원래 수철동이었으나 세월이 지나 무수(無愁 : 근심이 없는 동네)동으로 바뀜, 전주이씨 마을이라고도 하며 조성된지 500년이 넘는 마을이다.

**무수골이란?** : 마을 이름은 1447년(성종8년)세종의 17번째 아들인 영해군의 묘가 조성되면서 유래되었다. 옛 명칭은 수철동이었으나 세월이 지나면서 무수동으로 바뀌었다.

# 6. 북한산 둘레길 19-20구간(2013.7.21)

**1. 방학동길 입구 가기** : 전철 1호선 도봉역 1번 출구

**2. 코스** : 19구간(방학동길 3km) ~ 20구간(왕실묘역길1.5km)

**3. 주요 이정표**
무수골 ~ 쌍둥이 전망대 ~  시루봉 ~  산천목씨 선영 ~ 정의공주묘 ~ 연산군묘 ~ 쉘터  느티나무, 은행나무 ~ 우이동 ~ 우이령길 입구

**4. 걸으면서**
19구간 방학동길 계속 오르다 보면 도봉산 둘레길의 명소이자 유일한 전망대인 쌍둥이 전망대를 만날 수 있다. 나선형식의 계단으로 오르면 학이 알을 품은 형상을 한 방학동 전경과 도봉산의 주 봉우리인 선인봉, 만장봉, 자운봉을 한눈에 볼 수 있다.

**포대능선** : 도봉산은 한북정맥 연봉을 따라 내려오다 북한산에 이르기 전에 화강암으로 된 봉우리가 겹겹이 우뚝 솟아 그 위세를 과시하는 산이다.
그 겹겹이 우뚝 솟은 자운봉(도봉산 정상 739.5m), 선인봉, 만장봉 등의 봉우리를 만들기 위한 사전 정지작업을 한 곳이 바로 포대능선이다.
포대능선은 이전에 대공포대가 있었던 649봉에서 자운봉과 마주보는 신선대까지를 말한다. 포대능선이란 이름도 대공포대가 있었기 때문에 유래했다.
20구간 왕실묘역길은 묘소 아래에는 왕실묘역 뿐만 아니라 서울시에서 가장 오래된 나무인 방학동 은행나무(수령 830년 추정)가 있다. 또 600년 전부터 주민들의 식수로 이용되어 온 원당샘(元堂泉)이 있다. 도봉구는 이곳에 공원을 만들어 연못과 정자를 두어 주민들이 휴식할 수 있는 곳이다

# 7. 북한산 둘레길 마지막 21코스(2011.10.4)

1. **사기막골 입구 가기** : 연신내역 3번 출구(3,6호선) - 시내버스로 환승

2. **코스** :  제21구간 우이령길(소귀고개) 2km

3. **주요 이정표** :  교현리 - 소전망대 - 유격장 광장 - 오봉 전망대 - 대저차 방호 광장 - 소귀고개 - 우이동 탐방센터 - 소귀교 돌탑 - 우이령 입구

4. **걸으면서**

우이령은 일명 소귀고개길이라고 한다. 북쪽의 도봉산과 남쪽 북한산의 경계 이다. 무장공비의 청화대 침투사건(1968. 1.21)으로 인하여 41년 동안 민간인 의 출입이 전면 금지되었다가 2009년 7월 탐방예약제로 개방된 자연생태계가 잘 보존된 지역으로 우이령 계곡과 숲을 함께 느낄 수 있는 구간으로 맨발 체험이 가능하며 편안한 산책길이다. 인터넷으로 예약을 하여야만 오후 2시 까지 입장을 하여야만 산행이 가능하였으며, 인원도 500명 내외로 제한되어 있다. 북한산 둘레길도 오늘로서 마지막 구간을 마무리하였다.

# 제3장 .
# 낙동강 천리길

# 1. 낙동강 천리길을 걷는다 - 첫 번째(2009-6.27-6.28)

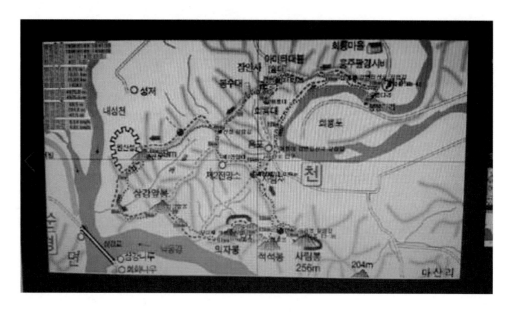

곳 : 기치기나루, 문정자나루, 삼강나루, 회룡포, 경천대, 사벌왕릉, 중동나
루, 낙가산, 낙동나루.
저녁 9시 30분 양재역 출발
26일 저녁 9시30분 양재역 출발 안동 병풍산 병산서원 새벽 1시 도착
27일 아침 온갖 새소리에 잠은 깨고 병산서원을 더듬는다.

병산서원은 조선시대의 대표적인 유교적 건축물로 류성룡(柳成龍)과 그의 셋
째아들 류진(柳袗)을 배향한 서원으로 류성룡 선생의 문집을 비롯 각종 문헌
1,000여 종 3,000여 책이 소장되어 있다.
서원 안에 사당(존덕사)을 세우고 위패를 모셔서 선생의 학덕을 이어받고 추
모하며 향사(제사)를 올린다. 춘추향사제는 병산서원의 두 제향(류성룡 선생,
류진 선생)을 받드는 제사로 봄, 가을 두 번 있는 병산서원의 가장 큰 행사로
3월 초정일(음력), 9월 초정일(음력).
1868(고종5년) 흥선대원군의 서원철폐령 때에도 사라지지 않은 47개 서원 중
하나 병풍처럼 둘러친 강 건너 병풍산과 낙동강 백사장 옆으로 굽이쳐 흐르는
강물의 어우름이 조화롭다. 아침 만대루에서 병풍산을 바라보고 앉아 있으니
내가 유생인가! 한마디로 통쾌하고 시원하다. 안동 간고등어와 콩나물국에 식
사를 마치고 길 떠난다. 목적지 삼강 주막집 외 기억나지 않는다.
세 번째 걷기 마지막 종착지 다리 간판을 보니 지보면 구담교. 여기서부터 걷
기 시작이란다.

그늘에 잠시 앉아 있는 동안 홍선희 님의 시 낭송이 시작된다. 멀어서 들리지는 않고 입 모양만 독백으로 보인다. 미스순천 님의 뒷모습 – 잠시 정지 요청 뒤 한 컷. 이날 최고의 이벤트였던 것 같다!

조금 걷다가 늪을 만나 신발 벗고 건너고, 얼마 가지 않아 산딸기 밭을 만나 산딸기 따먹고, 또 얼마 가지 않아 논두렁 밭두렁 만나 걷고, 삼수정을 만나 한숨 돌리고, 머리에 물 적시고, 삼수정 내력을 들어본다.
조선 초기 현감 정귀령이 회화나무 세 그루를 심고 정자를 지었다. 후손 정광필 외 정승, 대제학, 과거급제자 등 수많은 판서, 참판 배출.
또 출발이다. 뚝방길 너머 감자 캐는 농부들에게 미안한 생각을 뒤로하고 이제는 산길이다. 부처손 약초 캐며 도착한 관세암, 길이 없다. 뒤돌아 오르는 길은 더욱 없다. 하늘은 보이는데 능선은 나타나지 않고 도반님은 이게 길이라 하니 반항할 수 없다. 대원들 걷는 소리도 멀어지고 길 없는 길을 걷는다. 길 잃은 병사가 무슨 말을 할까마는 관세암도 100년 뒤에는 삼강 주막집처럼 복원되었으면 좋겠다.

우여곡절 오후 7시쯤 삼강주막에 이르니 빈대떡, 묵으로 동동주 한잔하고 주막 이곳저곳 100년 전설을 본다. 저녁별 보며 마을회관 마당에 주점이 문을 열고 맥주 한잔, 소주 한잔으로 얼굴 익히며 지나온 8시간의 꽃을 피운다.

삼강주막은 삼강나루의 나들이객에게 허기를 면하게 해주고 보부상들의 숙식처로, 때론 시인묵객들의 유상처로 이용된 건물. 1900년경에 지은 이 주막이다. 유구한 역사와 함께한 유옥연 주모 할머니가 지난 2006년 세상을 떠나면서 그대로 방치되고 있다가 2007년도에 1억 5천만 원의 예산으로 옛 모습 그대로 복원되어 새로운 주모와 함께 나들이객들을 맞이하고 있다.

28일 단잠을 깨우는 아침 6시 기상나팔 일부 작가님들은 카메라 챙겨 떠나고 일부 잠꾸러기님들은 1강 2강 3강(금천, 내성천, 낙동강) 강의를 듣고 금천의 금은 비단 금이냐, 쇠금이냐? 논란도 하고 진수성찬 간고등어에 아침을 챙기고 낙동강 물 흐르듯 자연스레 걷기 대열을 갖춘다.

### 육지 안에 있는 아름다운 섬마을, 회룡포(回龍浦)

낙동강의 지류인 내성천이 태극무늬 모양으로 휘감아 돌아 모래사장을 만들고 여기에 마을이 들어서 있는 곳이 이곳. 유유히 흐르던 강이 갑자기 방향을 틀어 둥글게 원을 그리고 상류로 거슬러 흘러가는 기이한 풍경이 이곳 회룡포 내성천이다. 인접한 향석리의 장안사 절이 있는 산이 비룡산이고, 장안사는 통일신라 때 의상대사의 제자인 운명선사가 세운 고찰이 있다. 2002년 KBS 인기 드라마였던 <가을동화> 촬영지이다.

도반님에 배려로 비룡산 장안사 뒤 전망대에서 내성천이 휘감고 도는 육지 속의 섬이라하는 회룡포를 가슴에 앉고 다음 휴식 장소 경천대를 목표로 걷기 시작이다. 자갈 뚝방길 위 햇볕은 따가운지 우산을 든 내 모습 우습다. 배낭이 없어 물은 떨어지고, 뭐 나올 물도 말라버린 느낌이다. 경천대를 앞두고 나타난 차 엄청 고생할 것 같은 류재훈 총무님이 '구세주'였다 수박과 냉커피가 충전되니 경천대가 제대로 보인다.

산길 따라 경천대에 이르니 그야말로 절경이다. 낙동강변에 위치한 경천대는 태백산 황지에서 발원한 낙동강 1,300여 리 물길 중 경관이 가장 아름답다는 <낙동강 제1경>의 칭송을 받아 온 곳으로 하늘이 만들었다 하여 일명 자천대(自天臺)로 불리는 경천대와 낙동강 물을 마시고 하늘로 솟구치는 학을 떠올리게 하는 천주봉, 기암절벽과 굽이쳐 흐르는 강물을 감상하며 쉴 수 있는 울창한 노송 숲과 전망대 MBC드라마 <상도> 세트장이기도 하고 인근에는 전 사벌왕릉, 고령 가야왕릉, 화달리 3층석탑, 도남서원 등 문화유적지가 있다.

상주 사벌면 장마을 식당에서 허기를 채우고 휴식 장소는 도남서원, 조선시대 충신들 이름 새겨진 입간판 보며 나의 4차 낙동 걷기마감이다. 여기서 낙오자

가 된 셈이다. 미안한 마음으로 버스로 이동 사벌왕릉에서 논평 듣고 삼층석
탑과 傳 사벌 왕릉을 새기고 다음 5차 걷기를 다짐한다

전(傳) 사벌왕릉 전설과 논평으로 4차 낙동강 걷기를 마감하고 5차 걷기를 기약한다. 사벌왕릉은 사실 누구의 능인지, 어느 시대의 왕릉인지 정확하게 기록이 없고 전설상의 왕릉으로 존재 그래서 그냥 사벌왕릉이 아니라 전 사벌왕릉이라 한다.

네이버 사전에 의하면 신라 54대왕 경명왕의 다섯째 왕자 박언창의 묘라는 설, 박언창은 사벌주의 대군으로 책봉 되었으나 사벌국이라 칭하고 자립왕으로 11년간 다스리다 견훤의 침공으로 패망 후 이곳에 묻혔다 한다. 낙동강에게 희망을 줘야 할 텐데 그 줄기 따라 걷는 분들에게 도움이 되어야 할 텐데, 그리고 낙동강 물이 도도하고 유유히 흘러야 할 텐데, 산 넘고 강 건너는 분들의 착하고 순수하고 아름다운 모습들을 간직하며 보금자리 찾아간다.

## 2. 낙동강 천리길을 걷는다 - 두 번째(2009.7.25-26)

오늘도 양재역에서 가물가물 한 두 번째 만나는 얼굴들과 눈인사 나누고 우석 대 대절 버스를 탄다. 구미청소년수련원 새벽 3시, 못 다 이룬 잠을 청해 보지만 도무지 잠이 오질 않는다.

곳 : 상주시 병풍산 자락에서부터 시작 중동나루, 나각산, 낙동리, 낙산 고분 군 일선,구미, 왜관 일대의 낙동강에서 실시됩니다.

토진나루, 중동교, 나각산, 낙동리의 전설을 더듬어 중동나루터에서(옛 강창 (江滄)· 토진(兎津) 나루터) 낙동 여울목으로 여울져 흐르는 강물을 보며 걷기 시작이다 중동나루들 낙동강을 타고 넘는 중동의 나루(11곳).

옛말에 "산은 인간의 생활을 나누고 물은 잇는다"라는 말이 있듯이 이 나루를 통하여 생활에 불편함도 많았지만 지금까지 교통수단으로 삼으면서 그 고된 삶을 영위해 온 곳이라 주민들의 애환이 고스란히 서려 있는 곳이다. 낙동강의 상류에서부터 내려오면서 중동의 나루를 소개.

1)역골나루(淮谷津,엿골나루 2)횟골나루(회상나루, 檜洞津, 回村津, 回谷津)) 3)대비나루(飛鸞津, 대비진, 큰 비라이진) 4)강창나루(江滄津) 5)대바위나루(竹巖津, 대바우나루) 6)토진나루(兎津, 토전나루, 티전뱃가) 7) 물댕이 (무댕이,작은마) 나루 8)무릉나루 9)솥골나루(鼎谷津) 10)재궁나루 11)셉디나루. 상주는 낙동강이 흐르는 고장 가운데 유일하게 '낙동'이란 지명을 가진 곳이다. 상주에서도 가장 남쪽에 자리 잡은 낙동면 낙동리가 바로 그곳. 예전에 중동면을 들고나는 11곳의 나루에 부산에서 낙동강을 따라 소금배가 올라오고, 버스를 실을 정도로 큰 나룻배가 강을 오가던 낙동 나루터가 있던 곳이기도 하다. 이번 달에는 노란 달맞이 때문에 미치겠다. 강을 등진 황반장은 부처손을 캐느라고 모의고사 결과를 보는 눈빛을 하고 있다.

167

**나각산** : 단밀 낙정 관수루에서 오수를 즐긴 후 저벅 저벅 둑방길에서 모래밭으로 내려선다. 나각산 전망대 오를 시간이 없다. 등산 전문기자들이 직접 다녀온 둘레길 33, 경북 상주시 낙동면 낙동리에 위치한 자그마한 봉우리 나각산(螺角山·240m)에 근사한 걷기 코스가 있다. 이곳은 500km가 넘는 낙동강의 긴 줄기와 맞닿은 곳 가운데 유일하게 '낙동'이라는 이름을 지닌 면(面) 지역으로, 나각산이 있는 동네의 이름까지 낙동리다. 나각산은 낙동에서 보면 소라의 형태를 닮았다. 산은 낮지만 산릉에 오르면 높이가 전부가 아님을 알 수 있다. 정상에 서면 낙동강과 주변을 한눈에 감상할 수 있을 정도로 조망이 뛰어나다. 낙동강 최고의 전망대라 할 수 있을 정도로 주변 풍광도 빼어나다.

**죽장사** : 신 도반님께서는 훤훤장부 같다는 말씀을 계속 하신다. 그렇다. 절이 잘도 생겼다.

서황사[瑞凰寺] (죽장사)

《신증동국여지승람》 제29조 불우(佛宇) 조에 죽장사로 나와 있는 것으로 보아 1530년(조선 중종 25)까지는 절이 유지되었던 것으로 추정된다. 한때 폐사되었다가 1954년 법당을 짓고 절 이름을 법련사라고 불렀다. 1991년부터 1994년까지 대웅전과 삼성각ㆍ요사채 등을 지으며 중창하여 오늘에 이른다. 건물로는 대웅전과 삼성각 3동, 유물로는 선산죽장동오층석탑이 유명하다.

이 탑은 신라 때 제작된 것으로 국보 제130호로 지정되었다. 탑에는 신라 때 한 남매가 서로 재주를 겨루다가 각각 다른 자리에 오층석탑을 쌓기로 했는데, 누이가 먼저 이 탑을 세웠다는 전설이 전함. 오층석탑으로는 우리나라에서 가장 높은 탑에 속한다.

**토요일 저녁**

지금은 저녁, 잠시 흥청대는 시간, 몸 밖으로 빠져나간 마음들을 불러들여 다독여 재워야 할 때이나 수련원 마당에 가로세로 6~7미터쯤 되는 코발트색 포장을 편다. 파란 바다 위에 올라앉은 사람들은 바다 생물 같다. 격 없이 따스한 뒷풀이에 별의별의 이벤트가 요란하다.

### 일요일 아침

그 앞에서 단청이 하얗게 바래도록 새파랗게 질린 극락전이 탑에 무궁토록 공을 들인 눈물이 흐르는 게 아니고 울음이 올라온다. 도리사 화엄탑 앞에서는 삼전동 삼층석탑은 반듯반듯하고 고분고분하지 않아서 전설 같은 흐린 이야기가 올라갈 자리가 없어 보인다. 살아가다가 심사가 아무리 쓸쓸해질 날이 있다고 하더라도 폐사지 외로운 탑만큼이야 쓸쓸하랴.

### 구미 도리사 화엄 3층석탑(보물 제470호)

고려시대 석탑으로 추정되며 우리나라 석탑 가운데 같은 유형을 찾아 볼 수 없는 특이한 형태다. 태조산 8부 능선까지 구불구불 산길을 오르면 나타나는 도리사는 신라에 불교가 처음 전해질 당시 전설에 나오는 아도화상과 관련이 있는 절이다. 아도가 불교를 전파하기 위하여 서라벌에 갔다 돌아오는 길에 한겨울인데도 복숭아꽃과 오얏꽃이 만발하여 그곳에 절을 짓고 도리사라 하였다 한다. 정확하게 언제 창건되었는지 알 수 없으나 신라 최초의 절이라고 전한다.

### 선산 낙산리 고분군

선산 낙산리의 무덤군은 구미시 일대의 고분군 중 가장 규모가 크다. 도리사가 낙동강을 향해 뻗은 산자락의 끝, 강과 가까운 구릉에 옛 무덤들은 무리지어 자리한다. 이들은 3세기에서 7세기 중반 가야와 신라의 덤들로 드러남 것만 총 205기에 달한다. 400여 점의 유물들이 출토되어 현재 대구가톨릭대학교 박물관에 보관 중이다. 봉긋봉긋 연두색 천년의 墳 "당신들은 누구 인가요?"

### 의구총

경상북도 민속자료 105호인 이 의구총은 주인을 구한 '의로운 개'를 기리는 무덤이에요. 그 옛날, 해평면 산양리에 사는 '김성발'이라는 사람이 누렁이 개 한 마리를 길렀는데, 참 영리하고 주인 말을 아주 잘 들었대요. 하루는 개 임자가 술에 취해 길가에서 잠이 들었는데, 그만 들판에서 불이 났어요. 이것을 본 누렁이는 주인이 위험하다는 걸 알아차리고 멀리 떨어진 낙동강에 가서 제 몸에 물을 적셔와 불을 끄기를 여러 차례 거듭 했어요. 그러다가 탈진하여 그만 죽고 말았지요. 뒤늦게 깨어난 개 임자는 그제야 깨닫고 죽은 누렁이 시체를 거두어 정성스레 묻어주었대요.

### 일요일 점심

점심 후 시원한 그늘을 찾아 두리번거리던 일행은 한적한 마을 정자에서 오수를 즐기는 노인을 발견하고 그 쪽으로 몰려가니 노인은 연신 웃어가며 누래진 이빨을 활짝 드러내며 자리를 내 준다. 황반장과 나불님은 자리에 드러눕는 것과 동시에 코로 할 수 있는 음악을 시작한다. 과히 독특하고 독특하다 라고 할 수 밖에. 나불님의 베이스 위에서 황반장은 금오산 꼭대기까지 끌어 올리는 변주로 기교를 부린다.

## 해평면 금호연지 연꽃

가시연꽃은 전체에 가시가 있으며 뿌리줄기[根基]는 짧고 수염뿌리가 많이 나온다. 종자에서 발아하여 나오는 잎은 작으며 화살 같지만, 타원형을 거쳐 점차 큰 잎이 나오기 시작하여서, 자라면 둥글게 된다.

가시연꽃의 꽃말은 "그대에게 소중한 행운 또는 감사"이다. 연꽃 중에 잎과 꽃에 가시가 돋아 있다고 하여 가시연꽃이라고 붙여진 이름이지만 우리나라에 특산종으로 1종 1품종인 특이한 종으로 귀한 존재 구미시에서는 매년 7월 중순 이후 금호연지에서 연꽃 축제를 개최한다.

조선시대 선비들이 연줄기로 연잎에 술을 부어 빨아마시던 그 포즈.

173

# 3. 낙동강 천리길을  걷는다 - 세 번째(2009.8.21-23)

곳 : 구미에서 칠곡 왜관 성주 대구 달성까지(46km)
경상북도 청소년 수련원(김천) : 대통령 표창(우수시설) - 구미 동락 민속마
을 구미 공단의 일꾼들의 쉼터로 제공한 공간이다.
동락서원과 480년 은행나무 구미 동락 민속마을 : 축구장 및 각종 운동장과
산책로, 오두막 등 별의별 것이 다 있다. 구미 공단의 일꾼들의 위안의 쉼터.

**야콘과 야콘 잎의  효능**
1. 당뇨의 예방 및 치료 효과
2. 콜레스테롤을 감소시키며 동맥경화, 비만증, 만성변비의 예방에 효과
3. 혈압을 낮추고 골다공증, 다이어트 식품
4. 야콘 잎에는 혈압이나 혈당 값을 내리는  풍부한 알칼리 식품

## 구미, 왜관 다부동전투 묵념

한국전 낙동강의 최후 전선, 맥아더 인천상륙 덕분에 지금은 한국 그게 6 · 25 전쟁이었고 전쟁 고아만 약 6만 명, 지금도 휴전 중, 신 도반님에 묵념 속에 16대 대통령 영면도 포함한다.

5차 때 궁금했던 강가 농작물 야콘으로 판정.

## 육신사 (묘골마을), 삼가헌(달성군)

충정공 박팽년의 11대손인 가선대부이조참판 삼가헌 성수가 영조 45년(1769)에 건립하여 그의 호를 따라 삼가헌이라는 편액을 걸고 이듬해 그 서편에 정각을 세우고 주변에 국화를 심고 연못에 연꽃을 심어 정자 이름을 하엽정이라 불렀다. '삼가헌'이란 당호는 《중용(中庸)》의 다음 글귀에서 따온 것이다.

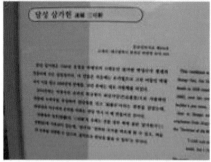

여기서 유래한 '삼가(三可)'는 선비가 갖추어야 할 세 가지 덕목(知, 仁, 勇)을 뜻한다.

삼가헌 뒤 불이 난 뒤 수리 중이 霞鶩停(하목정)과 할머니 당나라왕발의 등왕각서에서 유래. 지는 노을은 외로운 따오기와 가지런히 날아가고 가을 물은 먼 하늘색과 한빛이네 탐스런 석류가 가을을 재촉 한다. 9개의 봉우라기 연달아 있는 구봉산 자락에 위치한 하목정(霞鶩亭) 마을에 있는 정자인 하목정은 조선 제19대 숙종이 순시 도중 이 정자에 둘러 쉬면서 앞뒤 경치를 칭찬하며 친필로 하목정이라 써주었다고 한다. 안나 여사님 칠순 예비잔치 부침개와 막걸리로 자정까지 대화.

세종대왕 태자실(성주군) 석선사

잠깐 : 왕족의 태반(胎盤)을 묻은 석실(石室). 태봉(胎封)이라고도 한다.

왕자가 출생하면 태실도감(胎室都監)을 설치하고 길일(吉日), 길지(吉地)를 택해 안태사(安胎使)를 보내어 태를 묻게 했다. 태실은 대개 대석(臺石) · 전석(磚石) · 우상석(遇裳石) · 개첨석(蓋檐石) 등으로 만들었다. 태실 19기중 몇 기는 부서져 있고 그 옆에 눈물인양 빗물 고여 있다.

조선사에 왕자의 난의 한 면을 보는 듯하다. 태자실 앞 석선사는 덤으로 자녀 태를 묻고 기도하는 도량으로 한 못 본다.

금호강 어두운 물과 낙동물이 화합한다. 화원 유원지(두물머리 / 금호강)에서 오침 25분은 꿀맛. 폭염을 앉고 달성군청 앞 걷는 얘기는 기억하고 싶지 않다. 하지만 굴삭기 그늘이 있다. 마지막 도곡 총무님이 준비한 수박과 커피는 꿀맛이었다. 집에 오니 발바닥이 조금 아프다.

# 4. 낙동강 천리길을 걷는다 - 네 번째(2009.9.26-27)

오늘은 낙동강 7차 도보 기행이다 (나로서는 4번째)

**곳** : 달성 성산대교 -개진, 현풍면-덕곡면-창덕면-낙서면-남지읍(45㎞ 예상)
**숙박** : 경북 고령 쌍림면 월막리 305번지 고령군 향토문화학교 대가야 연수원
**9.26(토)** : 25㎞ 성산대교- 우포늪- 청덕면 적포교~ 낙서면(여눕나루)
**9.27(일)** : 21㎞ 여눕나루터-남지초교- 남지교 (해산) 현풍. 우포늪. 관룡사.
　　　　　　박석진교. 도동서원. 율지나루. 남지나루 등

낙동강 변에 위치한 도동리에 김굉필을 모신 도동서원(道東書院)이 있다.
김굉필(金宏弼)은 1454(단종 2)~1504(연산군 10) 조선 전기의 문신으로 본관
은 서흥(瑞興), 자는 대유(大猷), 호는 사옹(簑翁)·한훤당(寒暄堂)이다. 아버
지는 충좌위사용(忠佐衛司勇) 유(紐)이고, 어머니는 중추부사(中樞副使)를 지
낸 승순의 딸이었다. 그의 선조는 서흥의 토성(土姓)으로서 고려 후기에 사족
(士族)으로 성장하였으며 증조부인 사곤(士坤)이 수령과 청환(淸宦)을 역임하
다가 아내의 고향인 경상도 현풍현에 이주하게 되면서 그곳에서 살게 되었다.
조선 중엽 이후 낙동강 중류의 최대 나루터였던 율지 나루는 1960년대까지만
해도 이 지역 농산물의 집산지였다. 전국의 보부상과 장꾼들이 몰려들어 큰
장터를 형성했던 율지 나루터에서 경상도 지역에서 성행하는 가면무극인 대놀
이가 시작되었다고 한다.
어디를 가나 폐자재는 골치 아프다, 오염물 체험장이다.

대구달성군 도동서원은 앞으로는 낙동강이 유유히 흐르고 뒤로는 나지막한 산을 배경으로 자리하고 있자. 이 서원은 원래 조선오현 중 한 분이신 한훤당 김굉필 선생의 학문과 덕행을 추모하기 위해서 건립한 서원으로 흥선대원군의 서원철폐령(1871년)에도 훼철되지 않고 존속한 전국 47개 주요 서원 중의 하나이다. 수령 4백년 김굉필 나무 관리인 아저씨 도동서원은 우리나라 5대 서원 중 하나라 열변한다. 갈대와 억새가 어우러저 열기를 식혀준다. 곽재우 장군 기념비 그래도 숲을 만나니 여유롭다, 밤도 줍고.

26일(토) 창녕 시내 술정리 국보 3층 석탑 외 관람으로 마무리한다.　　　5
백년 된 하병수 씨 가옥 / 조선 영조시대(작명가에게 물어 봐야겠다).

2009.9.27(일) 21km 예상
여눕 나루터-남지초교- 남지교 (해산) 우포늪 박물관 올갱이 국밥 식사 모습
왠지 나를 만나는 듯 반갑다 / 참고로 위상은 돌부처가 아니고 국보 295호 용
선대 석조 석가여래상임(창녕 관룡사). 불전함 앞에 신 도반님 계속 웃고만
계신다. 불전함에 배추 잎 한 개 보시하니 임무 완료. 두 할배 부부가 있는데
인상은 영 아니다.
낙동강 모래성 현장이다. 2~3년 뒤에 이 성에서 무슨 전투가 일어날지.

182

창하지에서 남지 장 가는 유일한 길, 가는 길목에 도깨비 집이 있다.
혼자서도 잘 간다. 느티나무 아래 나루터와 주막이 있을 법 한데 낙동강과 남강이 어우르는 두물머리, 멀리 산중턱에 합수정이 있고, 이슬비 속 소미님과 전일환 군의 맛있는 부침개로 4차 걷기를 마친다.

## 5. 낙동강 천리길을 걷는다 - 다섯 번째(2009.11.28-29)

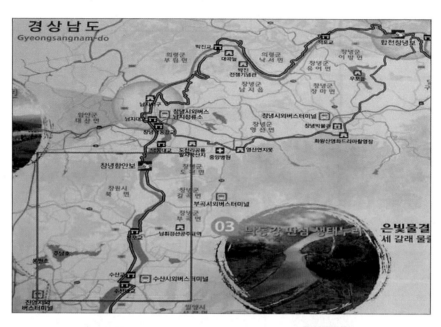

**남지읍과 임해진 나루 수산리와 삼랑진까지(54km)**

송진나루는 조선시대에 주로 세곡을 집결시켜 낙동강 하류에 잇는 삼랑창으로 실어 날랐고 일제시대에는 양곡을 부산항으로 실어 나르던 큰 나루였다. 이곳 송진리에서 낙동강은 계성천을 받아들인다. 일명 큰내라고 부르는 계성천은 창녕읍 옥천리 북쪽 관룡산 밑에서 발원하여 남쪽으로 흐른다.

망우정이라는 정자가 있다. 정자에는 곽재우 장군의 유지비가 서 있다. 임진왜란 때 세운 공을 인정받아 경상좌방어사로 재직하던 곳. 임해진은 옛날 이곳 까지 바닷물이 들어왔다고 해서 붙여진 이름이고 창원시 북면 외산리로 건너가는 나루가 임해진 나루였다.

수산 나루는 오우진과 함께 밀양 김해를 잇는 교통의 요지였다.
산비탈에 난데없는 색색의 바람개비가 강을 향해 있고 비탈 아래에는 수북한
대패 밥 위에 통나무들이 이리 저리 자빠져 있다. 문패를 대신한 오죽산방이
라는 표지석 옆에 사람 키 보다 더 크고 사람 낯빛보다 더 허연 남근 목들이
서로 베고 모로 누워서 혼자서는 일어서질 못한다.

4대강 살리기 낙동강 18공구, 13대의 트럭이 도로를 질주하오. 길은 막다른 골목이 적당하오. 길은 뚫린 골목이라도 적당하오. 13대의 트럭이 도로를 질주 하지 아니 하여도 좋소. 살리려니 막고 쌓고 파야 한다. 살리려니 그대로 두어야 한다. 지난여름부터 파낸 모래가 산이 되어 강 건너 풍경을 여러 곳에서 가로막고 있다. 보가 들어서는 곳 양쪽에서는 기세 좋게 밀고 들어오는 차전놀이처럼 강물위로 길이 생기고 있다. 규칙적인 굉음 속에 엄청난 철근기둥이 모래 속에 나란히 박히며 벽을 만들어 나간다. 강을 살리기 위한 과정인가 보다.

노리 개비걸의 개비

옛날 임해진과 노리 부락에 성(姓)이 다른 두 마리의 개들이 살고 있었다.
두 마리의 개들은 서로 좋아하는 사이로 정을 잊지 못해 임해진에서 노리 부
락으로 매일같이 험한 산길을 오고가며 정을 달렸다. 그러기를 여러 번 왕래
하고 보니 그 험하고 험한 산에 길이 생기고 말았다. 이 길이 있기 전에는 노
리와 임해진을 오고가는 길이 없어 한없이 고생을 했는데 이들 개에 의해 산
길이 만들어져 사람들의 불편을 덜어 주었다 한다.
개들이 뜻 없이 한 일이지만 사람들은 개의 고마움을 잊지 못하여 비를 세웠
는데 이를 개비라 전해져 오고 있다. 이곳을 개비(견비:犬碑) 또는 개로비(開
路碑)라고도 불리어지고 있다, 라고 한다.
안내문에 성(姓)은 성(性)을 그리 적은 듯하며, 개로비의 열 개(開)는 물가를
뜻하는 개 포(浦)훈을 적기 위해 개의 소리를 빌려 적은 것으로 보인다.
이런 견지에서 보자면 이 비석은 전해지는 바처럼 개와 관련된 것이 아니라
비리(견천; 犬遷)를 개설한 것을 기리기 위해 세운 것으로 봄이 옳을 듯 대평
마을로 향하는 갈대숲에서 일몰을 본다. 완전히 둥근 해가 수면에 빛을 담그
면 빛은 길고 붉게 드러눕는다. 강둑 아래 지대가 낮은 해동마을을 내려다보
며 지나간다.
또 다시 13대의 트럭이 강둑을 질주한다. 밀양강 건너 빗 기운에 더욱 파란
보리밭을 바라보는데 동화님이 보리밭을 부른다.
하남읍 수산리에서 낙동강을 따라 내려가면 명례리에 이른다. 명례리에는 마
산교구의 첫 번째 성당이자 영남에서 4번째로 생긴 명례성당(명례성지)이 있
다. 이곳은 순교자 신석복 마르코(1828~1866)의 출생지이고 핍박받던 시절 교
우촌이 형성된 곳이기도 하다. 영남지역의 초기 천주교 전파는 낙동강의 물목
을 따라 이루어졌고 낙동강변에 교회도 생겨났다.

2009년 11월 28일(토) 낙동강 8차 1일차는 여기까지.

**둘째 날에 계속** : 아침부터 부슬부슬 비가 오기 시작했습니다.(11월 30일)

### 낙동강역 삼랑진

삼랑진인도교는 일제시대에 세워진 다리로 예전에는 열차가 다녔으나 지금은 그 수명이 다해 인도교로 바뀌었다(차량통행 가능). 삼랑진 인도교 아래는 삼랑(진)나루가 있었던 곳이다 낙동강과 밀양강의 두 물이 만나는 곳은 삼랑진읍 삼랑리이다. 삼랑(三浪)은 세 갈래의 강물이 부딪쳐서 물결이 거센 곳이라는 뜻이다. 즉 낙동강의 밀물과 썰물이 조석으로 밀려오고 밀양강이 합류하여 세 물이 되는 곳이다. 옛날 삼랑리은 낙동강을 사이에 두고 김해와 마주하며 영남대로와 수운의 요충지였다. 1905년 경부선철도가 생긴 뒤 그 중심이 삼랑진읍으로 옮겨 갔다. 밀양시 삼랑진읍 용전리 만어산에는 만어사가 있다.
이 절은 46년에 가락국(駕洛國)의 김수로왕(金首露王)이 세웠다고 전한다.
전설에 의하면 옛날 동해 용왕의 아들이 인연이 다하여 낙동강 건너편에 있는 무척산(無隻山)의 신승(神僧)을 찾아가서 새로이 살 곳을 물어보니 "가다가 멈추는 곳이 인연의 터다"라고 했다. 이에 왕자가 길을 떠나니 수많은 고기떼가 그의 뒤를 따랐는데 이곳에 와 쉬니 용왕의 아들은 큰 미륵바위로 변하고, 수많은 고기떼는 크고 작은 화석으로 변했다고 한다.

주남저수지와 이병철 생가

## 6. 낙동강 천리길을 걷다 - 마지막 회(2009.12.12-13)

**장소 :** 작원관 가야진사 물금, 구포 을숙도 다대포 몰운대

조선 중기의 문장가인 택당 이식(李植)은 이곳을 지나며 한편의 시를 남겼다. 겨우 수레 하나 지나갈 협소한 잔도(棧道). 거룻배 거꾸로 밀고 오르는 층층의 여울 어량을 통과하면 그대로 바다 통하지만 섬 오랑캐 장사꾼도 더 이상은 못 나가네. 예로부터 뜻밖의 환란 막아 낸 험한 요새 기개세(氣蓋世)의 호걸에게 맡겨야 하고 말고 임진년 그때 일을 어찌 차마 말하리요.

작원관은 경부선 철도가 지나면서 사라져버렸고 지금의 작원관은 이곳 주민들이 1990년에 새로 세운 것 철길을 건너자 낙동강이 저만치 보이고 강 건너 김해시 생림면 도요리로 건너가는 도요나루에는 출어를 기다리는 배 몇 채 매어있고 몇 채는 강 위에 떠 있었다. 가야진사를 지나 철길 아래를 지나 원동철교를 지나 원동역에 다다른다. 모든 나루 나루가 폐쇄되었던 때에도 폐쇄되지 않았다 해서 '금하지 않는다'는 뜻을 지닌 물금(勿禁)은 물구미 또는 물금이라고 불리고 있다.

'천연기념물 제179호 낙동강 하류 철새도래지'라는 간판이 세워져 있는 제방 둑을 지나 여정은 북구를 지나 사상구에 접어든다. 낙동강 하구의 대표적인 삼각주로 알려져 있는 을숙도는 70만 평으로 서울의 여의도와 비슷한 면적이다. 이곳 낙동강 하구 을숙도에 낙동강 하구둑이 준공된 것은 1987년이었다. 부산시 서하구 하단동에서 강서구 명지동까지 을숙도를 가로질러 세워진 거대한 물막이 댐을 만들게 된 것은 식수와 농업용수로 쓸 강물을 충분히 확보하기 위해서였다. 부산시는 그 뒤 을숙도 하구둑 15만 평에 쓰레기 매립장을 설치하여 1993년 6월부터 1997년 7월까지 부산시에서 나온 각종 생활쓰레기 579만 톤을 묻었다. 동양 최대의 철새 도래지로 명성이 자자했던 을숙도에 1980년대 이전까지만 해도 10만 마리가 넘는 철새들이 찾아왔다. 지금은 고니와 청동오리 등 몇 종류 소수만이 찾아올 뿐이다.

갈대 속에 억새가 견디지 못하고 망가지고 있다.
강과 바다가 어우러지는 뚝방, 강을 여기서 끝이다.

반짝 이벤트 준비

저 나그네들 뭔가 아쉬워 가는데 심상치 않다.
해수욕장 기능을 상실해가는 해변에 마지막 확인.
마무리 잘 하시고 새해에도 건강하게 뵙기를 기원합니다.

# 7. 남한강 따라 폐사지(廢寺址)를 걷다(2009.12.5)

**걸어야 할 길** : 충주 중원탑. 목계장터. 청룡사, 거돈사, 법천사 이르는 남한강 걷기 기행 낙동강 천리길 걷기 중간에 이벤트로 기획한 걷기이다.
아직 이른 남한강 변에 새들이 날아오르고 차는 목계 다리를 건넌다.
시시각각 변하는 눈보라, 빗속의 날씨 속에서 남한강 따라 걷는 발걸음 들은 흐른 땀을 식혀 주는 시원한 강바람에 묻혀버린다. 폐사지의 사료를 꼼꼼히 설명 해주신 신 도반님께도 감사드린다.

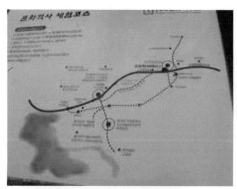

## 남한강 따라 폐사지로 가는 길목에서

서울시에서 편찬한 《한강사》에 목계는 강 건너에 가흥리를 마주보고 있는데 남한강 수계(水系)에 가장 큰 세곡창이 있었다고 한다. 충주, 음성, 괴산, 청안, 보은, 단양, 영춘, 제천, 황간, 영동, 청풍, 연풍, 황산 등 열세 개 고을에서 거둬들인 세곡들을 목계나루에서 실려 서울의 마포나루로 운송되었다. 그래서 이 나루에는 항상 51척의 선박들이 있었으므로 남한강에 있는 수많은 나루터 중에서도 가장 번잡한 나루였다"라고 기록되어 있다. 흥원창은 조세미(租稅米)의 수송을 위해 연변에 설치했던 창고로 강상수송을 맡았던 운송창이다. 번잡한 나루였던 목계장터 서울에서 소금 배나 짐배가 들어오면 아무 때나 장이 섰고 장이 섰다 하면 짧으면 사흘 길면 닷새나 이레씩 섰던 목계장은 한 달에 한 번 쯤 섰다. 그러나 날이 가물어 물길이 시원치 않거나 날이 얼어붙어 배가 오지 않을 때에는 두 달에 한 번씩 섰다고 한다.

시인 신경림은 그의 절창 <목계장터>에서 그 당시의 목계장터를 노래한 시비가 있다. 인간들이 "먹고 살아야 한다는 핑계로 강을 자꾸 훼손하고 있는데도 강은 푸른 물빛으로 흐르며 스스로 정화하면서 인간들에게 생명과 무한한 사랑을 주고 있습니다. 강물은 감자를 심지 않네. 목화도 심지 않네. 심는 사람은 잊혀 지지만 유장한 강물은 흘러서 갈뿐, 흘러서 갈뿐 "이라는 강물 노래처럼, 흐르는 강물을 바라보며 우리는 남한강 뚝방길을 걷는다.

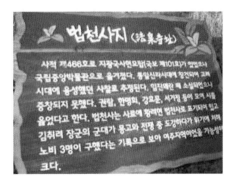

사료 하나 : 거돈사 원공국사 승묘탑

원주 거돈사지에 있던 고려 전기의 승려 원공국사의 사리탑으로 일제시대 일본인이 자기 집으로 가져가서 소장하고 있던 것을 해방 후인 1948년에 경복궁으로 옮겼다가 현재는 국립중앙박물관 전시되고 있다.

 전체적으로 팔각형을 기본으로 탑신과 받침돌에는 사천왕상과 팔부중상이 조각되어 있으며, 고려 전기를 대표하는 팔각사리탑으로 모양이 단정하고 아담한 통일신라 부도 양식을 이어받아 비례가 알맞고 조각의 기법이 장엄한 화려한 부도이며, 사리탑과 같이 만들어진 원공국사 승묘탑은 현재 원주 거돈사지에 남아 있다.

거돈사 원공국사 승묘탑(보물 190호) 원본은 국립중앙박물관으로 옮겨지고 사본임. 폐사지란 말 그대로 옛날 사찰의 흔적이 남아 있는 터를 말하는데 현재 전국에 3천여 곳에 이른다고 한다. 조선시대 승유억불정책을 비롯, 그리고 임진왜란과 한국전쟁 등의 원혼을 품고 쓸쓸히 있다. 청룡사, 거돈사, 법천사, 고달사, 법흥사가 남한강을 따라 있으며 늦게나마 발굴의 흔적을 볼 수가 있다. 화려한 주련과 함께 검소하되 누추해 보이지 않고 화려하되 사치스러워 보이지 않는(檢而不陋, 華而不侈) 그런 오색단청으로 자태가 하루빨리 탄생하길 빈다.

# 제4장.
# 산, 강, 도심의 길과 여행

# 1. 무등산(無等山)아 미안하다(2005.6.19)

어제는 청소년 축구 16강 좌절 뉴스와 열아홉 회 모임이 있었다.

모임도 중요하지만 오늘 무등산 산행을 위해 인사만 나누고 잠을 청하기로 했다. 무등산을 향하는 길에서 아침 6시 30분 양재역 출발이다. 인천팀(15명)은 벌써 도착했고, 서울팀(27명) 총42명 눈인사를 하고 인천팀이 준비한 음식을 배분하기 시작한다. 아침 대용으로 김밥을 비롯 인절미 한 말 분량, 강화도 쑥개떡, 돼지 껍데기 부침개, 해장을 위한 음료와 맥주, 마른안주 그리고 후식으로 수박까지 먹고 차창을 보니 공주를 지나고 있다.

충청도가 고향인 김 동지가 여자들이 좋아한다는 장안 밤꽃 설명을 듣고 정읍에 오니 9시 30분 휴게실에 커피 한 잔으로 차 속에서 먹거리 대화를 마감한다. 오늘에 화제의 음식은 단연 강화도 쑥개떡과 돼지껍데기였다.

광주에서 톨게이트를 지나 정 회장과 장 박사 동지가 상무대 애환을 달래보기 위해 합류 샌다이 길을 빛고을길로 명칭 변환(독도 사건 이후 바뀜). 보병학교 자리에 광역시청이 들어서고, 포병학교 자리에 마트가 생기고 기갑학교 앞 법당은 그대로 유지되고 있었지만 옛 흔적을 찾아볼 수 없었다.

월드컵 경기장 앞 4강 기념탑 설명을 끝으로 증심사로 향한다.

증심사 입구에서 광주 전남 팀 정 회장 외 17명, 전북지역 조 동지 외 1명, 마,창 지역 김 회장 외 3, 이 동지의 무공해 양파즙을 비롯 막걸리 통을 분배받아 등정에 오른다. 30년 만에 본 동지들 흰머리하며 주름살 참 많이 변해 있었다. 입구에 허백련 화백이 머물던 화실 춘설헌에 이은상 선생이 남긴 詩한 줄과 기념관을 감상하고 무등산 작설차를 돌솥에 달여 내어 초의선사 다법대로 한 잔 들어 맛을 보고 또 한 잔은 빛깔보고, 다시 한 잔 향내 맡고 다도를 듣노라니 밤 깊은 줄 몰랐구나.

산행대장 유 대장과 광주 김 동지의 안내로 3천년 당산나무를 지나 산행은 중대머리재까지이다. 서울서, 인천서, 마산, 창원서 새벽부터 온 동지들을 위한 배려인 듯하다.

역시 이 동지는 낙오자를 모아 오르다 하산할 태세다. 김 동지는 사랑스런 아내들을 밀어주며 오르는 모습과 대조를 이룬다.

중머리재를 올라 준비해온 음식을 펴니 또한 장관이다. 낙오를 예상했던 이 동지를 끝으로 전원 안착. 중머리재 히트 메뉴는 김 동지의 농장에서 온 무공해 상추, 배추이다. 막걸리 일 순배와 장불재 천왕봉을 배경으로 기념 촬영과 산악인의 신조와 구령조정 2회를 실시하니 지나가는 산행객들 부러운 눈초리로 쳐다보며 충구산악회가 무슨 뜻인가 질문에 힘주어 설명한다.

3사관학교 9기 동기 산악회라고 하산 길은 약사사로 돌아 예약시간을 맞추기 위해 쉬엄쉬엄 내려오니 나주 농군 염 사장, 불편한 몸을 이끌고 온 김 동지가 기다린다. 도토리묵과 마지막 남은 막걸리로 66명의 무사 산행에 대해 건배를 하고 겨울쯤에 마창, 부산연합 무학산과 마산포 회 맛으로 기획을 해보라 제의한다. 석별에 정을 차창에 손 흔들림으로 상행길 올라 서울에 도착하니 10시 30분 너무나 완벽한 산행이 아니었나 분석하며 마지막 전임 회장 김 동지와 류 대장, 김 동지, 오 동지와 맥주 한 잔으로 차기 산행에 아름다운 기획을 다짐하며 건배하고 오늘을 마감한다.

장불재, 천왕봉, 그리고 입석대의 비경을 가까이서 보지 못해 미안하다.

## 2. 소주, 항주, 상해 기행(2006.3.1- 3.4)

가이드 : 윤영호(조선족 3세), 김영수 교수

### 3/1(수) 상해 오후

상해 : 역사 100년, 인구 1,800만, 서울 9배, 세계 5위 도시 대한민국 임시정부 구 청사 방문. 오늘이 3·1절에 맞춤이다. 백범 김구 선생이 임시정부를 설립 활동하던 곳(1929년-1932년). 한국 독립기념관과 삼성물산의 자금 지원으로 현 건물이 보존되고 있음. 간단한 비디오 설명을 듣고 선생 영전에 묵념하고 유품을 둘러보고 나오니 머지않아 재개발되면 어디로 갈지 모른다는 가이드의 부언 설명이다. 아니나 다를까 주위를 보니 같은 건물 옆 부분은 주택지로 빨래가 만국기처럼 휘날린다. 이게 상해 맑은 날 주택가의 빨래 말리기위한 진풍경이다. 중국이 꼭 허름한 이곳에 지지와 도움을 준 의미는 중국 또한 일본에 대한 한이 서려 있음을 알 수 있을 것 같다.

노신공원 : 19세기 중국문화혁명, 조국근대화의 주역

1932년 4월 29일 매산 윤봉길 의사가 일본 상해사변 전승 축하식장에서 파견국 사령관을 폭파사건 현장이다(중국의 유명 문인 노신이 묻혀 있는 곳). 포동공원(상해 중심부를 흐르는 강 서쪽에 위치)에서 야경을 배경 기념 촬영하고 소주로 이동한다(3시간 약 200km).

### 3/2(목) 蘇州(호구산, 한산사, 졸정원, 송정관 민속공연)

소주 : 정원의 도시(정원 2,700개), 역사 2500년, 선비의 도시(장원급제 53명) 비단장사 왕 서방의 고장, 오씨의 시조, 24km의 성, 운하 53km 2시간 반을 달려와도 산이 없다. 동산도 없다. 그냥 벌판이며, 강이며, 가끔 집들 그리고 연못들(양어장이라 일러 준다) 한마디로 허허 벌판이다.

소주 그리고 내일 여행할 항주는 유네스코가 인정한 세계문화유산이고 하늘에는 천당이고 지상에는 소주와 항주가 있다는 말이 나올 만큼 경광이 아름다운 곳이다. 물의 도시이며 상업도시로 교통이 발달할 수밖에 없는 입지적 요충지이다 그래서 비단의 도시, 바다가 가까워 살기 좋은 도시, 정원의 도시.

**호구산**(해발 36m)

춘추전국시대 오나라 왕 함려의 무덤이 있는 산이다. 그 무덤 속에 검 3,000개를 함께 묻었으며 훗날 진시황이 이 검을 차지하기 위해 도굴을 시작하는데 갑자기 호랑이 한 마리가 뛰쳐나왔고 이곳에 물이 차 검지가 되었고, 정상이라 해 봐야 37m인데 그 위에 세워진 47m 탑이 호구탑이다. 무덤이 있는지 모르고 세운 탑을 발굴하는 과정에서 탑이 기울기 시작해 갈등 속에 중단했다한다. 가이드는 서양의 피사탑은 호구탑에서 한 수 배워야 한다고 한다. 입구에 검이 바위를 잘랐다는 시검석(기념 바위)이 이를 뒷받침 해준다. 오월동

주, 와신상담, 토사구팽 용어의 배경으로 봐 오,월 전쟁의 치열한 배경.

### 한산사(천년 고찰)
한산사는 한산스님과 습득스님(불교 일본 전파)의 전설적 우의가 돈독한 사찰
1500년 보명 탑은 크기는 물론 웅장함에 중국 불교의 웅장함을 느낀다.
소주의 유명시인 장계가 과거에 낙방하고 오는 길에 읊는 풍교 야박 시 한 수
를 번역해준다.

달도 지고 까마귀 우는데 하늘에 서리가 내리네
풍교에는 고깃배 등불을 마주하여 시름에 자고
고소성 밖 한산사 한밤중 종소리는 객석까지 이르네

2층에 마련된 타종 대에서 1천원 주고 3번 타종을 하니 부모님, 자식 그리고
나를 위해 무엇인가를 기원하라 한다, 허나 무엇부터 기원해야 할지 순서가
생각나지 않는다.
잠시 점심시간을 내 도자기 공장 방문 차 한잔과 도자기의 정교함을 견학함.

### 졸정원(졸지 자위정)
정치가 싫어 지방에 와 정원을 만들어 생을 마감한 돈 많은 왕서방(명나라 왕
헌신)이 16년간 만든 정원으로 해마다 4월이면 3/5 이 연못인 정원에 연꽃 축
제가 유명하다. 500년의 역사와 중국의 4대 정원(이화원, 승덕이궁, 졸정원,
유원) 하나로 현재 15,000평 정도로 4계절의 정취를 맛볼 수 있는 정원이다.
2시간을 달려와 저녁에는 송성 가무 쇼 공연을 1시간가량 관람한다.
남송 옛 역사 사료를 극화 한 것으로 우리 아리랑 고전 춤이 나오니 박수가
우레와 같다. 우리 관광객이 많은가 싶다, 일본 가부키도 공연한 것으로 봐
관광객을 배려한 듯하다. 마지막에 총무부 박 과장도 연예인이 되어 함께 춤

을 추고 공연을 마치니 숙소에 갈 시간이다.

**3/3(금) 沆州**(절단강, 육화탑,영은사, 용정차 = 명전차)
항주는 인구 600만, 2,200년 역사, 70%가 산이고 연평균 기온 16도로 온난하
지만 1년 중 200일이 비가 내리는 습기가 만만치 않은 도시이다.
소주와 함께 천당으로 알려진 항주는 13세기 이탈리아 여행가 마르코 폴로가
세상에서 가장 아름다운 도시라고 칭송했다는 설이 있다.

**육화탑**
육화동자 전설 또는 불교에서 육합 즉 천지사방의 의미가 있다고도 한다. 전
단강의 대 역류를 막고자 하는 기도를 하기 위한 설 등 숫한 설을 낳고 있다.
앞에 흐르는 전단 강은 음력 8월 보름(8월 18일)에는 8m의 파도가 친다고 한
다. 아무튼 묵묵히 흐르는 전단강의 역류의 위험을 막기 위한 기원의 탑임에
는 틀림없다.
5시가 넘어 도착하니 관리인은 퇴근하고 없어 뒷길로 탑 앞에 이르니 역시 모
택동 주석이 다녀간 흔적을 볼 수 있고 앞에 육화 동자의 예쁜 동상이 있어
기념촬영을 마치니 6시다. 2시간을 달려온 피로를 풀기 위해 송정 가무 쇼가
준비돼 있다. 남송 옛 역사 사료를 극화 한 것으로 우리 아리랑 고전 춤 공연
이 나오니 박수가 우레와 같다. 우리나라 관광객이 꽤 많은 듯하다. 일본 가
부키 공연도 한다. 관광객을 배려한 것 같다. 마지막 총무부 박과장도 연예인
되어 가무하니 막 내린다.

**西湖**(서시, 소동파, 백낙천, 모택동 별장)
서호는 200만평, 둘레15km, 수심 평균 1.5m 로 낚시, 수영을 할 수 없다.
중국의 4대 호수 중 가장 빼어난 자연호수로 소동파가 관리한 적 있고, 중국
의 4대 미인 중 하나인 서시의 고향이다(4대 미인 : 서시 / 나라 말아 먹음,
왕소군 / 전한 원제후궁, 초선, 양귀비). 와신상담의 고사성어의 고향이기도
하다. 수중에 둥근 구멍 둘린 3개의 탑이 있고, 상달에는 이태백의 15야 밝은

달이 호수 속의 달까지 30개의 둥근 달을 볼 수 있다고 한다.

그래서인지 여기저기 소동파 백낙천의 흔적을 기념하기 위해 전설이 있고, 시비가 있다. 가이드 말인 즉 화창한 날의 서호는 서시가 화장한 모습이고, 흐린 날의 서호는 서시가 화장하지 않은 모습으로, 미인 서시에 비유했다고 한다. 날씨가 좋으면 좋은 대로, 안개 낀 서호, 비 오는 서호 어떤 상황의 날씨에도 아름다움을 보여준다고 한다. 입구에는 개방되지 않은 모택동 주석의 별장이 관광객의 호기심을 자극하고 있지만 서시, 소동파, 백낙천 등 거물급의 명성으로도 충분한 분위기다.

### 소동파 시 한 수
물빛이 반짝이며 넘실대는 경치를 보면 맑은 날 경치가 좋은 것 같고 산색이
뽀얗게 되어있는 걸 보면 비올 때의 경치도 각별하네.
저 서호를 옛날의 빼어난 미인 서시에 비유하고 싶네.
화장을 짙게 하거나 옅게 하거나 모두 잘 어울리니까.

### 백낙천 시 한 수
호수에 봄이 오니 마치 그림 그린 것 같네
높 낮은 봉우리가 둘러싸 수면을 평평하게 하였네.
소나무는 산허리에 늘어서서 천 겹 푸르름 이루었고
호수 속에 잠겨있는 달은 한 알의 진주 같네.

**영은사** : 1600년, 오나라, 정상에 불상 300개, 입구 비뢰봉 암석에 300여 개 불상, 목조 불상, 500개 나한(1개 : 구리 1톤).
입구 천왕전에 운림선사 편액은 청대 강희황제의 자필이란다. 항주의 마지막 용정 차 농장 가는 길은 무질서 속 유질서, 유질서 속 무질서를 연상케 함. 보성 녹차에 비유하며, 황제들이 먹었다고 한 청명전차란다. 황제 기분으로

한 통 샀다. 거지닭과 동파육의 전설과 점심을 하고 풍수동굴 기차여행을 마

치고 상해로 향한다. 이동거리 3시간 30분(약 250 ㎞). 오는 길은 모두가 지쳐 잠들어 버린다. 오는 길 주택들을 보면 우리 눈에 익숙하지 않아 허름하다 사람이 살 것 같지 않은 형상이다. 지붕 위를 보면 꼭 피뢰침 같은 것이 설치 되어있는데 그게 납골당이라 한다. 개인 묘지를 인정 하지 않는 중국에서 지붕을 보면 주택인지, 공장인지를 가늠할 수 있다. 상해 서커스를 관람하고 숙소로 이동하니 저녁 9시다. 중국의 상품 중 하나인 발 맛사지를 받으려 하는데 여직원들의 만류로 그만두고 근처 포장마차에서 국수, 오뎅에 맥주 한 잔 하니 별미다.

3/4 상해(대명산, 박물관, 문화가 서점, 짝퉁거리, 황포강 88빌딩)
모두가 국가 소유의 토지이며, 건물만 개인 소유로 되어 있다.
풍요 속의 빈곤이라 했나, 모두가 물 천지인 중국에 식수로는 6,70%를 사용할 수 없다고 한다. 우리나라 정수기가 생각이 난다.
개인 생각으론 13억 아님 15억 인구의 하수 물이 다 어디로 갈까 생각해보면 그럴 수밖에 없다는 생각이 든다.
상해박물관을 관람하고, 문화가(서점), 짝퉁거리, 구경하고 황포서에 위치한 음식점에서 황포강을 오르내리는 배들을 바라보며 맛있는 식사는 별미다. 식사를 마치고 88빌딩 전망대에 오르니 황포강을 오르내리는 모래 실은 여객선 등 한 폭의 그림이다. 63빌딩을 못 가 본 나에게는 과분한 환대다.
상해의 전체적 분위기는 2010년 엑스포 준비에 여념이 없다. 여행 중 인상 깊은 내용을 꼽으라면 주택가 지붕 납골당, 해 뜨는 날 주택가 빨래만국기, 소주의 졸정원, 항주의 서호와 육화탑, 그리고 용정에 명전차의 깊은 인상을 뒤로하고 3박 4일의 상해, 소주, 항주 여행을 마무리한다.

# 3. 5월은 푸르구나(문수산 영실봉 / 2006.5.7)

나에게는 모처럼 황금연휴 마지막 날이다.

연휴 첫날 오후부터 내리던 비가 토요일 저녁까지 전국적으로 내린다는 예보를 조심스레 주시하면서 이틀간 뒤척거림에 우중충해진 몸을 풀고, 산 행사에 몇 번 빠진 변명도 할 겸 산행 계획을 주선 아침 지하철을 탄다.

전국적으로 가뭄 해소는 물론 이틀 간 씻어낸 황사 빨래 뒤 올림픽대로를 달리는 임 센님 자동차에서 바라본 남산, 북한산, 도봉산 한눈에 들어오니 상쾌하다. 여주, 용인, 진천 그리고 문수산 영실봉 예부터 풍요와 명당의 땅 경기도 곡창지대에 그리 높지 않은 문수산 입구에 이르니 1천여 동기 동지가 둥지를 틀고 있다. 반가운 마음에 수인사를 하고 실록 우거진 숲길 산행은 악산이 아니라 긴장감 없는 전형적인 경기평야의 야산이다.

비 온 뒤 흐르는 물소리, 새 소리 들으며 새 생명의 잉태하는 모습 들을 보며 나물, 나무, 야생초 얘기 나누며 오르는 길. 특전사 출신답게 모두가 박사 수준이다. 산행의 달인 윤원우 박사는 이것도 먹을 수 있고 저놈도 먹을 수 있다며, 새 생명들을 무자비하게 뜯는 모습은 역시 특전 훈련 제대로 받았다는 생각이 든다. 영실봉 정상에 오르니 제법 땀이 몸에 베였다. 그러나 산과 구름과 하늘을 보니 어떻게 이 순간을 기리 간직할까 한다.

지리에 밝은 강 총무가 지형 설명을 해주며 저 멀리 보이는 게 용문산이라며 맑은 하늘 흘러가 구름과 함께 감탄사 연발이다.

계곡마다 별장, 연수원, 연구소 리조트 등 한 폭의 그림이지만 왠지 내키지 않은 고개를 저음은 무슨 의미일까. 준비해간 음식을 먹으며 부산 투어 걱정을 하는 산행 회장과 대장의 계획과 대책을 의논하고, 맑은 하늘을 배경으로 기념사진 찍고 여유를 부리며 내려오는 중턱에 건강 강의가 시작된다.

정희영 박사의 건강 관리법 : 끊임없이 움직여라(7.8학년 강의)

윤원우 건강법 : 8가지 박수요법(나는 정력 요법밖에 관심 없음)

유래영 건강법 : 머리 때리기 법 및 태권도 기마자세 요법

모든 관절은 근육 단련으로 치료할 수 있다는 3 강사 동일한 의견. 30분 강의를 마치니 조금 각성하고 하산하는 길. 이번에는 산악녀님들 산나물 캐기, 산골 소년 소녀가 되어 마냥 즐거운 표정들 즐거운 5월 하루다.

# 4. 동백섬, 그리고 해운대 광안리(2006.5.28)

어제는 비 그리고 오늘은 맑음. 전국 투어의 해운대 동백섬 오늘 날씨다.

유난히 맑은 아침 햇살을 받으며 달리는 차 속의 풍경은 이러하다.
영업 방법을 바꾼 보령제약 스쿠알렌 홍보담당이 차에 오르고 중년의 건강 안내와 스포츠 타올과 회사 광고가 끝나고, 산행대장의 전체적 일정을 듣고 명 MC 이 고문에게 마크 넘어간다. 전반적 탑승 인원의 소개부터 개인의 특성을 언급하고, 김철수 동지의 양반학 강의를 들으며 주비해온 김밥으로 아침을 때우며, 오늘의 특급 메뉴 3 산악당 여인들 남편 성토 연설을 요약해 본다.

(1) 산행대장 가족 오 여사 남편 성토 연설문
남편은 하늘이요 나는 땅, 그래 요즘 땅값 천정부지인데 땅 하면 어떻냐, 처음에는 3만 원씩 받아 가면 산행을 참여했고, 하느님의 명령 따라 산엘 다녔지만 지금은 어느 산도 두렵지 않은 전문 산악인임을 자부한다고. 문제는 그놈의 산행 후 2차 맥주, 3차 노래방 이것이 문제라고 한다.

(2) 정 산인 가족 박 여사 남편 성토 연설문
몸이 안 좋은 차에 계룡산 한마음 등반 이후 관악산을 오르내리고 '관 악 산 다람쥐'라는 별명까지 거머쥐고 거꾸로 남편 꼬드겨 산으로 유인 제왕산, 삼악산, 무등산, 무학산 등 언제나 꼴찌의 꼬리표를 달고 다니는 남편을 무지 애처롭게 여기며 지금도 산행 때마다 달래고 역시 문제는 2차,3차 노래방을 문제

(3) 신 회장 가족 이 여사 남편 성토 연설문
고향이 울진이고 지리산 나무꾼 남편이 또 군에서도 특자 붙은 부대근무 중. 군 생활 절반을 산에서 살아온 진절머리 땜에 약수터도 안 가던 그런 분이 남한산성 산행 후 산행을 결심했고, 그래서 지금의 산악회 회장에 이르렀으며, 지금은 산에 미쳐 있다고 한다. 술은 먹지 마라 소리는 안 한단다(부러움). 3 가족들의 성토 얘기의 결론은 산은 좋다, 술은 안 좋다 이다(지금 반성중). 조금은 졸다가, 설치다 창밖을 보니 구미, 선산, 옛 전적지를 지나면서 전쟁사에 밝은 윤 전 회장이 한국전쟁 격전지 설명을 덧붙인다.

이산가족 상봉 동백섬 팔각정

부산 I.C에 이르러 "지"부경대 교수 내외의 안내를 받아 동백섬에 이르니 이산가족 포옹만큼이나 진한 만남이 이루어진다.

지금부터는 귀향 시간을 역으로 환산 통제에 따라야 한다. 팔각정에 이르니 개선장군 환영하듯 도열하여 맞아준다. 팔각정은 의젓이 앉아 있는 고운, 해운 최치원 선생 동상, 유적비 앞마당이다. 해운대를 선생이 이름 지었고, 본 관은 경주, 사량부 출신 양반이시다(김철수 강의). 자리를 펴고 준비해온 음 식물을 펼친다.

**인천지역 풍경** : 하루 전 부산에 온 팀이다. 자갈치 꼼장어, 기장 멸치, 해운 대 비취호텔, 얼굴을 보니 기름기 번득이며 자랑이다.

**부산팀** : 2차 민락동 회를 의식함인지 기본 막걸리와 김밥으로 대충이다.

**마산, 창원지부팀** : 늦둥이 김 동지의 딸아이를 대동 인기 압권이다. 과자 값 못 주고 옴이 아쉬움으로 남고

**광주팀** : 전북 팀이 보이지 않아 아쉽지만 광주 정하 동대장 가족 자연산 상 치 외 야채, 자연산 된장, 자연산 곡밥 쌈 한 입과 사진 한 컷 하니 즐겁다. 지난번 덕유산의 소문 무성한 홍어가 안 보여 아쉬웠다.

마지막 끝 무렵 울산 팀이 합류하니 전국 한마당 잔치가 이루어진 셈.

최치원 선생 동상 앞에서 기념 촬영을 마치니 아점이 끝났다. 동백섬은 섬이 아니고 육지이며, 동백꽃은 안 보이고 싱싱한 동백 잎만 무성하구나. 해운대 끝자락부터 동백섬 둘러보기. 산책 코스는 백사장 밟기 누리마루 APEC 하우스 관람(잠시 APEC 정상이 되어 보는 것).

그리고 APEC 정상 회담을 계기로 관광 특구가 되어 물가가 비싸다는 것과 해 운대 벡스코(BEXCO : 부산 전시 컨벤션센터)는 서울의 COEX를 연상케 하고 큰 행사는 모두 이곳에서 이루어진다고 가이드 지 교수 동지의 설명을 들으며 멀 리 5,6도와 광활한 대해가 가슴 시원하게 해 준다.


해운대 벡스코(BEXCO : 부산 전시 컨베션 센터)는 서울의 COEX이다. 큰 행사는 모두 이곳에서 이루어진다고 가이드 지해경 동지의 설명이다. 충무로, 남포 동, 자갈치의 상권이 이곳 해운대를 기점으로 형성된 느낌이다.

신혼시절 거리는 아련하고 새로 펑펑 뚫린 도시고속도로들, 건물들, 광안대교 대한민국 제 2의 도시임에 손색없다.

민락동 회센터에서는 100kg의 회상은(200인분) 장관이다. 회 나오기 전 밑반 찬으로 벌써 배는 불러오는데 참가 160여 명으로 나머지 분을 재분배하니 회 한번 실컷 먹는다. 왠지 광주 장 박사 가족 이 여사님이 안 보인다. 광주 김 회장 말에 의하면 탈이나 차에 있다고 한다. 따님 결혼 문제로 신경 많이 쓴 탓으로 보인다. 저 멀리 보이는 광안대교의 웅장함을 배경으로 부산지역 이 회장의 감사 인사와 산악회장 축하, 성금 전달 이 고문 회장의 축배, 권 회장 축배, 이 부사령관 축배 및 성금 민락동 회와 축배가 어우러진 또 한판의 축 제 무대였고, 내년에는 울산에서, 대구에서 다시 한 번 등 야단법석이다.

어이 하나 금쪽같은 시간의 흐름을 잡을 수 없으니 연어와 같은 또다시 약속 을 하고 또 하나의 커다란 장을 마련하고 작별의 장에 오른다.

**돌아오는 길**

어디를 가나 큰 행사에서 조금의 갈등은 있는 법, 아쉬움을 쉽게 떨치지 못하고 조금 늦은 회장단과 산행 대장의 싸늘한 눈빛. 의정부도 가야 하고, 안양도 가야하고 마지막까지 편안함을 기원하는 대장 마음 누가 모를 까만, 이런 애틋한 사랑스런 어울림 속에 우리 충구호가 여기까지 와 있음에 우리는 부인할 수 없는 사실이며, 앞으로도 이런 아름다움은 추억되어 올 것이다. 귀향의 대 장도에 오르는 길은 이슬비가 내린다.

백마강 달밤도 있고,
나그네 설움도 있고,
돌아와요 부산항도 있고
함께 춤을 추어요도 있었다,

# 5. 우운(雨雲) 속의 금강산(2006.7.18-20)

수마의 뒤엉킴을 뒤로하고 금강산이란 곳을 가고 있다.
양평, 홍천, 진부령에 오르니 오만수 팬션과 스키장이 안개 속에 아련하다.
우중에 고성 통일전망대(화진포 아산휴게소 중식 15:00) 출, 입국 심사대에서
일 벌어진다. 지난번 중국 여행 때는 집사람이 말썽이더니 이번에는 내 차례
다. 심사대에서 삑 소리에 당황한다. 결국은 쇠붙이가(혁대) 호주머니 클립
한 개가 말썽을 부린다. 다른 사람은 이상 없는데 엉터리감지기에 웃음이 절
로 난다. 아니면 '잘생긴' 나를 지목한 것 같기도 하고 수속을 마치고 온정
리 관광타운에 도착하니 오후 4시다.
　운전기사 길림성(40만 원 아산재단과 1년 계약 / 추후 남측에 근무 희망)

가이드 조장(현대아산 소속) 조금의 시간으로 여기저기 안내를 받고 나니 저
녁 시간이다. 각론 끝에 저녁을 고성항 횟집으로 결정하고 금강산에서 회 먹
다의 추억을 심고 며느리 감으로 손색없는 예쁜 서빙 아가씨, 결혼은 남측 남
자와 꼭 하고 싶은데 일정은 통일 후라 한다. 내일이라도 곧 통일이 될 것이
라는 확신을 가지고 있다. 부산 강 동지 부부, 금강산에서 회를 먹다니 참 맛
있다 하며 즐거워한다.

**구룡폭포 산행**
아침을 호텔에서 간단한 뷔페식으로 먹고 7시에 구룡폭포 산행이다.

**행정구역** : 강원도(북한) 고성군 온정리. 북한 명승 제225호. 높이 74m, 너비
4m로 설악의 대승폭포, 개성 박연폭포와 함께 우리나라 3대 폭포 중 하나이며

중간 십이폭포, 비봉폭포, 옥영폭포 등 폭포 군락이다. 흐르는 물줄기는 화강
암에서 우러나는 옥빛을 띤 신선수 같다.
우, 운속으로 애써 보여주지 않은 괴암 절벽들, 폭포 앞에서 할 말을 잃었다
바위마다 김 거시기 다녀감을 표기해 놓은 글귀들을 제거하면 좋았을 텐데.
땀 반, 비 반, 안개 반, 살림을 헤매다 내려오니 출출해 입구에 막걸리 한 사
발. 맑은 날 다시 오고픈 아쉬움을 남기고 옥류관 냉면을 점심으로 결정하고
이산가족이 상봉하고 먹었던 냉면을 주문하니 감회가 새롭다. 분위기는 맛있

는데 냉면 한 그릇에 12,000원이 부담되어 모두 맛없다고 투덜댄다. 점심을 먹고 오후 일정은 삼일포냐, 온천욕이냐 옵션인데 관동 팔경의 하나인 삼일포는 뒤로 미루고, 금강산 온천탕에 구룡포의 땀을 모두 씻어내기로 했다.

온탕, 냉탕, 노천탕을 오가며 피로를 풀고 서커스 관람시간을 맞춰 금강산 문화 회관에서 마눌은 삼일포 팀과 합류한다.

시종일관 손에 땀을 쥐게 하는 묘기는 즐거움보다 애처롭기 짝이 없다. 가이드에 의하면 곡예단 요원은 차관급 대우(국보급 취급)를 해준다고 한다. 저녁은 금강산 호텔에서 북한식 자연산 뷔페로 때우고 2층 포장마차 호객을 뿌리치고 온정각 옆 포장마차에 자리 잡고 미리 예약한 피라미 매운탕(이 동지 요리요령 알려줌)으로 들쭉술에 흙돼지 안주로 즐기니 별미다. 만담꾼 공 박사, 이 동지, 신 회장 일당이다(저녁에 마누라에게 혼남).

### 雨, 雲 속 만물상 산행

관음 폭포를 지나 굽이굽이 77굽이(일제시대 때 절반 정도 개발) 포장길을 30여 대의 차량으로 오르는 길옆 100년 넘을 듯 황금송들이 하늘을 찌르듯 늠름한 자태를 보여주고 육화암, 삼선암을 지나 귀면암에 이르니 1,000개의 철 계단으로 등정이 시작된다. 역시 우, 운이 범벅된 산세는 가늠할 수 없지만 구룡포에서도 그렇듯 만물상 계곡에 흐르는 물 역시 옥색을 띤 청정수이다. 전망대에 이르러 천길 아래 솟아 있는 이름 없는 바위를 전망대 바위라 이름하고 위를 보니 역시 우, 운이다. 전망대 근처 화장실(큰놈 2불, 작은놈 1불)에서 작은놈을 보고 흐르는 물 한 모금하고 나 홀로 발길을 돌림은 조용한 만물의 웅장함을 몰래 가슴에 담고, 인터 속에서 다시 보기로 하고 내려온다. 역시 바위마다 김 거시기 덧글들이 난무함을 음미하며 하산하는 길 무겁다. 점심을 만두국으로 때우고 나오니 역시 여보의 잔소리는 올갱이국밥을 못 먹였다고 푸념이다. 돌아오는 길 뼈대만 서 있는 금강산 면회소 공사 현장(사람이 안 보인다).

### 관광 시 유의 사항

1. 벌금 : 금강산에서는 '코를 풀어도, 침을 뱉어도, 나뭇가지를 꺾어도, 담배꽁초를 버려도' 벌금을 내니 미리 예방하려면 티슈나 휴지를 준비하여 조치하고, 조그마한 비닐봉지를 준비하여 일이 생길 때마다 사용하면 됩니다(담배 많이 피우는 분들은 특히 주의).

2. 어떠한 경우라도 정치적인 발언 금지

일전에 정치적인 발언을 하여 북한에 억류 조치된 사례가 있는 바 어떠한 경우라도 정치적인 말이나 행동을 삼가야 할 함(다시 한 번 강조).

3. 등반 중에 화장실은 유료(대변 2천 원, 소변 1천 원). 노상방뇨는 벌금이 더 냄.

4. 휴대 금지품목 : 쌍안경, 망원렌즈가 달린 사진기, 휴대폰, 총기, 마약 등.

5. 달러는 ($) 20 - 30 달러만 준비하면 되며, 개인에게 지급되는 관광증과 20만 원을 온정각 휴게소에서 넣으면 전 지역에서 사용 가능하고 남는 금액은 환불(한국에서 전화카드, 교통카드로 생각하면 됨). 신용카드도 사용이 가능함.

6. 금강산에 들어가면 버스 한 대에 25명 정도가 타며, 가이드가 한 명씩 동반. 3일 동안 전부 책임을 지는데 이번에 34명이 가니 두 조로 나누어서 여행하게 됨.

7. 이용할 호텔은 금강산호텔이며 온돌방이고 2인 1실.

8. 배낭 외에 가벼운 백팩을 준비하시면 편함.

9. 휴대폰은 사용하지 못하고 보관되기 때문에 가벼운 손목시계를 준비하시고, 만일에 대비하여 우산 준비하고 모자, 선글라스, 등산복, 등산화를 준비.

10. 개인에게 지급되는 관광증은 '오염 되어도, 물에 젖어도, 찢어져도, 훼손 되도' 벌금이니 소중히 간직하고 귀국 시에 반납하면 됨.

11. 팁은 생각을 안 하는 것이 편하며, 개인적으로 하고 싶을 때는 해도 됨.

12. 반출 금지 : 풀 한 포기, 흙, 돌 등은 일절 반출할 수 없음.

# 6. 대청봉아 미안하다(2006.8.16)

## 주문진항에서

금년 여름휴가는 평생 가장 알뜰한 여름휴가로 결론 내리고 오늘은 올 여름 두 번째 여름휴가를 출발한다(첫 번은 금강산). 7시 20분 쯤 강태석 총무 집에서 차량 3대로 배차 분승을 하고 영동고속을 오르니 차량 행렬 만만치 않다. 아니나 다를까 신 회장 작살과 낚싯대 챙기느라 조금 늦게 출발함이 산통을 깬다.

영동 지역 도로 사정에 밝은 신 회장이 방향을 영월, 제천으로 우회코스로 정하고 김 동지 차량과 결별 각자 주문진 강 총무 인척이 제공한 아파트를 집결 장소로 하고 각개 약진한 셈이다. 김 대감의 차량은 군자대로행이라는 성현의 말씀 따라 오는 길은 여유를 부리며 비빔밥도 챙기며 주문진에 도착한다. 신 회장, 김 동지 차량은 점심도 굶고 도착한 시간 오후 3시 짐 정리를 하고 허기진 배를 채우기 위해 불판에 불을 지피고 갈비와 밥을 정신없이 챙기니 유 동지의 갈비찬조에 새삼 고마움을 느끼며 감편한 복장차림으로 바닷가로 향한다.

신 회장은 작살과 낚시터를 찾아가고, 특8기 위용은 강 총무와 영조대왕, 물 만난 고기처럼 바로 물속으로 뛰어든다. 역시 특전 요원답게 과감한 대시다. 문제는 핸드폰까지 갖고 뛰어든 바람에 2박 3일의 업무는 두절. 물장구를 2시간쯤 하고 나니 또 배고픔이다. 바닷가에 회 맛을 놓칠 수 없지 않은가? 바닷가에도 밝은 신 회장의 안내로 회 센터에서 준비해온 싱싱한 회 한 사발에 한 잔하니 7시간의 영동고속도로의 피로가 풀리고, 내일 대청봉 산행을 위해 잠자리에 들기로 한다.

## 대청봉 아래서 나 홀로

어제 저녁은 까마득 잊고 아침 6시 비상이다. 차량으로 50분 정도를 가서 산행이 시작되기 때문이다. 김밥 1줄, 복숭아 1개, 감자 1개, 물병 1개씩 챙기고 오색약수터 입구에서 준비 운동을 하고 산행을 시작한다.

처음부터 깔딱이다. 800m의 계단 2천 계단은 될듯하다. 첫 번째 쉼터까지는 합류할 수 있었다. 가는 길이 조금 여유 있고 원만했으나 앞 대청봉 정상은 까마득하고 갈 길이 멀고 총 산행 시간을 11시간을 계산해놓고 가는 길 점차 나의 대청봉 결심이 흐려지기 시작한다.

혼자 가면 어떻게든 갈수 있으련만, 나로 인한 피해를 줄이기 위해, 한계령 피해복구 늦음을 조금 미워하며, 하산하기로 한다. 그러다 보니 배낭도 빼앗기고, 물통도 없다(영조대왕 모두 가져감). 설악폭포를 기점으로(2.4km) 대청봉 아래 생태를 연구하기로 하고 폭포 위 물가에 앉으니 겁 없는 다람쥐 한 놈은 방울토마토를, 한 놈은 새우깡을 물고 나를 놀려댄다. 산 입구에 "음식물을 버리면 생태계를 위협합니다" 글귀를 생각해보면 그 음식물 토마토는 농약 성분이, 새우깡은 기름 튀김이, 그리고 다람쥐의 겁 없는 행동은 신비한 생태를 금방 흐려 놓을 듯하다.

폭포수가 너무 아름다워(발 절대 안 담금) 옆 산행객에게 작은 물병 하나 얻어 하산할 때 마실 음료를 채우고 20분 정도 누워 있다 땀 식힌 후 내려오는 길, 50대 불자 두 분이 하산 중이다. 어디서 오시느냐? 에 구미에 살면서 봉축암에 어제 올라 행사 마치고 하산 중이란다. 중간에 주먹 김밥을 드시는 모습 너무나 부러웠다. 이제는 급할 게 없다 싶어 위를 보니 다래 넝쿨에 새파란 다래들 주렁주렁이다. 혹 가을에 이곳을 지나면 분명 저 다래는 내 몫이 될 터이다. 너무나 아쉬움에 대청봉을 바라보니 구름 안개가 걸쳐 있다. 모처럼 준비해간 디카로 희미하나마 한판 찍어주고, 2천 개의 돌계단을 다시 내려오는 길은 죽을 맛이다. 다시 출발 기점 약수터 입구에 오니 12시 30분. 이제는 배를 채워야겠다. 산채에 동동주 반통을 들이키니 넉넉하다. 수마로 망가진 약수터 현장 사진 몇 컷 하고, 약수 한 모금 하고 나니 망월사에서 하산 중턱에서 만난 불자님이 인사를 한다. 다시 보니 반갑다.

이제는 다시 주문진 숙소 가는 길. 대청봉 무전 때리니 이제 하산길이며 비선대를 지나고 있다 한다. 패전투수가 되어 돌아온다는 느낌에 발길 무겁지만 어쩌란 말인가. 나의 한계가 산행 6시간이면 적당한데 수마로 망가진 한계령만 아니었으면 하며 다시 한 번 아쉬워한다.

 대청봉의 아름다움은 언급하지 않기로 했다. 버스 두 번 타고 주문진에 오니 18시 30분. 아직도 해변가 햇볕은 따갑다. 낚시꾼 신 회장이 궁금해 슬쩍 보니 아직도 강태공 세월 낚고 있다. 8시쯤 도착한 대청봉 팀 정 감사 오르지 않길 참 잘했다 위로한다. 그 의미를 어떻게 받아들여야 할지 모르겠다(물론 힘들었다는 뜻이다).

이틀째 저녁은 대청봉 8인은 피곤하고, 나는 조금 피곤하고, 신 회장은 계속 세월 낚시 띄워 놓고 시원한 맥주 한 사발로 뚝방에서 정취를 즐긴다. 나름으로 강 총무 숙소 제공 고맙고, 유 동지 갈비제공 고맙고, 이틀간 모두 고마운 사람뿐이다. 내일 영동고속 변함없이 막히겠지 하며 잠을 청한다. 돌아오는 길은 생각보다 덜 막혀 3시간 30분 만에 서울 도착. 분당 수지 땅값 구경하고 성복동에서 추어탕으로 마무리한다.

# 7. 황금돼지해 해맞이 산행(2007.1.1)

丁亥년 새벽이다.

새벽 4시부터 마누라가 부산을 떤다. 관악산 신년 해맞이를 위한 준비를 위해서이다. 일기 예보는 해돋이를 볼 수 있을지 긴가민가다.

새벽 5시쯤 배낭을 꾸려 나오니 대중교통은 불통. 사당역까지 걸으니 땀이 배인다. 마을버스로 과천청사에 오니 5시 30분 예정시간은 5시 50분이다.

유 대장에게 메시지를 남기고 지난해 고생하였음을 감안 우리 부부는 먼저 오른다. 오르는 길은 역시 인산인해다. 남녀노소가 문제가 될 수 없다. 한 손에 손전등을 밝히고, 한 손에는 지팡이를 이쯤에서 해는 매일, 매년 뜨는 데 왜 이렇게 새해 첫 아침 해 돋는 모습을 보려 이런 애를 쓰는지 생각해 보지 않을 수 없다. 올 한 해 본인은 물론 가족들의 건강과 안녕, 그리고 크게는 국가 안녕을 기원하는 마음에서 일일게다. 연주암에 오르니 7시 10분, 40분까지는 아직 여유가 있다. 극락전에 잠시 발 멈추고 합장하니 어머님, 자녀 생각이 먼저 떠오른다. 뭐라 구체적 주문은 하지 못 했지만 돌아서니 왠지 개운하다. 해맞이 장소에 오르니 역시 인산인해. 7시 45분이 되어도 해 오름은 기척이 없다. 준비해온 음식을 펼치는 그때 함성이 관악을 뒤흔든다. 그야말로 눈곱만큼 붉은 태양이 보이는 듯하더니 숨어버린다.

26대 민 회장, 신 산악회장, 유 조직국장, 김 동문 산악 부회장, 김 총무, 나 그리고 가족들, 신 회장 외손녀들 참가는 못했지만 권 회장이 무사 산행을 기원해준다. 오늘 메뉴는 당연 울진 과메기가 인기다. 유 대장의 따끈한 정종 한 잔도 일품이고, 족발, 머리고기는 뒷전 산악회장, 민 회장의 건강기원 축배를 하고 나니 태양은 이미 떠 있다. 태양에게 기원이 아니라 태양이 우리를 축복해준 모양새다.

이렇게 정해년 해 오름은 지난해에 이어 보지 못했지만, 하산길 중간 황금 두꺼비 바위에서 건강 기원하고 하산하는 길은 여유 있고 가볍다. 중간쯤에 나머지 음식을 모두 소화하고 내려오니 일 났다. 김 부회장이 보이질 않는다. 날쌘돌이 복철이가 역산행 올라 모셔온다. 잠시 명상에 빠져 있었다, 하니 어이없다. 이렇게 차가운 아침에 오늘은 산악회 특별 메뉴로 사우나와 추어탕을 준비했다. 말끔히 씻고 막걸리 한 잔에 추어탕이 일미다.

새해에도 충구회는 변함없는 발전을 기원하고 개인건강 다짐을 모두 마치고

집으로 오는 길 정해년의 힘찬 발걸음으로 간주한다. 충구인 모두 운수대통 기원한다.

# 8. 과천 매봉, 만경대(2007.2.25)

과천 매봉에 오르니 망경대가 나를 비웃는다. 망경대(望景臺)에 오르니 양재동 매봉이 또 비웃는다. 개인적으로 새해 들어 첫 총동문 산행이다. 가벼운 마음으로 대공원 앞 광장으로 향한다. 집에서 그리 멀지 않은 탓도 있지만 청계산은 그리 험악하지 않은 탓도 있고, 지난 소백산 산행을 못한 미안한 마음에서이기도 하다. 10시 쯤 되니 회장을 비롯 산행대장 등 낯익은 얼굴들 새해 인사 겸 안부 인사를 하고 10시 10분경 산행시작.

인원 41명 매봉에 이르니 망경대(望景臺)가 나를 보고 비웃는다. 박정익이도 오랜만인지 목이 타나보니 헬기장 매장에서 한 사발 마셔 버린다. 쉬다 가다를 반복 만경대 밑 식사 장소에 이르니 역시 내가 도착하면 이상 없다는 눈총을 받으며 자리를 펴고 각자 준비한 음식을 펼치니 진수성찬이다. 바로 옆 충열회 후배들이 역시 충구회는 못 말린다는 부러움을 자아낸다. 이제는 막걸리 5통을 소화 못한다. 새해부터는 술 산행이 아니라는 걸 보여 주려나 잔뜩 먹고 나니 포만감에 졸리기도 한다. 바로 내리는 편안한 길 있는데도 만경대의 비웃음을 박살내려 618m 정상을 향한다. 정상에 이르니 군 시설물인데, 누군가 통신대라 귀띔.

정상에서 주위를 보니 또 하나 양재동 매봉(옥녀봉)이 나를 보고 비웃는다. 그러나 여기까지 올만큼 와 버렸는데 어이 하나 정상 후미를 돌아오는 길목에 문제가 발생한다. 웬 아낙네는 모를 심었나 했더니 동문 이상헌 산행대장, 양학기 감사님 땅을 사고 만 것이다. 미끄러져 넘어 지면서 만경대 뒤편을 모두 사 버린 것. 이유인즉 동문 재산인 무전기를 망치지 않기 위해 우측으로 넘어지는 바람에 무전기는 살리고 땅만 사는 셈. 또 하나의 매봉의 비웃음을 뒤로 하고 옛 골 입구로 하산 뒤를 보니 매봉이 나를 보고 역시 비웃고 있다. 나도 웃고 만다. 집결지에 오니 선후배기 벌써 자리 잡고 있다.

만경대가 망경대(望景臺) 불리운 것은 망한 고려의 서울(개성)을 보며 그리워한 터라 해서 고려 유신 정여창이 고쳐 불렀다 한다.

219

# 9. 마니산 시산제(2007.3.11)

오늘은 영산인 강화도 마니산에서 시산제 등반하는 날이다.
회장의 10분 지연으로 조금 늦었지만 용서하고 인천 팀, 의정부 팀 연락을 마치고 8시 20분에 출발이다. 역사에 해박한 지식이 없더라도, 강화도 마니산에 참성단(단군이 하늘에 제사를 지내던 제단)은 누구나 조금의 지식은 가지고 있는 영산이다. 백두산과 한라산의 중간 지점이며, 사람 형상에서 배꼽에 해당하는 위치에 있는 산이라는 것(배꼽의 의미는 연구 중).
산의 높이는 해발 468m로 그리 높지 않은 산이지만 햇볕이 가장 오랫동안 비춰지는 산이기도 하다. 이런 영산에서 제를 올린다 생각 하니 단군 된 기분이다. 산행 대장의 배려로 1004계단을 피해 단군 등산로를 택한 것은 참 잘한 것 같다. 일기 예보의 염려와는 달리 너무나 포근한 날씨. 충구 산악회가 행사하는 날은 언제나 하늘이 도와준다(원래는 928 계단이었는데 증축, 신축으로 늘어난 것). 정상에 오르니 약간의 바람은 불었으나 양지 바른 곳 제단을 차리니 훌륭한 제상이 되고, 산악 회장이 무사 산행 기원 축문을 낭독하고, 중대별로 돼지머리에 정성을 담고 3배를 하니 만사형통이라 불편한 몸을 만사 재끼고 올라온 카메라맨 연신 찍어대니 시산제 분위기는 무르 익어간다.
왕검 자리에 막걸리 대신 양주로 잔을 올린 총회장 고사도 현대식으로 올리니 산신이 좋아할 거라고 한다. 오늘의 인기 메뉴는 낙성대에서 온 김치다. 포만감에 만세 삼창과 군가로 마무리하고 충구회 봉사단의 임무가 시작된다. 집게와 쓰레기 봉지를 메고 주위 쓰레기를 수거하며 내리는 길 만만치 않다 오늘의 쓰레기 수거 왕은 25회 정 회장(하려면 확실히 한다면서).
김쌍수 시인님이 준비한 시 낭독이 이색적이다. 새해 아침에 바라는 기도문시 낭독은 시산제에서 바라는 우리 모두의 소망을 함축함이다(기회를 주지 않아 버스 속에서 낭독함).마무리는 울진 어촌 출신 이 회장의 동생이 운영한 동막리 금희네 펜션에서 준비했다(지난 아버님 상을 당했을 때의 고마움과, 펜션 홍보차원).멧돼지에서, 똥돼지, 흑돼지로 변하여, 뒤풀이 장소가 준비됐다(60명).

## 10. 모악산, 금산사, 그리고 35사단(2007.4.14)

모악산 산행은 전국투어 산행계획의 일환이다.

모악산, 금산사는 전라북도 완주군 구이면과 김제시 금산면 경계에 있는 산으로 높이 794m. 노령산맥의 말단부에 솟아 있으며, 주위에 선각산·국사봉 등이 있다. 어머니가 어린아이를 안고 있는 모양의 바위가 있어서 모악(母岳)이라고 했다. 일대는 계룡산의 신도안(新都安), 풍기(豊基)의 금계동(金鷄洞)과 함께 풍수지리설에 의해 명당이라 하여 좋은 피난처로 알려져 있다.

자연경관이 빼어나고 한국 거찰의 하나인 금산사(金山寺)를 비롯한 많은 문화유적이 있어 호남 4경의 하나로 꼽힌다. 예로부터 이곳에 금이 많이 생산되어 금산이라는 지명이 생겼다고 한다.

전북 지회의 간절한 요청과 35사단 사단장의 협조에 감사하고 모악산과 국사 금산사는 덤인 셈이다. 새벽잠을 설치고 사당역 출발지에서 2대로 편승 출발한 시간은 07시 20분. 그리 복잡하지 않은 고속도로를 달려 금산사 주차장에 이르니 10시다. 광주지회를 비롯 대구, 마산 창원, 부산, 울산, 강원에 이르기까지 전국 투어의 만남의 장은 남북 이산가족 상봉을 방불케 한다. 그런데 계속 참석해 오던 인천 팀이 안 보인다(또 단독 외국 여행?). 그래도 인원을 파악하니 200여 명(계속 추가되는 관계로 정확한 인원은 다음). 이번에 역시 무안 이사장 동지의 건강식품과 전북 지회의 기념 타올을 두르고 어제 내린

비의 영향으로 푹신한 촉감의 산길을 걸으며 그 구석에서 솟아나는 봄의 생명

들을 음미한다. 그리 높지 않은 봉우리에 올라서도 수묵 담채화에 채색이 입혀진 봄날의 진풍경 산수화는 마음속에만 남아 있을 영상이다. 산죽 사이로 난 소로 길은 동네의 뒷동산 같은 안온한 느낌을 주는가 하면 그리 높지 않은 작은 봉우리만 올라서도 수묵담채화에 채색이 입혀지는 봄날의 진경산수화의 현장을 선물한다.
만찬을 의식해서인지 헬기장 점심은 부실한 편이다. 그래도 준비해온 음식을 동냥해가며 막걸리로 배를 채우고 비교적 편안한 내리막길을 돌아 금산사 뒤 계곡에 이르니 맑은 물에 발을 담그고, 찌든 땀을 씻어내니 후련하다.

벚꽃 만개한 금산사에 도착하니 어제까지 만개했을 벚꽃의 휘날림은 아쉬움이 조금 남는다. 대웅전에 이르러 머리 숙여 합장하니 옆 신 회장은 시주까지 하며 미륵전에서도 3배를 한다. 뒤를 보니 진국 동지 사모님도 마찬가지다. 뒤를 돌아 내려오는 모퉁이에 지리산에서 생을 마감한 고정희 시인의 시에 이런 구절이 있다.

사십대 들녘에 들어서면
땅바닥에 침을 퉤, 뱉어도
그것이 외로움이라는 것을 안다
다시는 매달리지 않는 날이 와도
그것이 슬픔이라는 것을 안다.

왜 갑자기 그 생각이 들었을까?
자연에 휘말려 주차장에 이르니 유 대장의 화난 얼굴이 시간이 지체되었음을 알고 나니 조금 미안함을 느끼지만, 그러나 어쩌란 말인가. 자연에서 자유롭게 잠시 쉬고 온 되돌릴 수 없는 그 뿌듯함 어이하란 말인가. 3시 20분에 주차장을 출발 사단 강단에 이르니 4시다. 향토사단 활약상을 영상으로 감상하면서 참 많이 편안해졌구나 하는 생각과 더 많은 사단을 만들어 동문 사단장이 더 많았으면 좋겠다는 생각을 해본다.
단 일본, 중국 등 핵잠수함 개발이 없어야 된다는 조건하이다. 이제는 마지막 만찬장이다. 영내 세병호 옆 만찬장은 군악대의 연주가 흥을 돋우고 전북 지회장, 산악회장, 사단장, 민회장, 윤 전 총회장들의 건배 제의가 전북지역 연합 산행이 절정에 이르고, 여기저기 기념촬영하고 아쉬운 헤어지는 시간 18시 30분. 재회를 약속한 손을 놓고 각자의 보금자리를 찾아 차에 오른다.
많은 동기님들 구구절절 얘기들 많은데 털어놓지 못함이 아쉽다.

# 11. 사량도 옥녀봉 총동문 산행(2007.6.17)

산행코스 주 봉우리들 : 지리산/지리망산(397.6m),촛대봉(379m),불모산(달바
         위)(400m), 가마봉(295m), 향봉(연자봉,280m), 옥녀봉(261m)
산행 시간(보통사람 기준) : 5시간 30분
고성 용포 선착장 도착 : 새벽 4시 20분- 4시 50분. 사량호 승선 5시 10분 내
         선착장 도착

산행 시작 : 5시 20분
날씨 : 비 한 방울 포함 구름 많은 후 오후 3시 햇빛 봄
참가 인원 : 총 110명 추정 (충구인 : 가족 포함 13명)
사량도 : 경남 통영시 사량면 1,020세대, 인구 2,200명

이번에 가지 않으면 평생 후회할 거라는 마누라의 성화, 그리고 특별한 계획
없어 일정을 잡고 사량도를 클릭해보니 그리 높은 산은 아닌데 괴암 절벽이
만만치 않음을 가슴에 앉고 버스에서 잠을 설치고 산을 오르는 새벽산행은 가
장 신선한 공기를 마시고 있다는 자부심이다. 사방으로 둘러 쌓여 있는 섬들
볼수록 상쾌하다. 해송과 바다 냄새 엉클어진 바위틈을 헤집고 오르니 지리
산, 일명 지리망산에 이른다(지금 시간 7시 30분). 바다 건너 지리산이 보인
다고 해서 붙여진 이름이라 한다. 간단하게 준비한 음식으로 끼니를 때우고
출발 신호와 함께 바위를 휘돌아 촛대봉에 이르는 길은 온통 염소 똥과 똥 냄
새가 바위틈을 장식했지만, 그 냄새 또한 바닷바람의 향취와 함께하니 그리

기분 나쁘지는 않다. 최고 봉우리인 불모산 달바위에 이르니 10시 40분이다. 12시까지 충분하다는 여유를 동문회장 말에 멀리 보이는 섬들과 바다 절벽은 또 다른 장관에 넋을 잃다.

밧줄과 사다리를 통과 옥녀봉 앞 가마봉에 이르니 입구에 지팡이 무덤이 옥녀 찾아가는 아비의 처절한 모습을 연상케 한다.
지금은 로프와 사다리가 가는 길은 편안하게 해 주지만 당시에는 나무를 꺾어 지팡이를 삼았고, 가마봉 오를 때는 지팡이로 쓰던 나무 작대기를 버리고 간 것이 지금도 그 지팡이로 쌓여 있는 무덤이 있다.
가마봉을 멀리서 보니 남들은 가마로 보일지 몰라도 내 눈에는 분명 여인네의 아름다운 곡선미 형상 아닌가? 아름다운 모습으로 절벽에 몸을 던진 옥녀를 상상해본다. 이제는 옥녀봉이다.
옥녀봉은 사량도 외딴집에 홀아비와 딸아이 하나가 살고 있었다.외동딸이 커서 처녀로 성장할 쯤 너무 예뻐 天女 또는 玉女라 했고, 그 딸을 본 홀아비가 욕정을 느끼기 시작한다. 비정한 아버지 욕정을 막을 수 없어 최후의 방법으로 '소녀가 저 산 바위 위에 있을 것이오니, 아버지께서는 쇠덕석을 둘러쓰고 소처럼 기어서 올라오시면 아버지 소원을 풀어드리겠습니다'고 제안한다. 그래 소녀는 산으로 올라가고 딸에 대한 욕정을 버리지 못한 아버지는 짐승같이 네 발로 기어오르고 있지 않은가.한 가닥 희망이 사라진 소녀는 낭떠러지에 몸을 던진다. 그래서 옥녀봉이 되었고, 마을 사람들은 수백 년 동안 혼례를 치르지 않았고, 지금도 옥녀봉에는 예쁜 여성이 오르지 않는다고 한다.
그것도 모르고 오르고 있는 예쁜 여성들을 보며 옥녀 아비 생각이 나 걱정이다(예쁘지 않은 여성은 무관함). 그래서 사랑도가 사량도로 변하지 않았나 하는 생각과 설화와 무관하지 않다는 생각이 든다. 산행대장이 충구회 빨리 오라는 성화에 금평항 은행나무 횟집으로 향하는 발걸음으로 오늘 산행을 마친다.

## 12. 일본 북알프스 등정(2007.7.8-9)

이틀 동안의 북페어 일정을 마치고 지극히 맑은 동경을 뒤로하고 북 알프스 등정에 오른다.

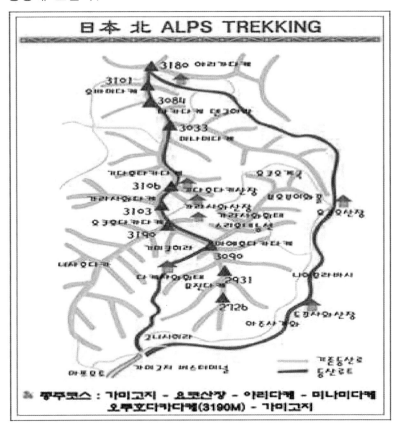

긴장 반, 호기심 반 자꾸만 변하는 설산 산행의 궁금증은 더해만 가고, 스틱, 아이젠, 윈드자킷, 헤드 랜턴, 시계 등 준비에 부산을 떨고 도중에 400년의 풍파를 견뎌온 마츠모토성(국보 40호)을 관람하고 목조 건물의 정교함에 감탄하며 기념사진도 찍고 등정을 위한 고나시타이라 산장 도착하니 18:00. 1,505m 깊은 숲속의 심호흡, 뒤편에 흐르는 물소리, 달빛 별빛 아래 캠프파이어 오손도손 얘기와 40명의 자기소개와 내일 등정의 무사 기원을 마치고 지경사 김 사장님의 캠파이어 불 지피기를 마무리하고 잠자리에 든다. 7월 7일 08:00 간단한 준비 체조를 마치고 등산 장비만 챙겨 요코오(橫尾)산장 이동 (1,620m) 잠시 휴식 후 혼타니바시 다리(本谷橋)를 지나(12 :30) 개울가에 자리 잡고 준비해간 도시락으로 점심, 지금부터 가마고지(분지)의 설산 산행이 시작된다. 모두가 조금씩 지쳐 있다. 관악산에만 다람쥐가 있는 줄 알았는데 알프스에서도 다람쥐 몇 분을 본다(다람쥐 표현 죄송).

산행 조장님들은 물론 ,송 회장님, 강 부회장님, 강 총무님 서울대 편집부 권 팀장님, 전문 산악인 못지않다. 가마고지 설원에서 겨울 연가를 연출하며 오르니 조금 늦었다. 가라사와(涸澤) 산장(2,350m) 도착(16:00). 찌든 땀을 씻고 저녁 먹고 벤치에 앉아 하늘을 보니 구름 한 점 없는데 가이드는 내일 오후 비가 온다고 전한다. 맥주 한 잔에 "아~우" 여우를 불러들인 강 사장님넘 멋있고 특이하게 M&K 여 사장님. 가는 테이블마다 분위기 살려주시고 마지막까지 날씨 확인을 하고 잠자리에 든다(5인 1실).

**7월 8일**
05:30분 식사를 마치고 06:00시에 진짜 산행시작이다.
안타깝게 두리미디어 최 사장님만 제외되니 사모님의 안타까운 모습 눈에 선하다. 산행 10분 뒤 아이젠 착용 가이드 발자국 따라 오른다. 가끔 나타난 돌

무덤 위에도 새 생명이 움 트고 있다. 문제는 호다카산장 50m 전 고산증세가 온다. 산장에 겨우 오르니 선발대는 출발이다. 물 한 모금 목을 축이고 고봉 3,000m 연봉의 최고봉인 오쿠호다까다께 정상 아름다움 표현의 어려움을 가슴에 앉고 가겠다는 최 사장님 사모님 김 여사의 한마디로 대신해도 될 듯하다 (뒤에서 그 가슴에 어떻게 다 넣을 수 있냐는 말에 웃음). 기념촬영 야단법석 떠는데 또 가이드의 독촉이다. 저녁 8시가 넘으면 입구를 통과할 수 없다는 산림보호 환경보호의 철저함에 새삼 놀랍다. 가라사와 산장 중식 후 하산길 온몸이 무척 무겁다.

오던 길 뒤돌아 요크오 산장에 이르니 비가 내린다. 걱정스레 투자한 장비들을 사용할 기회가 주어진 셈이다. 투자한 부분을 조금 맛보니 후회가 사라진 모습들이다. 총무님 특허 한마디만 해야겠다.

"주님께 감사드립니다, 할렐루야!"

찌뿌등한 날씨로 각인되어 있는 일본 날씨가 5박 6일을 화창하고 아름다운 날씨를 제공 해줌은 총무님의 기도 덕인가 싶다(여기서 주님은 酒神).

  찌든 땀을 씻어내고 쉴 수 있는 히라유 온천장에서 5박 6일 동경북페어와 북 알프스 산행을 마무리하고 나고야 공항에서 탑승한다.

# 13. 속리산 산행 / 한출회(2007.9.8)

속리산 하면 떠오르는 게 많다.

법주사, 입구에 정이품 소나무, 천황봉, 문장대, 그리고 충북, 충남, 경북 3
개도에 걸쳐 있는 3개도를 볼 수 있고, 개인적으로는 34년 만이다(고등학교
수학여행 후). 그곳으로 으로 산행을 떠난다. 이른 새벽 합정역 홀트 아동복
지 앞에서 7시 출발이다. 이 시간대를 맞추려면 집에서는 5시- 6시에는 나서
야 한다. 아침 하늘은 구름 한 점 없이 맑고 화창한 날씨다. 한국출판인회의
산악회 등반은 지난 일본 북알프스 산행에 이어 두 번째이다. 이번 산행은 지
난 북알프스 산행을 혼자만 즐기고 온 미안함을 조금 보충하기 위해 여보와
같이 가기로 결정한 것이다(처음 보는 사장님들 낯설겠지만).

오늘 준비물은 김밥 3줄, 포도 3송이, 작은 물병 4개, 옥수수 3개가 전부. 7
시 10분 어김없이 출발이다. 인원은 38명(기사님 제외). 출판계 특성상 금요
일은 술자리가 많은 편으로 몇 분 사장님들은 얼굴이 부스스하다. 강 총무의
위트 넘치는 안내와 함께 회장님 인사, 산행대장 안내 자유지성사를 3자로 줄
이니 자*사로 변하니 어색하지 않은 위트에 사장님 주간님 꼼짝없이 묵묵부답
이다.

주말 정체 예상은 했지만 정2품 송을 잠깐 스치고 속리산 주차장에 도착하니
10시 40분, 간단한 준비 운동과 조 편성하고 속세를 떠날 준비 끝.

**A코스** : 천황봉 - 비로봉 - 입석대 - 신선대 - 문수봉 - 문장대 (7시간) 22
**B코스** : 문장대 단일 코스(경로 우대용 코스 4시간) 16명

어쩔 수 없이 마누라의 성화에 못 이겨 A코스로 결정한다(죽어도 같이 죽자
다). 여느 때와 다름없이 입구에서 장애 발생 입장료 문제 주지스님(홍사장님
잘 앎) 덕으로 절반 1인 1,500원으로 입장. 법주사 전경은 뒤로하고 우선 산
에 오름이다. 마음이 다 급하다. 어제까지 내린 비로 대지 오염을 씻어 내린
산속 숲, 그리고 맑은 물속 피라미 떼들, 숲속의 향기 등 즐길 시간이 짧아
아쉽다. 글로 표현하기에는 너무 미안할 만큼 아름다운 자연의 향연이다. 세
조가 목욕을 하고 온갖 병이 나았다는 목욕소를 지나고 세심정도 지나 비로봉
은 비로봉대로, 입석대는 입석대대로 괴암과 고산 竹들 그리고 사방으로 펼쳐
진 구름과 산 능선들 역시 명산의 절경, 파노라마다.

적당한 자리에 배낭을 펼치니 거의가 김밥이 주 메뉴다. 모두가 그렇다.

그래도 맛은 꿀 맛, 막걸리 한 통 챙겨오지 못함을 한스럽게 생각하며 상념
속에 산행 공고에 나온 최치원의 시 한편을 음미하며 마음 달랜다(2시 50분).

229

道不遠人 人遠道 山非離俗 俗離山

도는 사람을 멀리하지 않으나 사람이 도를 멀리하고

산은 인간사에 혜택을 주려 하나 사람이 산을 찾지 않고

酒不遠人 人遠酒 酒非離俗 俗離酒

술은 사람을 멀리하지 않으나 사람이 술을 멀리하고,

술은 인간사에 혜택을 주려고 하나 사람이 술을 찾지 않는구나

(즐거운 점심)

신선대에 이르러 하산 하고픈 생각 꿀떡 같으나 여기까지 온 지나옴이 아쉬워

반대편에서 오는 등산객에게 시도 때도 없이 문장대까지 시간을 묻는다. 30분 전, 20분 전, 그리고 5분 전 문장대 이르니 4시 40분. 사방이 산천 그러니까 A조에서도 A-인 셈이다.

정상에서 경북, 충북, 충남으로 펼쳐진 山雲을 한 컷하고 심호흡 한 번하고 휴게소에서 잠시 시간 계산 해보니 빨라도 6시 30분을 초과할 듯하다. 계곡을 내리는 길은 정신없고 하염없다. 시원한 물소리만 듣고 내려오는 길, 조급하게만 살아온 지난날을 보는 듯 그러나 어이하나 그냥 놓칠 수 없어 세심정에 이르러 발을 담근다. 고등학교 소풍 이후 34년만의 법주사 전경을 놓칠 수 없어 6시 쯤 일주문에 합장하고, 100Kg 넘게 황금으로 제작한 미륵불에 또 합장 (오늘 하루를 무사함에 감사).

차 속에서 역시 입담 꾼 두리미디어 최 사장 열변이 시작이다. 사연인 즉, 문장대 휴게소에서 담배를 피우다 젊은이에게 한마디 듣다.

'야! 산에서 담배 피우면 되나'에 피운 던 담배를 끌 수도 없고 필수도 없고 1분 지난 후 울분을 품으니 먹는 게 소화도 안 되고 하루 일과를 망쳤다는 이야기. 그런 자괴감에 내리는 중, 그 젊은이들이 계곡에 발을 씻고 있는 현장을 목격 복수의 칼을 뽑는다.

'야! 계곡 물에 발 씻으면 불법이잖아' 하니 받아 친다.

'됐거든요 아직 법 시행 전이거든요' 하니 다시 한 번 일격 당한 이야기다.

## 14. 포천 국망산 약초산행(2007.11.10)

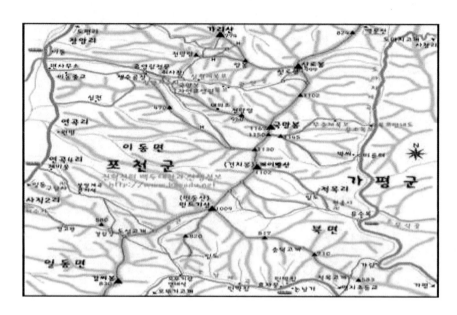

경기도 포천 국망상의 유래를 잠깐 언급하면 신라 경순왕 아들 마의태자가 고려 왕건에게 나라를 물려주고 금강산(개골산)으로 가는 중 국망봉에 올라 신라 도읍 경주를 바라보며 눈물 흘렸다는 전설의 산이다.

지난달 10월 초 전북 장수군 동화마을 배종진 원장 약초농장을 견학 예비 더덕 산행에 이어 두 번째 약초 산행인 셈이다. 오후 6시 직원 자녀 결혼식에 참석하고 9시 40분에 출발이다. 내일 비가 약간 온다는 일기예보가 틀림없는 듯 짙은 안개는 자연산 내비게이션 이신화 작가 덕분에 47번 국도를 타니 생각 보다 빨리 목적지 성동리 계곡 펜션 화이트하우스에 도착하니 12시 10분 전. 손사장님 일행은 삼겹살 한판 끝내고 동양화 '그림공부'를 하고 있다.

일행이 도착하니 이산가족 상봉이라도 하듯 반가이 맞는다. 자정 넘어 삽겹살 다시 한판 굽고 내일 약초 산행을 위한 건배를 하고 적막한 계곡 앞 냇가 물소리 들으며 밤을 재운다(새벽 2시쯤이다).

7시에 기상 안개 자욱한 계곡 소나무 숲을 산책하니 신선이 된 기분 8시30분 지산 배 원장님과 미팅을 위해 대충 씻고 배낭을 챙겨 아침은 이 작가가 추천한 파주골 손두부 집에서 하기로 한다. 역시 맛있다. 다시 한 번 오고 싶은 맛있는 집으로 기억될 것 같다. 9시쯤 지산(배종진 선생) 원장님과 합류 원장님의 국망봉 견치봉 민둥산을 10년 전 지금까지 인연을 맺고 그래서 오늘 우리가 이곳을 찾게 된 계기가 되었다는 이야기를 들으며 탐사가 시작된다.

군부대 사격장을 지나 잣나무 숲에는 산돼지(멧돼지)가 휘집고 간 흔적 밑에 아직도 몇 알 남은 잣을 맛보고 낙엽 숲을 지나 깔딱 고개에서 2개조로 편성 개 이빨산 밑 탐색을 시작한다. 벌써 낙엽이 다 진 탓에 도무지 더덕 사냥은 아득 하기만하다(잣 한 송이 포획).

능선 하나를 넘고 다음 능선 중간쯤에서 이경진 전무가 더덕 줄기를 발견 조심스레 밑 부분을 확인 5년생쯤 되는 한 뿌리를 채취하니 고함소리 산천을 진동한다. 조금 지나서 이번에는 박 사장이 줄기 발견, 흥분한 나머지 잘못하여 줄기 밑 부분을 놓치고 만다. 울상이다. 마음 추스르고 나니 또 발견 이번에는 정성을 다하니 한 뿌리를 추가한다. 결국을 5개 발견 2뿌리(5타석 2안타). 캐고 시간을 보니 2시다(공동 배분용 더덕 채취 전량).

2차 집결지에 집결하니 약간의 비와 바람 한기를 느끼게 한다.

준비해간 막걸리 2통, 소주 한 병, 순두부, 주먹밥, 원장님이 채취한 10년쯤 되어 보이는 더덕과 함께 점심을 때우니 이 또한 별미다. 내리막길에 황인원 사장이 또 한 뿌리 발견, 이번에는 공동 분배가 아닌 개인 소유로 선언하고 배낭에 챙긴다. 더덕주를 담근단다. 내려오는 길 본격적인 약초 탐방이다.

싸리나무, 인동초, 산 부추, 소리쟁이, 호랑이 가시나무, 천마, 하수오 등 설명을 들으니 산천초목 모두가 약초로 보인다. 옛날 시골에서 무심코 지나친 초목이 새록새록 기억이 난다. 자세한 내역은 전문서적을 찾아보기로 하고 국망산 자락 약초산행을 마친다.

# 15. 연주대 그리고 삼성산(2007.10.28)

아침 9시 가벼운 마음으로 김밥 2줄, 막걸리 2병, 포도 한 송이, 감 2개, 사과 1개 그리고 물통 2개, 빈 물통 3개(순마당바위 밑 약수터 용).

약간의 비가 온다는 예보를 염두에 두고 산에 오르니 날씨도 시원하지만 지난 주에 본 산이 아니다. 관악. 산 전체가 단풍으로 붉게 물들어 있다.

마당 바위에 이르니 어쩌면 마지막이 될 2007년 관악의 단풍을 못 볼 것 같아 연주대까지 산행을 연장하기로 하고 연주암에서 보시 점심을 먹기로 계획 변경. 핸드폰으로 붉게 물든 산을 한 장 담는다(디카를 챙기지 못해 아쉬움). 연주대 연주암 갈림길에서 외로이 혼자 오른 유 산행 대장을 만남(행운). 김밥 두 개를 나누고 맥주 한 잔을 나누고 대충 요기를 마치고 연주대에 이르니 산에 온 등산객 모두가 환희의 함성이다.

다시 산행 계획을 변경 팔봉을 타자는 유대장, 박 악녀의 민주주의를 거절 못하고 팔봉 정상에 이르니 산행대장 지형 설명 좌측 능선이 5봉, 우측이 8봉, 그래서 8봉을 탄다. 팔봉에서 연주대를 보니 핏빛 단풍을 보니 악당들의 결정에 따름을 잘했다 생각함. 오르고 내리기를 8번하고 기진맥진 무너미고개에 이르니 의사 결정 없이 삼성산으로 직진이다. 웬 날벼락인가 하고 하늘을 보니 붉게 물든 단풍뿐이다. 중간에 낯선 50대 다람쥐 아줌이 웃으면서 따라온다. 등산 참 잘한다고 하니 열변을 토한다.

1주일에 한 번 산행을 하는데 관악산, 삼성산을 모르는 등산로가 없다고 한다. 열 받아 아줌마를 삼성산에 떨쳐주고 망월사, 삼막사를 뒤로하고 관악역 방향 계곡을 따라 내려오니 4시 30분, 축하라도 하듯 비가 쏟아진다.

인근 순대국집에서 오 여사 악당과 합류 순댓국과 소주 한 잔으로 허기를 채우니 오늘 하루도 포만감이다.

# 16. 대관령 선자령(2008.2.17)

코스 : 대관령 - 선자령 - 초막록,
인원 : 44명

사당 - 대관령 : (07:00),  대관령(832m) - 선자령(1,157m) : (12: 00)
중식 : (13:30) 선자령 - 주차장 : (15:30)

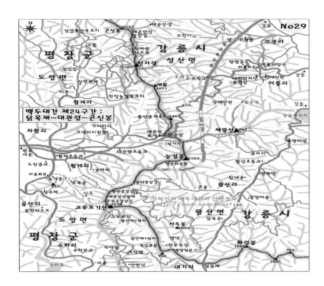

모처럼 설렌 마음으로 결심한 대관령 눈꽃 테마 산행이다.
새벽 여명을 깨고 북한산 고사리 무침을 시작으로 설쳐대는 마누라 주섬주섬 배낭을 메고 사당역에 이르니 아침 6시 30분. 지난해와 달리 낯선 얼굴들이 많다 산악회장이 바뀐 탓이라 생각하며 차에 오르니 만원(44명) 김밥으로 아침을 때우고 조금 부족한 잠을 청한다. 대관령은 눈과 바람으로 유명한 지역이다. 2005년 2월 제왕산 칼바람 눈꽃 산행 때 힘들었던 기억이 새롭다.
대관령 산길 초입에 이르니 40여 대의 관광버스에서 내린 전국 각지 등산객들가 가을 단풍을 연상케 한다. 아이젠과 팟치를 착용 산에 오르니 사방이 山雲이다. 명상에 잠길 겨를 없이 오르다 보니 동료들은 뿔뿔이다.
목표 仙子嶺만 생각하고 오르는 길은 눈길 하나뿐이다. 가끔 야생동물 발자국만의 낭만을 느끼며, 선자령에 이르니 벌써 하산하는 산꾼들 길을 양보하며 위로한다.
산이 뭐 길래 저 사람들을 온화하고 겸손하게 만들었을까?
불가에서 말하듯 원래 바탕이 그러 했는데 잠시 묻었던 아니면 찌들었던 때가 벗겨진 것뿐일지도 선자령에 올라 주위를 보니 삼양식품에서 참나무를 베어내고 미국산 풀씨를 뿌려 만들어 놓은 목장의 설원은 찌든 마음을 털어준다.
UNison에서 설치한 풍력기는 너무 온화한 날씨에 돌지 않는 풍차가 되어 버렸다. 동쪽으로는 강릉, 그리고 바다 위에 한 폭의 동양화 뭉게구름들. 대관령으로부터 꼭 2시간이 소요된 셈이다. 새벽부터 준비한 음식들을 설원 위에 펼치니 만찬장이다. 눈 위에서 동해를 바라보며 들이킨 맥주 한 컵은 별미다.
식사를 마치고 하산길은 강릉 방향 초막골 능선이다. 하산 눈길은 관악산 다람쥐도 맥을 못 춘다. 맨 마지막 임 동지 가족 도착으로 눈꽃 산행을 마무리한다. 귀향 차에 오르니 후배 2학기님의 특강이 시작된다.
된장찌개처럼 자녀 교육하라, SKY, 가늘고 길게 그리고 버터라 등등으로 40분을 즐겁게 해준다. 지친 몸을 차창에 기대어 한숨 자고 나니 사당역, 출발지 도착이다.

## 17. 관악산 산신께 비나이다(2008.3.30)

보통 3월초에 시산제를 하는데 사정에 의하여 어렵게 3월 마지막 일요일에 시산제는 거행되었다. 어제 저녁 3시까지 비가 내려 또 연기되나 싶었는데 강회장님 성당에서 무지 빌었나 보다. 아침을 열어 비가 와도 강행한다는 결론을 확인 후 배낭부터 챙기고 각자 분담 준비물 준비에 들어간다. 서울대 입구에 이르니 반가운 모습들 인사를 하고 총선 후보들의 유세장이 되어 버렸다. 시끄러운 소음을 뒤로하고 경로 코스로 산행을 한다.

산행 중 역시 빠질 수 없는 건 총선 이야기이다. 모두가 정당 이야기, 딴 나라 이야기, 박 이야기와 대통령 등 솔내음 자욱한 오른 숲길은 오늘 시산제의 훌륭한 마무리를 예견해준다.

계속 경로당 코스로 2시간쯤에서 자리 좋은데 돗자리를 깔고 준비해간 밤, 대추 그리고 시루떡 웃는 돼지 얼굴로 상을 차리니 훌륭한 제 상이 차려진다. 인천에서 온 나 선생, 부산에서 온 박 사장, 신들리듯 찍어댄다.

강 회장이 준비한 축문 또한 가관이다. 충구인 건강기원, 35주년 행사 성공기원, 2008년도 무사 산행기원, 부부사랑, 자녀 성공적 취업, 자녀 결혼기원, 30분에 걸친 축문 듣고 있으려니 웅성거린다(배고프다). 중대별로 잔을 올리고 3배를 하니 왠지 소원 성취 된 느낌, 금강산도 식후경 준비해간 음식 맛이 별미다. 시산제에서 술이 부족함은 처음이다.

마지막 소주 한잔을 끝으로 시산제를 마무리한다.

# 18. 고대산 산행(2008.10.12)

주말 결혼식장을 등산복 차림으로 참여하고 멀리 대전(김 회장), 광주(정 동지) 자녀 결혼식은 미안한 마음을 전하고 점심을 서울(김동지) 아들 결혼식장에서 채우고 저녁 모임도 불참 통보하고, 워크숍 일정에 맞추고 경기도 교직원 연천 수덕원(연천 동막골 끝자락)으로 향한다.
시내에서 잠깐 밀리고 자유로를 들어서니 시원하다.
오후 5시쯤 동막골을 들어서니 여름의 흔적이 계곡 따라 물씬 풍기고, 저녁노을 산 능선에 걸쳐 있는 반달이 선명하게 내리고 잠시 족구 한 게임 하니 동막골 골짜기 어둠이 내린다.
진 선생 부부, 임 선생 사모님이 준비한 저녁 식사를 맛있게 먹는 시간.
건배 1순배하고 다음 주 한마음 산행에 대한 주제로 신 회장, 유 대장, 그리고 산악회 강 회장님에 설명으로 큰 문제점 없이 잘 진행되고 있음으로 조금은 여유가 있다. 변함없이 내일 산행은 해야겠기에 12시 전에 취침에 들다.

새벽 6시 기상. 산행 팀 11명, 소요시간 4시간. 고대산 등산로 3개 코스 중 1 코스로 등정 3코스로 하산이다. 언제나 그랬듯이 꼴찌는 내 몫이다. 언제나 선두와 거리는 멀다 오르고 또 쉬고 능선에 오르니 오늘길이 갈길 보다 많이 와버렸다. 내가 살아온 삶에 능선이 여기가 아닌가 싶다.

8부 능선에 버려진 진지 벙커들 지금은 장병들의 땀 냄새 흔적뿐이다. 대광 봉, 삼각봉, 고대봉에 이르니 옛 작전참모 강 회장의 브리핑 끝남 다시 한 번 철원평야, 백마고지, 고대봉 사연을 들었으나 한국전쟁의 흔적은 없고 평온한 구름만 넘나든다.

"백마고지는 폭격으로 1m 이상 깎여 내렸다 하고, 김일성이 고대산, 철원평 야를 점령 못해 잠 못 이룸."

준비해간 막걸리, 부침개, 돼지 껍데기로 한 잔하니 신선이 따로 없다. 잠깐 북녘 산천, 백마고지, 철원평야를 배경으로 한 컷 찍고 하산하는 3코스는 난 코스로 상당히 험악하다.

가을의 정취를 글로 표현해야 하는데 글 보다는 초가을 고대봉 맑은 잔상을 그리다 잊고 싶다. 우여곡절 끝에 고대산 입구에 오니 나 사진작가가 기다리 고 있다. 합류 미리 예약한 신탄리역 앞 막국수집에서 허기진 배를 채우고, 앞으로 기회 되면 신탄리역에서-고대산을 오르고 싶어진다.

철수하는 길에 백마고지 전적지 5사단을 방문 강 작전참모 안내로 견학을 덤 으로 한다. 위령탑에 참배하고 나오는 길옆에서 흘러나오는 6·25 노래, <단 장의 미아리고개>, <삼팔선에 봄> 등의 노래로 분위기를 숙연하게 한다.

## 19. 안성 교육 수덕원 워크숍(2008.12.27-28)

솔직히 이번에도 참석하지 않으면 퇴출시킨다는 총무님 압력과 이번에 그 아름다운 얼굴들 보지 못하면 2008년 영원히 볼 수 없다는 것 때문이다.
열차 타고, 버스 타고 택시도 타고 도착하니 6시30분.
 이미 아름다운 뒤풀이는 시작되었고, 언제 어디서나 바람을 일으킨 25회 정회장이 거기에 있었다.
인천 팀이 마지막 회 한 접시가 도착하고, 이어 강 회장 도착하니 안도에 숨을 돌린다. 언제나 인천 지역을 대변해 준 두 동기생 참 고맙다.
배가 촐촐한 차에 만나게 먹고 나니 각자 밀담에 들어간다. 2008년 충구회와 산악회를 회상하며 자정을 넘긴다. 다행이 술이 바닥 나 물로 열 순배하니 이제 취기가 돈다.
춘천, 예산, 마창진 동지들  멀리서 와 주었고 이른 아침 오늘 워크숍 주제 2009년 산악회 임원선출이다.
격론 끝에 강 회장, 유 산행대장, 임 총무는 유임, 신임 이, 김 부회장, 윤 부총무, 김 감사 선임 힘든 시기에 서로 책임 부여로 2009년을 아름답게 만들자는 의미로 보인다.
가장 큰 관건은 많은 참석이라는 총무의 당부로 회의를 마무리하고, 오랜만에 족구시합으로 워크숍을 마무리한다.

## 20. 2010년 백호의 아침 소망탑에서(2010.1.1)

언제나 오는 그날이고
언제나 뜨는 그 태양인데
백호의 함성의 수식어를 지상파에서 접하니
은근히 그 아침 햇살을 봐야 할 것 같은 마음에 아침을 나선다 .
근래 드문 추운 날씨다.
남부 터미널 역에 도착하니 29대 이 회장, 김 총무국장,
신 수석 부회장, 이 조직국장, 멀리 인천에서 이 감사.
그러고 보니 29대 충구회는 산악회 함께 여는 셈이다.
유난히 붉은 태양은 어김없이 떠오르고, 변함없는 건배 잔은 흐르고
신임 회장의 충구회와 산악회, 그리고 여기 오신
모든 가족을 위하여다.
신임 산악회 유 회장 사모의 팟죽은 소망봉 추위를 녹이기에 충분
조금 전의 붉은 태양처럼 충구회의 힘찬 정진을 기대해본다.

## 21. 함백산 네가 있어 내가 있었다(2010.2.21)

모처럼 총 동문 눈꽃 산행이다.

총 동문 산행치고 경제 불황 만큼이나 적은 인원이다(총 33명). 참가 인원 차량 대여비도 부족할 판이다. 임원진의 표정이 무거워 보인다. 572m, 뭐 그까짓 높이의 산행을 두고 죽기 아니면 살기다로 표현한다할지 모르지만 매일 책상에서 업무를 보는 나에게는 매우 부담되는 눈길 산행이다. 그러나 산행 초입에 이르니 생각은 달라진다. 양처럼 순하고, 보름달처럼 충만하고 환락, 유흥, 유행도 없는 더구나 문명, 문화적 요소도 결여되어 있지만 대자연이 있는 그런 산이다 눈 덮인 그 산이 나를 보듬어 주니 오르지 않을 수 없다.

언제나 그랬듯이 맨 꼴지는 내 차지다. 산은 꼴찌, 1등을 구분하지 않아 좋다. 정상에 올라 4계를 보니 도심의 찌든 마음을 씻어준다.

오늘 눈꽃 산행을 선택함은 참 다행이었다.

# 22. 환갑여행 일본 규슈(2010.12.2)

**큐슈(온천여행 2박 3일)** : 섬나라의 섬

모두투어 가이드 여희숙(010-3746-2405) /12월 3일 : 인천공항 10: 50분 출발

**남장원** : 세계 최대 규모의 청동 와불상(사리가 배 속에 있음)

열반상은 전장 41m, 무게 300톤, 관음보살과 지장보살, 기차문화 세계 1위

**고추와 와사비** : 한국과 일본의 국민성을 나타냄.

**뱃부만 전망대** : 뱃부 앞바다와 도시 전체에 온천 김이 모락모락 피어나는 전경을 한눈에 숙소 가는 중 '가마도지옥'에서 족욕지옥에서 뿜어 나온 증기로 밥을 지어 신에게 바쳤다는 해지옥, 괴석방주지옥, 산지옥, 가마지옥, 괴산지옥, 백지지옥, 혈노지지옥, 용권지옥 중 하나 개인 1인당 550엔.

벳부(別附) 스기노 호텔(1일 숙박 17만 원, 바이킹 뷔페식 6만 원). 최고급 호텔(3동) 식사 전 온천욕, 식사 후 노천욕 : 뱃부만 야경 감상.

**아침 온천욕 후 조식**

12월 4일 : 유노하나 재배지 : 온천의 꽃 재배과정 체험. 세계 최대의 칼데라 화산 아소로 유황산 독가스 마시러 이동. 입구에서 중식.

높이 1,323m 현재 유황이 분출되는 분화구를 볼 수 있는 곳(마눌님 가스 중독으로 고통). 부처님이 누워 있는 산상의 배꼽 부분에 위치, 아소 분지는 세계 최대. 구사센리(초천리) 천리나 이어지는 드넓은 초원 지대 오는 도중 산중의 온천마을 구로가와(흑천)로 이동. 24개의 노천 온천이 밀집 자연 속 노천온천, 가끔 남녀 혼욕하는 광경도 볼 수 있다. 히젠야온천호텔로 이동(화실, 다미방, 일본 전통 가이세키 요리 체험). 300년 전통 식전 온천욕, 가세이요리. 노천욕(남자는 넷 각 1인 독탕이다).

12월 5일

역시 아침 식사 전 온천욕 후 자연, 역사, 문화의 고장 구마모토 이동.

**구마모토성** : 오사카, 나고야성과 함께 일본 3대 성 중의 하나로 조선식 축성술. 성 내에서 중식 후 다자이 후텐만구 : 테마파크. 복합쇼핑(시간 부족) 후 쿠호카 공항 이동.

# 23. 호명산, 호명호수 정기산행(2011.9.18)

**산행코스** : 청평역-호명산-기차봉-호명호-큰골능선-상천역(6시간 30분)
상봉에서 전철로 40분 거리, 주말이면 사람이 많이 20분 후 전철을 탑승해야

자리를 잡을 수 있다. 어제 DMZ 평화누리길을 일정 부분 걷고 온 터라 조금 걱정하며 상봉역에 이르니 9시차는 만원. 9:20 전철 자리를 잡고 나니 충구 산 꾼들 모습을 드러낸다. 날씨만큼이나 환한 얼굴들이다. 전철이 온통 인정 사정없이 떠들썩이다. 뭐가 그리 반가운지 예상대로 청평역에 도착시간 10:00 정각. 울창한 잣나무 숲을 가르며 오르는 순간, 나무의 고마움을 흠뻑 느낄 수가 있다. 생각보다 가파른 산길, 그러나 숲에서 나온 솔 내음과 적당한 습 도는 산행에 안성맞춤이다. 7부 능선에 이르니 파주 송 여사, 임 샌님, 김 여 사님이 힘들어 한다. 젊은 다람쥐 재근 산꾼이 송 여사 배낭을 메, 찬수는 그 냥 밀어주고 상부상조한다. 오늘따라 진 샌님은 어딜 갔나. 우여곡절로 정상 에 오르니 사방이 한눈에 후련하다. 기념촬영 한 컷, 그리고 배낭 보따리를 푼다. 오늘의 주 메뉴는 총무님이 준비한 부침개, 재근이 우럭찜, 회장님 비 빔밥, 그리고 서울 막걸리. 배가 조금 고팠나 보다 숲 내음과 어우린 음식 모 두가 진수성찬이다. 나이 들어 오르는 산 사진 보면서 느끼면 된다.

**호명호수** : 청평역 앞에 솟은 호명산(虎鳴山·632m)은 호랑이 시절 호랑이가 많아 그 울음소리가 마을까지 들려왔다는 유래가 산 이름으로 짐작할 수 있 다. 지금 생각해보면 호랑이가 어슬렁거리며 먹이를 찾은 곳이 아닌가 싶다. 산 자체의 고도는 그리 높지 않으나 전망대에 이르는 가파른 산세는 지나버린 나이를 한탄하기에 충분하다. 전망대에 오르니 바로 앞 조종천이 흐르고 서 울쪽으로 청평댐 뒤로 청평호가 훤하다. 북동쪽 높은 산 위에는 인공호수인 호명호수는 15만 평방미터로 백두산 천지를 연상케 한다. 청평은 대성리, 강 촌 등과 함께 경춘선 상의 대표적인 유원지 군락지다. 호명호수는 양수발전을 위해 해발 535m에 조성된 우리나라 최초의 산상 인공 호수라 한다. 호수 주변 은 하늘정원과 조각공원, 전망 데크, 산책로 등도 조성돼 있어 연인들의 데 이트 코스로도 좋을 듯. 순수 양수식 발전소로 용량 40만kw, 청평댐 물을 양 수시켜 480m의 낙차를 이용 발전한다. 이 양수 발전소는 1979년 10월 1호기를 준공.

# 24. 삼성산 시산제(2012.3.10)

일시 : 2012년 3월 10일(토) 10:30 ~ 17:00시
장소 : 삼성산(삼막사 앞 능선), **집결지** : 경인교대 정문(10:30)

**삼성산은** : 1설에 의하면 보통 원효, 의상, 윤필의 세 고승이 신라 문무왕
(677)에 조그마한 암자를 짓고 수도에 전진하던 곳이 삼막사의 기원이며, 아
울러 삼성산의 산명도 이 세 고승을 정화시켜「삼성산(三聖山)」이라 칭했
다는 설이 일반에 널리 알려져 있다 성산은 산막사를 비롯하여 염불암, 망
원암, 안양사, 성주암(서울), 삼성사 등의 사찰이 있으며 임진왜란 때(1592)
병조판서를 다섯 번이나 역임하고 후에 우의정을 지낸 백사 이항복
(1556-1618) 이 생전에 이 산에 올라 읊은 「차유 삼성산 운(次游三聖山韻)」
이란 장시가 있다.

**삼성산 산신께 비나이다**
보통 3월 둘째 주 토요일 삼성산 산신께 비나이다.
솔 내음 자욱한 숲길, 그리고 맑은 날씨는 오늘 시산제의 성공적 진행을 예견
한다. 삼막사 옆 양지바른 언덕에 돗자리를 깔고 준비해간 밤, 대추 그리고
시루떡 웃는 돼지 얼굴로 상을 차리니 훌륭한 젯상이 된다. 이 회장이 준비한
축문 아마 이럴 것이다. 충구인 건강기원, 5월 수원행사, 40주년 행사 성공기
원, 2012년도 무사 산행, 정치 입문 동기 여의도 입성, 부부사랑, 자녀 성공
적 취업, 자녀 결혼기원 등 등 일 것이다 아무리 좋은 연설도 길면 싫증나는
법. 긴 축문을 듣고 있으려니 웅성거린다(배고픔). 원하는 사람들의 잔을 올
리고 3배를 하니 왠지 소원 성취된 느낌. 금강산도 식후경 준비해간 음식 맛
별미다. 자꾸 줄어드는 참가 인원 빼고는 크게 다를 바 없는 시산제, 이번 시
산제는 술, 떡이 남는다.

247

## 25. 양주 불곡산 총동문(2012.4.13)

(불곡산이 맞는지, 불국산이 맞는지 사료는 추후 알림)
지난주 삼악산에서 혼나고 이번 주는 불곡산 산행을 위해 어제부터 목욕재계하고 일찍 잠을 청하고 나니 아침에 조금 개운함. 2호선,4호선,1호선으로 의정부 북부역에 하차. 광장에 나오니 등산복 차림 사람은 많으나 7기 선배 외는 아는 사람 별로 없어 토스트로 허기를 채우고, 충구산악회 깃발을 하나씩 꽃고 나니 동문 산악회가 아니라 충구산악회 같았다. 버스로 백화암 입구에 내리니 의정부 지역 회장 이 동지가 디지털 카메라를 들고 환영하니 더 없이 뿌듯함과 등산로의 보충 설명과 같이 산행을 하지 못한 아쉬움을 뒤로하고 몇 시간 후 다시 만날 것을 약속하고 진달래 만발한 산행이 시작된다.

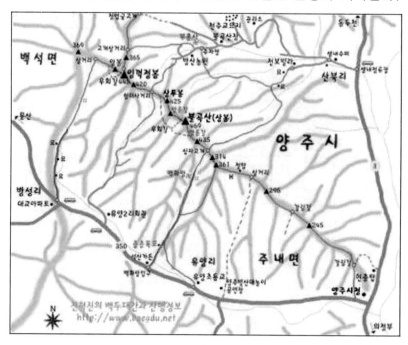

산에 대한 설명은 불곡산 사이트를 클릭하면 설명이 잘 나와 있기에 생략. 단 임꺽정이 탄생한 곳과 주 무대였다는 생각하만 음미하며 오른다. 오늘따라 사진기자 신 동지 유난히도 찍어댄다.
내용인 즉 오늘 고향 동창 체육대회, 저녁엔 매형 칠순 잔치 있는 날이란다. 여우 고개를 오르기 전 사진기자 신복철 동지를 뒤로하고 조금 오르니 로프도 타고, 바위도 타고 진짜 임꺽정이 들어 올린 바위를 밧줄로 오르는데 또 부러움. 특수교육 받은 동지들을 부러워하며 난 땀 뻘뻘. 다행이 어제 낮술 안 했기 망정이지 또 아찔할 뻔 했다.
상봉, 상투봉에서 외쳐본다. "나 임꺽정이다!" 고함 한번 지르고 나니 후련함 돗자리 두 개로 각자 준비 해온 음식을 내 놓고 보니 일미는 강 여보 씨의 베란다 상치가 단연 돋보인다. 김치랑, 장아찌랑, 막걸리랑 주섬주섬 먹고 나니 약간 졸음은 왔지만, 이젠 내리막길. 마지막 뒤풀이 장소에 윤 회장과 의정부 이 지회장이 기다린다. 이렇게 오늘 산행은 마무리 되는데 아픈 다리 절며 찾아온 회장, 의정부에선 아무도 안 왔다.

걱정스런 모습의 이 지회장 끝까지 사진만 찍다간 신 동지 등 그래서 외롭지 않은 산은 참 좋은 곳이다. 마지막엔 유 동지가 시청 구경시켜 준다고 본인 근무지 뒤 맛깔스런 칼국수로 마무리하니 오늘 하루도 포만감 넘친 날이다.

# 26. 예봉산 번개 산행(2012.5.5)

예봉산(683.2m)은 한강을 사이에 두고 마주보는 검단산(동악 숭산)과 함께 한성백제(漢城百濟)의 강역을 수비하던 산이고, 조선조엔 나라 굿인 기우제를 봉행하던 명산이다.

산 이름은 <대동여지도> <청구도> <해동지도> <경기38관도> 등에 보이고, 수많은 묵객들이 당시 예빈산으로 불리기도 했던 산이다.

다산 정약용 선생의 형제들이 이 산을 오르내리며 웅지를 키웠다는 사실은 널리 알려져 있다. 예봉산 북봉에 해당되는 철문봉은 정약용, 장약정, 정약종 형제가 본가인 여유당(주안면 능내리)에서 집 뒤 능선을 따라 이곳까지 와서 학문의 도를 밝혔다 하여 생긴 이름이라 전해진다고.

또 항일의병을 도모했던 몽양 여운형(1885~1947) 선생은 이 산자락 남쪽 끝머리 안동김씨 촌락이었던 봉안 마을에서 주민의 도움을 받으며 견우봉 아래 천연암굴에서 피신하기도 했다. 봉안 마을은 여운형 선생의 비서를 지내며 농촌계몽운동 선구자로서 가나안농군학교를 설립한 김용기 장로의 생가가 있는 곳이기도 하다.

예봉산에 오르는 등산 코스는 9곳이나 있다. 5코스 절벽 코스로 결정 내친김에 운길산까지 가는 코스도 있는데, 체력이 미치지 못하여 예봉산에서 멈춘다. 전철의 개통으로 용산역에서 팔당역까지 주말에는 10분 간격으로 운행되기에 간단한 산행으로 안성맞춤이다.

# 27. 수원화성 어울림 한마당(2012.5.12)

**곳** : 수원화성 정조대왕 동상 앞 광장 행사 후 성곽 답사. 참가 : 127명
**코스** : 화성행궁-팔달문-팔달사(八達寺)-남치-남포루-서남암문(西南暗門)-
서남포사(西南鋪舍)-서장대(西將臺)-서북공심돈(西北空心墩).
화성 성곽규모 5.4km(도보 2시간 / 해설사 해설 시간 포함 / 화성 행궁 관람
제외)
수원성과 화성 : 18세기말(200년 전) 수원부에서 화성부로 바뀜(조선 22대 정
조대왕) 축조 된 후 1백년 사용되다 19세기 말 다시 수원성으로 사용하게 됨.
그 뒤 수원지역의 뜻 있는 인사의 노력으로 1996년 정식으로 '화성'으로 복
원되면서 1997년 '화성'으로 유네스코 세계문화유산에 등록됨으로 화성으로
명하게 됨(지금도 수원에서 길을 물어도 수원성, 화성을 혼동하게 함). 수원
시는 행정구역상 독립했고, 화성은 문화유산에 등재됐고 헷갈릴만하네요. 따
라서 수원시 행정구역 내 있으므로 '수원화성'으로 함이 옳을 듯.

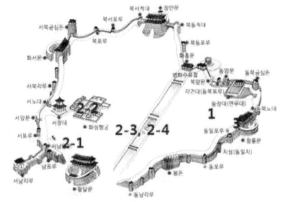

**정조대왕과 사도세자** : 우리나라 역사상 대왕은 광개토대왕, 세종대왕, 그리
고 정조대왕 3분이란 것. 사도세자(장조)의 능을 서울 배봉산에서 화성 화산
(융릉)으로 천장(이장)하고 화성이 탄생 됨. 축성와 정조 화성행차, 화성 축
성은 조선 실학사상의 대가 정약용의 거중기를 활용 정조의 화성 행차 시 마
포나루를 건널 때 지금 군에 사용전술 하나인 부교의 원조였다는 것. 성을 돌
다 보면 대, 루, 문, 치, 돈, 초소 이름이 있고 적, 청, 흑, 황, 백 등 기가
있다. 관람료는 화성관람 : 대인 1,000원(애매함), 행궁 관람 : 1,500원, 화
성열차 : 대인 1,500원

## 역사 탐방

사적 제3호. 수원화성은 1796년에 축성된 읍성의 하나이다. 그러나 다른 지방 읍성들과의 차이점은 정조가 양주에 있던 사도세자의 능인 영우원(永祐園)을 화산(花山: 지금의 화성시 안녕동에 있는 융건릉)으로 옮겨 명칭을 현륭원(顯隆園)으로 고쳤으며, 능행을 위한 행궁을 화성 안에 건축하였다는 점이다.

정조는 1789년(정조 13)에 사도세자의 무덤인 영우원(永祐園)을 수백 년간 수원도호부가 있던 화산(花山)으로 옮겨 현륭원(顯隆園)이라 개명(改名)하고, 수원 도읍을 새 장소인 지금의 팔달산 아래로 옮기도록 하였다. 그리고 수원부로 부르던 고을 명칭을 화성(華城)으로 고쳐 부르도록 하였다. 이때부터 줄곧 수원은 화성이란 이름으로 사용되었으나 1895년 지방 관제개편 과정에서 다시 수원군으로 고쳐 부르게 되었고, 지금은 수원시로 불리고 있다.

수원부를 옮기고 정조 17년(1793)부터 화성 축조가 본격적으로 준비되어 이듬해 정월부터 시작해 2년 반 만인 1796년에 완성을 보게 되었다. 성벽 전체 길이는 당초 정약용이 생각했던 4km보다 늘어난 5.4km 정도이다.

성곽 시설에서도 적대나 누조, 공심돈, 포루 등과 같이 다른 성곽에서는 볼 수 없는 새로운 시설이 많이 도입되었다. 성벽은 돌로 쌓았으며 높이는 지형에 따라 차이가 있으나 4~6m 정도이고 성벽 위에는 1m 정도 높이의 여장을 두고 여장에는 총안을 뚫었다. 성벽은 위로 올라가면서 배가 안으로 들어가는 규형(圭形) 쌓기를 기본으로 했다. 성벽에는 4개의 성문을 두었고 암문 5개를 설치해 통행토록 하였다. 성벽으로 둘러싸인 중앙에는 행궁이 자리 잡았다.

화성이 위치한 지세는 서쪽에 팔달산이 있고, 반대쪽인 동쪽에도 나지막한 구릉이 있으며 이 동서 경사지 사이를 북에서 남으로 개천이 흐르고 주위에 약간의 평지가 펼쳐진다. 화성을 비롯해 우리나라 성은 자연지세를 이용해 불규칙한 형태로 쌓아나가는 것이 특징이다.

성문은 동서남북에 북문, 남쪽이 팔달문, 동서에 청룡문과 화서문이 있다. 남북문은 중층문루로서 도성문루에 버금가는 규모와 형태를 갖고 있다. 암문은 깊숙하고 후미진 곳에 적이 알지 못하는 출입구를 내서 사람이나 가축이 통행하고 양식을 나르는 통로이다. 화성에는 모두 5곳에 설치되어 있으며 대개 벽돌을 많이 사용했고 원여장 등의 특수한 장식적인 모습을 볼 수 있다. 암문에는 보통 건물을 세우지 않지만 서남암문에만 예외적으로 포사를 설치했다.

이외에도 수문 2곳, 적대 4곳, 노대 2곳, 공심돈 3곳, 봉돈 1곳, 치성 8곳, 포루 10곳, 장대 2곳, 각루 4곳, 포사 3곳 등의 시설이 있다.

화성 축성은 정조의 개혁적 정치노선과 당시 실학을 바탕으로 한 합리적 사상 및 자유시장경제체제가 만들어낸 근대적 생산방식에 의한 건축공사였다는 것이 특징이다. 근대건축의 시작의 의미가 있다.

# 28. 현충원에서(2012.6.6)

오늘이 57회째 되는 현충일이다.
1956년 애국선열과 국군장병들의 충절을 추모하기 위해 국가가 정한 공휴일
1년 내내 추모해도 부족할 터. 오늘 하루만이라도 숭고한 정신을 음미해야 할
날. 병원에 환자들을 보고 장례식장에서 운구를 보고 느끼듯 오늘 만이라도
현충원의 비석들을 보고 묵념해야 되지 않나 생각해 본다.

올해도 여전히 현충원 앞은 북새통이다.
매번 느끼지만 6·25 묘역은 올해도 사람이 없다. 젊은 나이에 결혼도 못 했
을 터. 유족이라면 부모님, 친척일 것이다. 부모님 연세를 따지면 8순을 넘었
을 것이고, 형제들도 7순일 것이다. 외롭게 서 있는 비석들을 보면서 살아 있
다는 자신의 고마움을 느낀다.
올해는 작년에 비해 2배 이상 동기들이 참석이다(나중엔 도시락이 부족할 정
도). 동기애의 화합의 장을 마련해준 느낌이다. 멍석을 깔아준 황 회장님을
비롯 김 국장 김 총무 유 대장 동기들의 푸념을 흘러들어선 안 될 시점이다
(너무 고생 많이 했다).
동작대교 아래서 황 회장님이 깔아준 자장면으로 담소와 함께 오늘 마무리다.

# 29. 여름휴가 - 치악산, 강릉, 울진(2012.8.3-5)

곳 : 치악산 강릉 울진 후포항
**가는 방법과 인원** : 차량 2대, 가족 동반 10명
일정 : 치악산 원주숫가마, 포코스 콘도 1박, 강릉 통일공원, 해신당 공원광
람, 후포항 텐트 1박 후포 해수욕장 물장구, 구주령을 넘고, 영주 인견 시장
구경하고 마무리.

삼척 해변 애랑이의 전설을 듣는다.
강원도 삼척에서 울진 방향으로 7번 국도를 타고 내려가면 아담하면서도 예쁜
신남 해변이 눈에 들어온다. 이 해변에는 특별한 사연 하나가 전해져 온다.
바다 가운데에 앉아 있는 귀여운 섬이 하나 있는데, 그 이름이 '애바위'이다.
애와 같이 생긴 데서가 아니라, 애를 태웠다는 바위란다.
도대체 무슨 애를 그리도 태웠을까?
한 어부가 애랑은 바위에 내려놓으면서 잠시 돌김을 따라고 하고. 자신은 다
른 섬에서 고기를 잡겠노라 하면서. 그러나 갑자기 애 바위에 파도와 비가 몰
아치기 시작했고, 목숨은 파도 속으로 잠기고 만다. 사랑하는 그이가 어서 오
라고. 하늘을 원망하며 목청껏 외칠 수밖에 없었다. 애랑아, 애랑아, 애랑아'
신남 해변을 바라보는 목제 남근상들 이 일이 있은 뒤, 마을 사람들은 매년
정월 대보름에 나무로 만든 남근을 당에 바치게 되었다. 음력 시월에도 남근
을 바쳤는데, 특별히 오(午) 날을 택해 제사를 지냈다. 오(午)는 12간지 동물
중에서 성기가 가장 큰 동물인 말을 지칭하는 것이다.
신남 해변에는 이런 슬프면서도 해학적인 전설 하나가 전해져 온다. 신남 마
을의 북쪽 산줄기는 바다 가까이에 작은 언덕 억울하게 죽은 처녀의 원혼을
모신 당집은 아리따운 처녀의 영정이 중앙에 걸려 있고, 그 옆에는 목제 남근
이 새끼줄에 엮어서 굴비처럼 주렁주렁 매달려 있다. 이 당집의 이름이 바로
'해신당'인 것이다. 야외에 설치되어 있는 거대한 목제 남근들이다. 통나무에
남성기를 상징하는 귀두가 선명하게 조각되어 있는 모습은 해학을 안겨준다.
더 재미있는 것은 목제 남근상에 여인의 아리따운 몸매가 새겨져 있는 것이
다. 이 남근 목들은 지난 1998년 삼척시가 개최한 '남근 깎기 대회'에서 엄격
한 심사기준을 통해 선정된 60여 작품이 있다. 이런 해신당 신남 마을의 풍요
와 안녕을 빌고 애랑이의 전설을 뒤로 하고 바닷가 통일공원 쪽으로 발길을
돌린다.

### 강릉 통일공원에서

강원도 해안 중심 도시인 강릉 안인진과 정동진에는 민족대립의 현장이며, 전쟁의 슬픔이 숨어 있는 곳이다. 1950.6·25 북한군이 최초로 남침하여 상륙한 곳이며, 1996.9.18 북한잠수함이 침투하여 온 국민에게 전율을 느끼게 한 곳이다. 6·25전쟁과 9.18 북한잠수함, 무장공비 침투 등의 아픔을 안고 있는 이곳에 평화통일을 염원하면서 국가안보의 중요성을 강조하고 안보의식을 고취하고자 함정전시관과 안보전시관으로 구성된 국내 육, 해, 공 3군의 군사장비와 북한잠수함 등을 한곳에서 볼 수 있는 대규모 전시공원인 강릉 통일염원 공원이다 이어서 정동진 전설을 듣는다.

1990년대 영화나 드라마 촬영지가 관광지로 떠오르는 대표적인 곳이 정동진이다. 1995년 TV에서는 광복 50주년을 기념하는 드라마 <모래시계>가 방영된 적이 있다. 당시 매우 높은 시청률을 기록하여 모래시계의 사회적 현상을 만들어 냈다. 이런 사회적 현상을 반영하여 1999년 강릉시와 삼성전자가 새로운 천년을 기념하며 총 사업비 12억 8천만 원을 들여 설치된 모래시계는 지름 8.06m, 폭 3.2m, 무게 40톤, 모래 무게 8톤으로 규모 면에서 세계 제일이라고 한다. 시계 속의 모래가 아래로 모두 떨어지는 데에는 꼬박 1년이 걸린다. 모래가 다 떨어지면 1월 1일 00:00시를 기해 시계를 돌리고, 시계는 그렇게 또 다시 한 해를 시작한다. 공원의 모래시계는 둥글게 생겼으며 레일 위에 놓여 있다. 둥근 모양은 '시간의 무한성'과 동해에서 떠오르는 '태양'을 상징하고, 평행의 레일은 '영원한 시간의 흐름'을 의미한다고 한다.

일출로 유명한 명소인 정동진은 신년 초 해맞이 행사와 야외에서 무료로 진행되는 영화제는 강릉의 명소로 손색없는 자리를 잡고 있다.

사료만 간직하고 진정한 휴가의 참 맛을 보러 7번국도로 후포항 해수욕장 텐트 치러 차에 오른다.

후포하면 일명 4악당(신, 이, 백, 김 동지)이라 하는 어렸을 적 태어나고 자란 곳이다. 오늘은 이 동지만 참석했는데 대부분이 자랑으로 이어지는 안내를 받고 바닷가 해풍에 견디며 자라온 소나무가 아름다운 모래사장에 텐트를 친다. 오랜만에 치는데, 서툴지만 잠자리 모양을 저녁 준비를 위해 魚시장으로 가 해물들을 구경하고 허기를 참지 못해 등대가 있어 아름다운 부두로 회 한 사라 가지고 간다.

해가 지니 불꽃놀이 축제가 열린다 하니 금상첨화다. 조개들의 옛이야기 주렁주렁 열리고 시원한 바닷바람에 잠을 설친다.

울진군 구주령을 넘으며 무더운 여름을 날려 버린다.

울진군 백암계곡으로 이어지는 88번 국도가 이 구주령 고개를 넘는다. 구주령은 9개의 구슬을 꿰차고 있는 지형이라고 하여 구슬령으로도 불리기도 한다. 이 재를 통해 울진 바다의 해산물과 영양의 농산물을 장사꾼들의 지게에 의해 운반되었다고 한다. 민초들의 고단한 삶과 얼룩진 한도 지게에 담았으리라 고갯마루에서 밑을 내려다보면 수직의 절벽이 아래로 뻗어 있어 다리가 후들거릴 정도이지만, 뒤로 보이는 산들 저 멀리 울진 방면의 풍광을 보고 있자니 시원한 한 줄기 바람이 무더운 여름을 날려 버린다.

구주령은 사진 찍기 좋은 명소로 잘 알려져 있다.

# 30. 청량산 산행(2012.10.13)

**집결지 및 이동** : 사당역 5번 출구 앞, 부부동반, 버스로 이동

**코스** : 선학정 - 청량사 - 하늘다리(3.7) - 장인봉(0.9) - 하늘폭포(3.1.km)

모처럼 산행이다.

새벽부터 잠 설치고 사당역 5번 출구 도착하니 낯설은 님, 그리고 다시 봐도 보고 싶은 님들, 모처럼 보는 얼굴들 수인사 나누고 고속버스 좌석에 몸을 기댄다.

청량산은 작년 총 동문 산행 때 한 번 탐방 했던 산이다. 아직 단풍은 절정은 아니지만 심산계곡은 변함없이 맑고 시원스럽다. 산은 내 육신이 되고 구름은 내 마음 되어 흘러가니 옛 생각이 절로 난다. 산에 오르기도 힘들지만 산 아래 더 힘들어 보인다. 하늘다리 근처 능선에 자리를 잡고 앉으니 내가 부처가 아닌가 싶도록 숙연해진다. 강둑에 앉아서 강물의 빠르기를 알 수 없듯이 산 위에 앉으니 산심 또한 알 수가 없다.

### 청량산과 청량사는?

청량산은 면적이 작다는 이유로 도립공원으로 지정되었고 높이 해발 870m(장인봉), 면적 49km² 로 북한산 국립고원의 절반 정도이고 청량사 주위로 9개의 봉우리와 바깥쪽 3개 봉우리를 합해 12개 봉을 사람들은 6.6봉이라 부르고 무수한 기암 암봉들이 경관을 이룬다. 또한 옆으로 낙동강 줄기인 민물고기 백화점이라 부르는 명호강이 흐르니 풍수학상 요지로 보인다.

고려 공민왕 때 홍건적의 난을 피해 들어온 적 있고, 법당 유리보전의 현판글씨로 흔적을 남겼다. 신라 문무왕 때(663년) 원효대사가 연대란 절을 세웠고, 27개나 되는 사암이 청량산에 있었다 한다. 기존의 경치만으로도 청량산은 충분한데, 봉화군은 선학봉 ~ 자란봉 간에 구름다리인 '하늘다리(길이 90m, 높이 70m, 폭 1.2m)를 가설한 뒤 관광객이 두 배 이상 늘었다고 한다.

명소만큼이나 건너기 전, 건너면서, 건너고 나서 기념사진 찍기에 여념이 없

다. 또한 퇴계 이황이 공부한 자리에 후학들이 세운 청량정사가 있고, 신라시대 서예가 김생이 공부한 김생굴, 대문장가 최치원이 수도한 풍혈대와 공민왕

이 홍건적의 난을 피해와 쌓았다는 산성, 2007년 청량사 주변지역 일부가 국가지정 문화재 명승 23호로 지정된 곳이다. 청량정사 옆에 있는 산꾼의 집에선 지나는 이들에게 무료 차 보시를 즐기는 이대실 씨가 상주하고 있다.

## 유리보전 앞 삼지송 이야기

청량사에는 뿔이 셋 달린 소 이야기가 전해진다. 청량사 유리보전 오른쪽에는 뿔 모양으로 갈라진 세 가지를 드리운 늙은 소나무가 있다. 전해오는 바 원효대사가 청량사 창건에 진력을 다할 때 하루는 사하촌에 내려갔다. 마침 뿔이 셋 달린 소와 논을 갈던 농부를 만났고, 소는 당최 농부의 말을 듣지 않고 제멋대로였다. 스님은 농부에게 소를 시주할 것을 권유, 소는 여러 가지 물건들을 밤낮없이 운반해 청량사 창건에 힘을 쏟았다. 그러다 회향 하루 전 소는 생을 마쳤는데 '지장보살'의 화신이었다. 이후 스님이 소를 묻은 곳에서 가지가 셋인 소나무가 자랐다고 한다. 후대 사람들은 이 소나무를 '삼각우송' 이 소의 무덤을 '삼각우총'이라 불렀다.

평택 심복사 역시 소가 등장한다. 파주 문산포에 사는 천문을이라는 어부는 바다에서 건진 불상을 봉안할 도량 걱정에 잠을 못 이뤘다. 꿈에 나타난 부처님의 말씀대로 바닷가에 홀연히 나타난 검은 소 세 마리와 불사를 마쳤다. 절과 500m 떨어진 곳에 소의 무덤이 있고, 매년 정월 초삼일이면 천 노인을 기리는 예불을 드린다고 한다.

259

## 대중교통으로 가는 길

교통 구의동 동서울 시외버스터미널에서 봉화행 버스 하루(07:40~18:10) 7회 운행. 2시간 40분 소요.

봉화 시외버스정류장(054-673-4400)에서 청량산행 버스 1일 4회(06:20, 09:20, 13:30, 17:40) 출발.

# 31. 비 오는 날 동막골(2012.10.26)

임진각, 문산, 철원 포천을 구간구간 걷는 길 코스로 이미 낯설지 않은 지역이다. 어쩌면 그리 일기 예보가 정확한지?
조금의 오보를 기대하고 조퇴하고 동막골 가는 길은 어둠이 내리는 금요일 저녁 단출한 두 식구 여장을 풀고 준비해간 먹거리로 여장을 풀고 준비해 간 먹거리로 지지고 복고를 하여 막걸리로 내일을 위해 실컷 먹고 나니 청정 심산계곡에 적막함과 고요 속에 스스럼없이 잠에 빠지고 까마귀 울음소리에 새벽을 여니 때 아닌 장마 같은 가을비가 하염없다. 오늘 트레킹은 절단났다.
할 수 없이 동막골 맑은 공기를 버릴 수 없이 우산 속 단풍나무 사이로 걷는다. 심산계곡에 맑은 물소리와 함께 한 권의 풍경화 잡지를 보는 듯 빠져들고 또 하나의 휴식의 별미를 느끼며 점심시간을 맞는다.

준비해 간 마지막 음식을 소화하고 할 수 없이 차량 트레킹이다.
황포돛배, 화석정을 둘러보고 통일동산 영어마을까지 체험. 메밀을 전문으로 한 오두산 막국수까지 맛보고 종환이 집에 이르니 거제도 아들놈이 보내온 하모 택배를 엘리베이터에서 만나니 오늘은 먹을 복이 있는 날이구나. 그러니까 이번 트레킹은 한우, 메밀 막국수 거제도 산 하모(육군과 해군을 섭렵하는 날) 이모든 선택을 하게 해준 진 샌님에게 미안한 마음이 든다.
다음에는 내가 한번 기획 잡을 것을 마음에 두고 하루를 잠재운다.

# 32. 김유정역 금병산 번개 산행(2013.1.27)

**산행지** : 금병산 652m 강원도 춘천시
**가는 길** : 경춘선 김유정역 집결

금병산 652m 강원도 춘천시 신동면 김유정역.
김유정이 태어난 곳이기도 한 실레마을이란 '떡시루 같다'는 뜻으로, 한자로 표기하면 시루 증(甑) 자를 넣어 증리라 한다. 앞으로는 삼악산이 수묵화를 그려 놓고 뒤로 금병산이 병풍을 둘러치는 작은 분지다. 김유정역은 원래 신남역으로 불리어왔고 춘천 문인들의 노력으로 작년 김유정역으로 바뀌었다. 역사도 신축 김유정역을 나와 우측 시골 막국수 집을 지나 바로 금병산 산행

이 시작되는 것이다

오늘 산행은 일기예보의 영하 17도의 예상을 깨고 정만 포근한 날씨로 눈 산행이 될 것 같다. 갑자기 제왕산, 선자령, 함백산, 태백산 눈꽃 산행의 축소판이 되는 듯함. 오르는 계곡 능선 잣나무 숲마다 수북이 쌓여 있는 눈으로 눈만 보고 오르니 금병산 정상이다. 정상에 오니 50㎝ 눈 위에 벌써 산 꾼들이 점령해 버렸고 선발 윤 대장과 산꾼 김 동지가 터를 잡고 오뎅과 라면을 준비해놓고 영역 표시를 해 도착하니 따뜻한 국물 그 맛을 무엇으로 대처 할 수 있을까?
금병산 정상 전망대에서 멀리 향로봉, 좌측으로 삼악산, 분지처럼 춘천 시내가 한눈에 보인다. 금병산 인증샷 한 컷 하려는데 외주 사진사 거꾸로 찰칵으로 사진을 망쳤다고 이 회장 아쉬워한다.
내리는 길은 가파른 능선에 쌓인 눈 때문에 자연스레 썰매를 타게 된다(제왕산 하산 분위기). 중간 깔딱에서 산행 대장의 마지막 막걸리 한 잔으로 추위를 덜고 동백꽃 길 계곡을 따라 김유정 문학관에 이르니 춘천 유 동지가 차를 대기 닭갈비집으로 안내하니 오늘 눈 산행이 마무리 된 셈이다. 오늘 산행은 근래 경험하기 어려운 잣나무와 눈, 그 이상 다른 얘기가 필요 없는 아름다운 산행이라 모두 평. 춘천 닭갈비집 주인장 춘천역으로 이동 중 차 속에서 하는 말 모든 재료 국산, 미료 절대 금지라는 부연 설명.
18시쯤에 아쉬운 춘천을 뒤로하고 상봉행 차에 오름.

# 33. 춘천권 일대 둘러보기(2014.9.27)

경기 두물머리, 강원 도립 화목원, 소양댐, 김유정 문학촌, 강촌레일바이크
참 가 : 부부동반 총 52명

### 양평 두물머리 산책
북한강과 남한강이 만나는 경기도 양평 두물머리는 오래전 나루터로 번창했던
곳. 경기도 양수리의 우리말 이름이다. 금강산에서 발원한 북한강과 강원도
금대봉 기슭 검룡소에서 시작한 남한강이 만나는 곳, 그리고는 수도권 2,500
만 시민의 젖줄 한강으로 흘러 들어온다. 이른 아침 물안개와 노을을 붉게 물
들게 하는 풍광 400년 된 느티나무는 한 폭의 멋진 그림이다.
그래서 이곳은 각종 영화나 CF, 드라마 등의 촬영 명소로 한국 관광 100선에
선정되었다. 주변엔 물을 보면 마음을 씻고 꽃을 보며 마음을 아름답게 하라
는 세미원이 분위기를 돋운다.

### 양평 물소리길
제주 올레길 창시자에 용역으로 양수에서 국수역까지 이어지는 1코스(13.8㎞)
국수역에서 양평시장에 이르는 2코스(16.4㎞)는 둘레길의 모범적 코스로 추천
한다. 더불어 중앙선 폐철도 구간을 남한강 자전거길은 자전거 레포츠 동호인
들에 각광 받는 코스(자전거 대여 가능 : 양수역 1번 출구). 강원 도립 화목
원 관람(입장료 있음: 어른 1,000원) 구역면적 : 120,476㎡, 개원일 1999년
5월20일) 보유식물 : 1,804종류 85천여 본(초본 1,009/ 목본 658 / 선인장류
137)산림 유전자원인 희귀 특산물 수집, 분석, 보존 등 한눈에 볼 수 있는 관
광 코스로 말로 설명할 수 없는 아름다운 화목원으로 지자체의 수입원으로 한
몫하고 있다.

## 김유정 문학촌 들러보기

김유정이 태어난 곳 이 기도한 실레 마을이란 '떡시루 같다'는 뜻으로, 한자로 표기하면 시루 증(甑) 자를 넣어 증리라 한다. 앞으로는 삼악산이 수묵화를 그려 놓고 뒤로 금병산이 병풍을 둘러치는 작은 분지다. 김유역은 원래 신남역으로 불리어왔고 춘천 문인들의 노력으로 작년 김유정 역으로 바뀌었고 역사도 신축 김유정은 한국 근대 소설사에 큰 업적을 남기신 분으로 1908년 1월11일 춘성군 신남면 실레 마을에서 태어나 1937년 3월29일 29세 나이에 지병으로 세상을 떠남. 작품으로 <봄봄>, <동맥꽃>, <소낙비>, <산골 나그네>, <노다지>, <꿈 따는 콩밭>, <개벽> 등등으로 미루어 볼 때 식민지 시대의 빈농의 궁핍한 실상을 파헤치려는 작가의 의도를 엿볼 수 있다.

## 강촌 / 김유정역 레일바이크 여행

레일 바이크는 예약이 필수(김유정역 ~ 강촌역)

4인용 레일바이크(35,000원), 2인용 레일바이크(25,000원)를 예약할 수 있다. 1시간 10분 소요. 남녀노소 누구나 쉽게 즐길 수 있고 터널을 지날 때는 싸이의 <강남스타일>로, 강가를 지날 때는 조용필에 <바운스> 노래로 흥을 돋운다. 마지막으로 동심으로 돌아가게 해준 열아홉회 임원님들, 특히 처음부터 끝까지 가이드 역할 해주신 춘천지회 유 동지, 박 동지, 서 동지님께 감사의 마음 전하고 싶다. 그리고 멀리서 온 마, 창, 진 김 동지, 천안에 터줏대감 윤 동지, 대전 곽 동지들도 고마움을 전한다.

제5장.
마음의 길

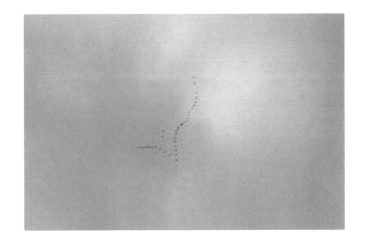

# 1. 가끔 첫차나 막차를 한번 타 보자(2006.5.10)

바쁜 일상에 휘말리지 말고
가끔은 첫차를 타보자
첫차는
달리는 차 안에서는 나만의 명상 시간이다
지친 군상들과 충돌하지 않아 좋고
생동감 넘치는 모습을 보고 힘이 생기고
지친 모습을 보고 애잔한 마음을 가질 수 있다
사오정을 생각하고 오륙도의 의미도 생각하며
오늘도 건강한 하루를 잠시 기원할 수 있어 좋다
막차는
무엇인지 모르는 일상에 찌든 모습을 잊어버리고
오늘을 조용히 정리할 수 있는 시간을 준다
벌써 12시다, 벌써 내일이다

## 2. 제자리에 있는 아름다운 모습(2006.6.20)

어제 저녁엔 손톱깎이가 제자리에 없어
아들놈에게 화를 냈습니다.
저녁 밥상에 젓가락이 짝짝이여서
여보에게 화를 냈습니다.
아침에는 신발이 뒤죽박죽이어서
딸에게 화를 냈습니다.
집에서 하루 종일 화를 낸 셈입니다.

제자리에 있었으면
그렇지 않을 수도 있었습니다.
지하철을 타는데 핸폰을 놓고 와
사무실까지 오면서 후회를 했습니다.
사무실 앞에서 열쇠가 없어
직원이 출근할 때까지 후회를 했습니다.
그런데 아무도 알아주지 않았습니다.
회사에서 하루 종일 후회를 한 셈입니다
제자리에 있었으면 하고
아무리 후회해도 소용이 없었습니다.
제자리에 있는 아름다운 모습을 생각했습니다.

## 3. 달을 가리키면 달을 봐야지 손가락 끝은 왜 보고 있나(2006.7.26)

15년 전 모 출판사에서 출간한 책 제목이다
불전에서 부처님보고 소원 비는 게 아니라
불상 앞에 있는 보시 돈에만 눈길을 주는 불자를 빗댐
오늘도 한 번쯤은 생판 부지의 사람들과 함께 엘리베이터를 타고
지하철도 탄다(대부분 사람)
엘리베이터에서는 예쁜 안내원이 있는 곳에서조차
층수 확인 램프 쪽으로 시선이 간 까닭은 왜일까
좁은 공간에서 대부분 다른 사람과 눈을 마주치고 싶어 하지 않는다
말하자면 달리 시선을 둘 데가 없어서 각 층을 알리는 점 등 램프만
보고 있는 것이다(1층을 내려가는 데도)
이때 "안녕 하세요"라는 공통어는 왜 안 나올까?
지하철 안에서는 천정 벽에 붙어 있는 광고를 보는 것도 같은 이유일 것이다
콩나물시루 같은 지하철 안에서 옆자리 여자 얼굴을 슬금 쳐다보다
치한으로 오해 받을 수도 있을 것이고, 별 예쁘지 않은 남자와 마주쳐
시비가 붙을지도 모른다
엘리베이터 층을 알리는 모니터나, 지하철 광고는 시선을 둘 데 없는
사람들 고민을 해결해주는 그 사람들의 지책인가
오늘 아침 출근길 전철 안에서
달과 손가락 끝을 생각해본다.

# 4. 열대야에 잠 설치고(2006.8.10)

열대야에 잠 설치고 이른 아침
매미도 요란스레 울어 댄다
매미도 열대야에 잠 설친 모양이다
새벽 전철 역시 무덥다
오륙도, 육이오 세대가 90%다
첫 차인데 자리가 없다
모두가 조그마한 배낭을 메고 있다
이 모습이 우리 시대, 우리 세대가
가고 있는 모습이 아닌가 한다.
우리 오륙도, 육이오 세대가
100% 전력투구를 위해 산업 현장을
찾아가고 있는 진정한 모습이며 흐름이다
사무실에 오니 컴퓨터도 열대야를 벗어나지 못 한다
오늘은 열대야와 친구가 되기로 결심했다
내가 열대야가 되는 것이다
조폭이 두려우면 조폭과 친구가 되라는 말처럼
점심때는 열을 맞이하려 아스팔트 위를
2km쯤 걸어 보려 한다. 열대야야 기다려라

# 5. 지금도 뛰어가는 님들께(2009.9.16)

오늘도 걸으면서 왜 걷는가?
육 해 공 교통수단이 넉넉하지 않았던 시절이나
초고속  교통수단이 넉넉한 요즘이나
걷기란 언제나 우리 곁에 늘 함께 있어 온 삶이다
아직도 길들여지지 않은 물음표를 않고 밖을 나선다.

걷기는 건강에 좋다
그래서 단순히 걷기란 이동 수단을 넘어서
몸이 건강해지고 몸이 건강하니 마음이 편안하고
언제부턴가 모든 의학적 유사어를 총 동원하여 걷기를 권장하고 있다
언제부터 인가 지자체에서 둘레길, 올레길 만드는 붐이 일고 있다
전 국토가 둘레길화되어 가고 있다
그 길 위에서
조급하고 위급한 삶의 고통과 시름의 짐을 길 위에 놓고
앞서간 사람의 발자국, 옆 사람 발자국, 뒤 사람 발자국도 보며
다른 사람들이 달려간다고 달리지 말고 천천히 걸어보자
그래도 힘들면 잠시 쉬면서 숲 사이 맑은 하늘, 구름도 보며
달려만 왔고 뛰어만 온 님이여
또 다른 여유로움과 풍요로움을 길 위에서 찾아보자

# 6. 이른 아침 전철 풍경(2006.12.7)

아주머니는 한 손에 김밥을
아가씨는 한 손에 햄버거를
둘 다 똑같이 다른 한 손에 핸드폰을 들고
삶의 현장으로 향하는 지하철 안의 모습이다
간식 먹기를 마친 두 분
한 분은 집 아들에게
냉장고 속 밥 챙겨먹고 학교 잘 다녀와라
한 분은 응 아직 대림역이야 하며 통화하는 모습
그 다음은
한 분은 쏟아지는 졸음을 못 이겨 졸기 시작하고
다른 한 분은 가방 속에 거울과 기초 화장품을 꺼내
칠하고 닦기를 계속 한다
이른 아침 전철 현장은 생기가 넘친다

# 7. 어제는 장기근속 10년 거북 금 한 냥(2006.12.16)

어제는
장기근속 10년이라고 금 거북 한 냥을 받았다
사장님, 직원들, 거래처, 그리고 울 마눌
모두에게 고맙다
군 생활 18년 사회생활 18년째
총 36년을 남이 주는 돈으로 생활해 온 샘이다
무던히도 잘 견뎌 왔다
앞으로도 잘 견뎌 내야 할 텐데
그동안의 군상이 뇌리를 스친다.
조금은 의미 있는 날이었다

# 8. 마포나루에서(2006.12.20)

오늘 마포 터줏대감 절친 친구의 제안으로
조그마한 카페에 술자리를 마련했다
나는 마포나루 새우젓 창고 문지기로 참석한 샘이다
이번이 세 번째인 마포나루에서 모임이다
모두 밝은 모습이다
이제는 전우가 아니라 사회인으로 자리를 잡아가고 있는
모습들 모두가 듬직해 보인다
그동안의 1년을 회고하며 허심탄회하게 털어 놓는다
살아온 이야기, 그리고 살아갈 얘기들 모두가 긍정의 희망이다
옛날 같지 않아 술을 절제하는 모습들이다


마포나루는 지금은 한강을 비롯하여 전국의 크고 작은 강이나 하천에는 수많
은 다리들이 놓여 있어 교통이 편리해 졌지만 예전의 해상교통은 강을 오르내
리는 나룻배나 돛단배 같은 배에 전적으로 의존 할 수밖에 없었다.
1900년 이전 조선조 황포돛배와 같이(요즈음에는 찾아보기 힘듦) 수많은 배들
이 길손이나 장사꾼, 농부 등의 사람을 비롯하여 소, 말과 같은 온갖 가축이
나 땔감, 거름, 농산물들을 실어 날랐다.
한강의 대표적인 큰 나루터인 마포나루는 서울의 관문이며 내륙항의 요충지로
삼남지방(충청, 경상, 전라)에서 올라오는 곡물이나 소금, 젓갈류를 비롯한
해산물을 이곳에 풀었다. 한강 상류지방의 목재나 화목을 뗏목으로 만들어 집
합시킨 곳으로 항상 사람과 물자의 이동이 대규모로 이루어진 유명한 나루터
였다. 한강변에는 마포대교·양화대교·성산대교가 놓여 있으며, 신촌 로터리
에서 이어지는 서강대교가 있다. 지하철 2호선이 당산철교를 지나 남북으로
지나며, 5호선이 마포대교 밑으로, 지하철 6호선이 마포구의 중심을 동서로
관통한다. 종합대학으로 신수동에 서강대학교, 상수동에 홍익대학교가 있다.

## 9. 싸움꾼 이 남자(2007.1.22)

승자와 패자를 논쟁하자는 것이 아니다
격차는 옛날부터 지금까지 변함없이 존재하고 있던 것이다.
분명한 것은 승자와 패자로 사람들의 삶이 나누어지고 있다는 것
이기고 지는 데에도 순서가 있을 것이다,
"승부란 것은 떳떳하게 이기면 그보다 좋은 것은 없지만
그렇지 못할 바에야 오히려 떳떳하게 지는 편이 좋다.
이기고 지는 것에 순서를 매긴다면
첫째가 떳떳하게 이기는 것,
다음이 떳떳하게 지는 것,
비겁하게 지는 것도 한심한 일이지만,
가장 나쁜 것이 비겁하게 이기는 것이다.
지금 무슨 소리를 하는지 모르겠다.
이제는 승자 패자가 없다 러브 건배다
동향 지인들과 서해안 해변 횟집 환갑 환영장에서

# 10. 나의 직함은 상무다(2007.3.17)

나의 다른 이름은 정 상무, 만성이 형, 성, 만사마, 만성 씨, 정 야근, 작은 아버님, 삼촌 직장생활 17년 동안에 붙여진 또 다른 나의 호칭들이다.

아들, 딸 뻘인 직원들과 직장에서 17년을 생활해 온 것이다.

중요한 것은 전혀 불편이 없었다는 것과, 앞으로도 그럴 것이다.

출판사의 특성상 아름다운 아가씨들이 많은 꽃밭에서 생활해 온 것이다.

같은 사무실에서 근무하는 직원 중 꼭 딸, 아들 연령인 직원도 있다.

그럴 때마다 우리 애들은 이제 학생인데 하며 비교도 해보고

아들, 딸 얘기도 해주는 시간들이 꽤 많은 편이기도 하다 .

사무실에 처음 방문하거나 면접 보러 온 사람들은 내가 사장인줄 알고 인사를 할 때는 민망하기도 할 때가 한두 번이 아니다.

그럴 때 마다 꼭 사장님께 모시고 가 정확한 명함을 교환해주며 확인을 시켜 주기도 한다. 그러다 보니 군 생활 18년은 차치하더라도, 사회 17년이 늙은 구렁이로 변해 버렸고, 산과 들에서 별난 전투도 많이 해 본 것이다.

오늘 아침 모 조간신문에 35세에 고시공부를 포기하고 13대 1의 경쟁력을 뚫고 회사에 입사한 기사를 보니 지난날을 주마등으로 상념해본다.

# 11.지친 모습이 아름답다(2007.5.10)

일교차가 심한 이른 아침 전철 안
지쳐 있는 중년 이상 노인들로 복잡하다
어쩌다 늦은 자정쯤 전철 안 역시 지쳐 있는 노인네들이 많다
그 모습들을 하나씩 그림을 그려 본다
태어났는지부터
유치원, 초등학교, 중 고등학교, 그리고 대학교
조직의 울타리에서 살아남기 전쟁 치르고
결혼하고 자식 낳고, 결혼도 시키고 집도 마련하고 부모님도 모시고
그러다 유난히 짧아진 정년퇴직의 巨石이 그 얼굴들에 그려지고
그리고 그 옆에는 동생 때문에 결혼도 못한, 회사 부도로 망가진
보증 잘못 서서 교통사고로 그리고 이제는 자식에게도 기댈 수 없는
그런 그림도 보이지만 그래도 그런 지친 모습이 남 이야기 같지 않음은
동병상련이던가.

# 12. 누구나 다 아는 이야기(2007.6.29)

모두가 다 알고 있는 이야기다
말기 암으로
곧 죽는다고 진단을 받은 사람이
그는 죽게 되면
가지고 있는 재산이 소용없음을 알게 되었고
자기가 잘못한 사람에게 재산의 일부를 뚝 떼어주고
도움을 받은 사람에게 뚝 떼어주고
가르침을 받은 사람에게 뚝 떼어주고
그렇게 재산을 나누어 줄 때마다
그의 마음은 즐거웠습니다.
즐거운 마음으로 그는 모든 재산을 나누어 주었습니다
그리고 그는 죽기를 기다렸습니다.
그런데 웬일인지 아무리 기다려도 죽지를 않는다는 것입니다
큰일입니다 안 죽어서 돈도 없는데,
어느 병원 영안실 앞에서 저녁 늦게 중얼거림

## 13. 산은 구름을 탓 하지 않는다 - 북알프스에서(2007.7.8)

"산은 날 보고 산 같이 살라 하고
물은 날보고 말없이 물처럼 살라하네.
하는 말이 있다.
산은 거기 우뚝 서 있으면서도 쉰다.
물은 부지런히 흐르고 있으면서도 쉰다.
뚜벅뚜벅 걸어가면서도 마음 놓고 가는 이는 쉬어가는 사람이다.
쉼이란 놓음이다.
마음을 대상(對象)으로부터 해방시키고 관념(觀念)의 울타리에서 벗어나게
하는 고로 쉼에는 어떤 대상이 없다.
고정된 생각이 없고 고정된 모양이 없다.
다만 흐름이 있을 뿐이다. 대상과 하나 되는 흐름
저 물 같은 흐름과 구름 같은 흐름이 있을 뿐이다.
산은 구름을 탓하지 않고, 구름도 산을 탓하지 않는다.
물이 굴곡을 탓하지 않는 것과 같은 그것이 곧 긍정이다.
시비(是非)가 끊어진 자리 마음으로 탓할 게 없고 마음으로
낯을 가릴 게 없는 그런 자리가 쉼이다.
자유(自由)와 해방(解放)
누구나 내 것이기를 바라고 원하는 것 그 길은 쉼에 있다
물들지 않고 매달리지 않는 쉼에 있다.
뒷산에 올라 그런 마음으로 좀 쉬어가고 싶다
모처럼 고산(高山) 오르니 무념무상의 생각들이다
일본 북알프스를 등정하면서

## 14. 똥오줌 비우듯 시원스레 - 용문사에서(2007.7.18)

똥오줌 비우듯 시원스레 세월아 가는 거니 오는 거니
여한 없이 살고파도 여한이 남는다.
잘되면 뭐 하니 하다가, 그래도 잘 되어야지
다이아 반지 가지면 뭐하니 그림에 떡인 것을
세상이 돌아가야 거기서 나도 돌고 우리 마음도 돌고
돈도 돌고 그래야 사는 거야
일할 맛나야  살맛도 나는 거야 똥오줌 비우듯
시원스레 마음 조금 비우고 그래 우리 손잡고 잔 한 번 들고
함께 부딪쳐 보는 거야
이게 우리고
이게 우리가 사는 모습이야

# 15. 나도 이제부터 느긋하게 걷고 싶다(2007.7.24)

돌이켜보면 참 무던히도 걸어온 우리가 아닌가?

초, 중학교 시절에도 걸었고, 군 생활에서는 걷는 것도 부족해 뛰었고
모두가 걸어 온 것인지 걸어 간 것이지 이때 걷기의 의미는 따로 없다.
그냥 걸어야 하기 때문 이었다.

그런데 어느 순간부터 걷고 싶어도 걷기 힘든 시절이 되어 버렸고 사무실
의자에 앉아 늘어난 뱃살을 걱정하는 상황이 오고 그 상황이 안타까워 걷기는
한데 한 걸음도 전진이 없는 쳇바퀴 위에서 걷고 있는 것이다.

헬스장 런닝 머신 이야기다. 그런데 이제는 걷는 모양새를 달리 해야겠다.

과소유의 습성을 버리지 못하는 어리석은 나를 깨우치기 위해서 배낭을 메고
과소유의 부작용을 체험 할 수밖에 없다. 자신의 테두리 안에 얼마나 많은 것
을 사다 나르고 평판과 외모와 지위, 지식에 얽매여 살아왔는가. 그것들을 소
유하고 유지하는데 엄청난 시간과 열정을 들이고 혹시나 쌓아 올린 것들이 부
서지지 않을까, 무너지지 않을까, 노심초사하며 평생을 살아오지는 안 했는
지. 이러한 삶에서 벗어나 한 번만이라도 자신을 되돌아 볼 필요가 있다고 생
각이 들기 때문이다. 나는 가볍게 다닌다는 것이 단지 짐의 양의 문제가 아니
라, 그 짐 때문에 우리가 일상생활의 정말로 중요한 일에서부터 멀어지는 일
은 없었는지를 생각도 해보고, 그것 때문에 스트레스를 가중시키는 일은 없었
는지? 쓸데없이 얼마나 많은 짐을 가지고 나는 인생길을 걷고 있는지? 잡다한
것들을 과감하게 털어내지 못하고 끌고 가고 있지는 않은가?

수없이 많은 짐을 지고 있어도 결국 빈손으로 떠나야 한다는 변하지 않는 진
리를 느긋하게 걸으며 음미할 참이다.

"기름기부터 빼고 가벼워 질 때까지 느긋하게"

이제껏 우리는 멀리 왔고 아직도 먼 길이 우리 앞에 남아 있다. 에드워드
셀러 어느 노 수녀의 <느긋하게 걸어라> 이야기를 듣고.

# 16. 사서함 1-1000호 수감자 이야기(2007.8.3)

출판사에 근무하다보면 가끔 찾아오는 사연들이 있다
많은 사연을 앉고 복역 중인 어느 수감자의 사연이다
사서함의 우편물은 거의 이렇다
이번 사서함 1-1000호는 다섯 장의 장문의 사연과 함께
여느 사서함처럼 증정용 도서를 보내달라는 애절함이다
그 장문 중 일부를 소개하면 이렇다
아침이면 어김없이 찾아 온 아침 햇살
어떤 이유로도 정당화 될 수 없는 돌이킬 수 없는
지난날의 범죄에 대한 뉘우침
그 죄악의 굴레는 15척 담장의 굴레의 영어의 몸이 되었다
지금까지 살아온 삶을 담아 놓은 필름이 있다면
처음부터 틀어놓고 재편집하여 볼 수 있으면 좋겠다
마음에 얼룩진 때는 바위에 남아 있는 글처럼 뚜렷이
남아 있어 괴롭습니다.
지금에 와서는 5년이라는 형벌의 기간 채움이 아니라
기간 채움으로 자신의 죄가 없어진다고 생각하지 않는다
이제는 존경하는 사장님(선생님)이다
양서로 인한 깨우침의 고해성사다
책을 통한 미래의 정신적 토양이 될 수 있는 뉘우침
성심성의를 갖고 거짓 없는 삶과 과거를 잊고
내일을 위해 발전된 모습으로 살아 가겠다고 한다
증정도서 보내 한 권 보내줘야겠다

## 17. 왜 혼자냐고요?(2007.8.10)

왜 간병하는 가족이 없냐고요?
홀로 병실에 누워 있으니 묻는다.
아내는요?
학교에 갔습니다.
자제 분들은?
없습니다, 하고 거짓말을 그러자
왜요 하고 자꾸 대든다
그래서 지금 외국 유학 중입니다
소자화(小子化), 핵가족화, 고령화가 빠르게 진행되고 있는
머지않은 장래를 생각해보니 스스로 가치관을 바꾸려 하지 않는
미래가 두렵다.
이제부터 홀로 서기를 해야 한다고요?
배낭여행 홀로서기 수험준비 홀로서기
주식투자 홀로서기 독신자 홀로서기
기업 홀로서기 득도한 노스님의 홀로서기
무량수전 배흘림기둥 홀로서기 그런 차원이 아니다
어딘가에 있을 다른 홀로 그 다른 홀로를 찾기 어려워
홀로서기 연습해야 한다고요
불암산을 혼자 오르다 문득

# 18. 나의 세 친구는(2007.8.29)

나의 세 친구는 꽃, 저울, 그리고 산
꽃 친구는 지고 나면 돌아보지 않고 그래서 꽃이 다시 필 때까지 인내가 필요
하고, 저울 친구는 손익계산서를 들고 있다
이익 날 때까지 기다림이 필요하고 그런데 산 친구는 생각만 해도 마음 든든
하고 한결같아 변하지 않는다, 숲이 있는 산도 그렇고
돌산도 그렇고 눈 덮인 산도 그렇다
같이 있으면 편안하다
그래서 산과 함께 지란지교를 꿈꾸지만 그런데 그게 마음먹은 대로 될까?


道는 사람을 멀리하지 않으나 사람이 도를 멀리하고
山은 인간사에 혜택을 주려고 하나
사람이 산을 찾지 않는구나.
                    - 최치원 시 한 줄

# 19. 한가위 명절 오고 가는 소리(2007.9.20)

### 한가위 오는 소리

어제 오전에는 거래처 0상무가 배 2박스 오후에는 0전무가 가시오피, 복분자, 종합세트 또 오후에는 o사장이 한우 1세트, 저녁쯤에는 o전무가 한과 1세트 오늘 아침에는 o사장이 굴비 1세트, 점심때는 또 배 1박스가 들어온다.

그래서 모두 뜯어 펼치니 진수성찬 차례상이다. 그래 십시일반 모두에게 공동 분배다. 웬 선물이냐고요?

거래처 사장님들께서 그동안의 고마움 표시이며 앞으로 잘 봐 달라는 성의 표시겠지요. 아마 뇌물 성격도 물론 포함 됐음이다.

가뜩이나 힘든 요즘 받아도 되는지 모르겠다. 법원, 경찰, 검찰이 오면 주는 사람, 받은 사람 모두에게 영장 청구할까 고민되고 걱정스럽다

받은 내가 죄 값은 치르겠다. 한가위 명절 오는 소리에 잠시 넋이 나갔나 보다. 내일 모레면 보름달 뜨고 기러기 날겠지

### 한가위 중추절 가는 소리

아버님, 어머님 건강하세요. 자주 뵙겠습니다.

친구 미안하네, 내년부터 자주 오겠네.

고향이 그리워도 못가는 생산 현장의 어느 근로자의 중추절도 경비업체, 순찰 중인 경찰들의 중추절도, 격오지에서 근무하는 장병들의 중추절도 7,8시간 지루한 고속도로의 행렬 속에 또 하나의 애틋한 추억으로 남기고 2007년 중추절이 가고 있다. 이틀 남은 마지막 9월의 마감을 위한, 이제는 영원히 오지 않을 그런 9월이, 중추절이 가는 소리와 함께 가고 있다

어제 보름달 그 시각에 달을 보니 많이 야위고 상해 있다. 저 모습이 중추절 가는 모습 인가보다. 기러기 소리도 들리지 않는다.

서울 하늘엔

# 20. 인제 송이 채취 여행(2007.10.8)

황토 민박집 강원도 인제읍 고사리마을(내린천), 지인 소유의 별장
고사리 마을 - 한석산 - 설악산 국립공원 자락에서 송이버섯 채취다
피아시 유원지는 고사리마을 대표적 유원지
매운탕이 일미라고 귀띔해준다.
서울에서 넉넉히 3시간 거리 저녁 7시쯤 총 9명 도착이다
오는 과정에서 아름다운 정취는 글로 다 표현 못함이 아쉽다
준비해간 삼겹살, 퍼드레기 송이버섯, 복분자, 매실주, 처음처럼
요리 전담은 당연 황 사장, 이 전무다
캠프파이어 겸 숯을 만들어 철판 위에 지지고 볶고 퍼드레기 향을
첨부하니 맛 또한 일미다
자정쯤에는 별이 내리는 심산계곡에서 자연산 노래가
자연스레 울려 퍼진다. 마냥 즐거운 저녁이다

# 21. 구두 대신 운동화로(2007.10.22)

애지중지는 아니지만
3년 넘게 나를 회사로, 집으로 안전하게 이동시켜준
신발이 오늘아침에 안 보인다.
사연인즉
구두 수선을 위해 명동엘 갔다
뒤 굽, 밑창 수리비가 만만치 않아
수리 아저씨에게 버리라 하고 온 것이다
변명인즉
이참에 새로 마련하자며 위로한다
세일 기간이 아직 남아 있음이다
11월까지는 운동화를 신고 다녀야 할 판이다
이제 나이 들어 회사 그만 다니라는 신호는 아닐 테고
경솔함을 탓할 수 없고
경솔함에서 온 비용 부담을 탓할 수 없고 그냥 웃을 수밖에
빨리 신발 조치 안 해 주면
집안일이나 할까 보다

## 22. 영롱한 이슬처럼(2007.11.16)

흰머리가 제법 늘어간다
점점 쳐지는 어깨
무거운 짐 다 짊어지고 오늘까지도 삶의 현장에서
자식걱정 돈 걱정 결코 편안하지 않은 마음까지 뒤범벅
또 다른 자신의 일상을 설계하는데 버겁기만 한 50대 나이
싸늘한 가을 저녁 불 꺼진 창이 더욱 차갑게 보이는 것은 왜일까
별로 아름답지 못한 청춘 다 지나가고
후회도 소용없는 그 많은 날들
오늘의 젊은이들이 살아가는 이유는
지금의 50대 60대 분들의 희생이 크지 않았나 하는 생각도 부질없는
꿈같이 흘러간 세월 속에
못난 자식들 키우느라 남몰래 눈물 훔치며 달려온 그분들
늦가을 풀잎에 맺힌 이슬처럼 영롱한
그렇게 살아온 50대 님들을 사랑합니다

## 23. 낙엽 몽땅 지다(2007.11.24)

갑작스레 기온 뚝이다
아침 출근 코트까지 끼워 입고 그래도 싸늘하다
아들놈 면접시험 보러 간다고 두툼한 잠바 입고
가도록 당부하고, 합격에 연연하지 말라 이르고
잠깐 걷는 길거리 가로수 잎 무참하게 떨어져 있다
채 단풍 되기도 전에 시퍼렇게 멍든 모습으로
갑작스레 온 겨울 무척 추워질 것 같은 느낌이 든다
대선 정국 흔들림만큼이나 혼란스런 아침이다
훈훈한 봄날이 오길 성급하게 기다려본다

## 24. 휴일 오늘도 일을 해야 한다(2007.12.9)

오늘은 휴일인데 나는 일을 해야 한다
지금까지 너무 많이 놀았기 때문이다
산에서 놀고 술 먹으면서 놀고 노래방에서도 놀고
지난해 보다 훨씬 많이 놀아버렸기 때문이다
그렇다고 후회하는 것은 아니다 사회 분위기를 탓함은 더욱 아니다
어쩌면 그 순간들을 놓치는 것을 후회하는 아쉬움에 비하면 만족했을 거다
아무튼 오늘만은 일을 해야 한다는 무거운 압박을 받고 있음은 곧 연말이
오고 지난날들이 뭔가 허전함 속에 지나칠 것 같아서이다
이런 발상으로 무사한 2007년 마무리 바라고 있다.
어둠침침한 하늘 금방 눈이 내릴 것 같다
눈이라도 후련하게 내렸으면 좋겠다.
마누라 산행 잘했으면 좋겠고
000 자녀 혼례 잘 치렀으면 좋겠고
000 부인님들 극락왕생 하면 좋겠고
000 부친, 모친님도 극락왕생 하시면 좋겠다
사무실 책상 앞에서 연말 그림을 그려본다.

# 25. 2007년 손익계산서는 (2007.12.30)

더 나은 내일을 위해 아쉬운 이별들을 많이 해 왔지
어제 같은 한 해가 될 내년이면 서로 다른 모습으로
남게 될 2007년을 하루 앞둔 30일 오늘 여기에 와 있다
아쉬운 마음으로 송년회도 조촐하게 끝내고
지금쯤은 금년 1년의 손익계산을 해볼 즈음이다
크게는 대선, 신정아, BBK 사건 등 어수선함도
사업, 부모, 자녀, 친지, 친구, 거래처, 그리고 사회
주마등처럼 스치는 지난 1년이 새롭다
행복 추구라는 미명 하에 달려만 왔지만 결코 행복은
아무데도 없는 듯하다
어쩌면 후회보다 희망 쪽으로 저울추가 기울기 때문이 아닐까
해낸 일 보다 못다한 아쉬움이 더 많은 듯하다.
졸업을 새로운 출발이라고 했던가
한 해를 마무리 할 때마다 생각나게 한다.
산에 왜 가냐고 물으면 산이 있어 가는 것도, 산이 좋아 가는 것도 아니듯
그냥 그렇게 지나쳐온 것은 아닌지
결국은 별것 아닌 것을 아등바등 쫓아 오지는 안 했는데
2008년 戊子년 여유 있는 손익계산서 작성 준비를 위해
책상 끄트머리에서 마무리 몇 개 하고 있다.

# 26. 어제 일로 후회하지 말자(2008.1.26)

아들아, 딸아
어제의 일로 후회하지 마라.
그리고 내일의 문제로 근심하지 마라.
모든 어제가 오늘에서 기인하는 것 아니냐.
모든 내일도 오늘로부터 비롯되는 것.
네가 오늘을 성공적으로 보내면
반드시 성공적인 내일을 기대할 수 있단다.
- 우장훙의《어머니의 편지》중에서 -

젊은 사람이 피해야 할
가장 무서운 적이 후회와 근심이란다.
지난 일을 후회하고 내일 일을 근심할 시간에
책 한 줄 더 읽고 뜀뛰기 한 번 더 하는 것이 좋을 것 같다.
젊은 시절 최고의 순간은 바로 지금이라 생각한다.
모든 병은 마음에서 시작하기에 마음으로 고쳐야 한다는
리제마 사상 의인의 말씀을 빌려 본다

# 27. 봄이 가고 있다 - 고려산에서(2008.4.29)

친구야?
진달래가 한참 동산을 물들이고 있다
그래서 영취산은 아니지만 고려산 다녀왔다
그 봄의 향연은 대만족이었다
진달래 그 향기 옛적 화전과 진달래 술 그리며
오늘따라 그 시절을 생각 키운다.
그리고 친구야?
뒷산 용왕산 아카시아 가지 위 까치집들이 봄의 푸르름에 밀려
가려지면서 새 둥지를 위해 열심히 새 집을 짓고 있다
분당, 수지 걱정 할 것 없이 내가 지으면 내 집이 되는 까치집 참 부럽다
그런데 친구야?
뒷산에 흐드러지게 핀 진달래꽃, 칡뿌리 캐어 맛나게 먹던 시절
그 맛이 그렇게 좋았었지 무공해 자연산이었기에 그러했겠지?
지금 생각 하니 그게 보약 이였고 건강이었지
그래서 친구야?
지금은 한강이 주 무대가 되어 강가에서
김밥, 통닭, 막걸리 아무리 맛있게 먹고 즐겨도
그때의 추억만큼은 재미없어 보임은
욕망과 현실의 갈등을 넘나드는 우리 갈등이 아닌가 한다
봄이 오는 둥 가는 둥 여름이다, 싱그러운 신록을 맞자

# 28. 같이 있고 싶은 사람(2008.7.17)

향이 좋은 차가 아니더라도 닫혀 있던 가슴을 열고
감춰 온 말을 하고 싶은 사람이 꼭 한 사람 있었으면 좋겠다.
암담한 기억들을 말하면 그냥 그래 그럴 수 있겠구나 하며
고개를 끄덕이며 동정어린 눈으로 보아주는 사람
앞으로 얼마 남지 않은 삶을 착하게 살아볼게 하면
그래 조금은 긍정적이다 하며
마음을 알아주는 단 한 사람
마주앉은 차 잔이 식어 갈 때까지
말은 없지만 마음속으로 따스한 인생을 말해 주며
슬픔, 기쁨이 문제가 되지 않는 사람
그래서 기억하고 싶고
그래서 나의 보호자처럼
그대가 있기에 지금 마음 흐뭇 하노라 하며
같이 있고 싶은 사람이 있었으면

## 29. 착각(2008.8.30)

벌어도, 아껴도 한이 없고 끝이 없다
내일을 위한 준비라고 하지만 그저 오늘 하루 부자이고 싶다
마누라는 아는지 모르는지 아내의 내일을 위하여
남편은 오늘도 대출받기 위해 은행 창구에서 서성이고 있다는 것을

# 30. 아빠, 오늘 삐져 있다(2008.9.1)

삐짐이 아빠
이 반찬은 큰딸 저 반찬은 작은아들 놈
이 방은 큰딸 저 방은 작은아들 놈
집 안 어디에도 아빠 것은 없다 오늘도 아빠는
포장마차에서 한 잔하고 소파에서 잠을 잔다.
참 잘도 삐진다

# 31. 8월, 그 아쉬움은(2008.9.4)

그렇게 지루하던 여름 8월이
왠지 아쉬움과 허전함이 몰려온다
너무나 그립던 가을이 막상 눈앞이니
하늘을 한 번 더 쳐다본다.
가을 맞을 준비도 하기 전에
마음 한구석 섭섭함은
서해안 바닷가에 물놀이의 부족함인가
오는 가을 설레임인가
왠지 보내는 여름 미안하고
오는 가을도 미안하다
그 많은 사연을 잡아두지 못하고
휭~ 하니 놓쳐버린 느낌이다
8월 여름을 두루뭉술 보내버린 아쉬움이 힘들다

# 32. 그 아버지는 무죄(2008.10.1)

카페에 부쩍 자녀 결혼 초청장이 늘었다
새로운 아버지의 탄생을 위한 출발들인데
자식농사 잘 지었나?
그런데 마음 한구석에
아버지의 허전하고 근심어린 잔상이 흐른다.
잘살아야 할 텐데, 정말 자식농사 잘 지었나?
그 뒤에는 너무나 급변해버린 사회현상
그를 못 따라가면 처지고
따르자니 아버지와의 생각 차이들이 난무했었다.
대통령도 아니고 교육부총리도 아니고
아버지 마음은 더욱 아니기에
그래서 자식 농사 잘못 지은
그 아버지는 무죄가 되어야 될 것이다.
- 결혼 시즌 즈음에

# 33. 이젠 보듬을 때다(2008.11.4)

이제 우리 보듬기하자
세상은 상상을 초월해 빠르게 변화한다.
올 가을의 가로수 은행잎 더미 속에도 낭만을 잡아먹는 의식이 진행되고 있다
동일한 시간과 문화 공간 속에서 나름대로의 방식과 사고 체계로
아름다움만을 영위하기 위해 애쓰는 모습은 당신과 나의 공통점이 아닌가?
동일한 성씨, 출신지역, 출신학교 등 가능한 같은 조건의 연대감을 형성하며
살아가려 애를 쓰는 듯하지만 시대가 복잡해지고 개인화 되가는 즈음
공통점과 결속력도 날이 갈수록 연약해 지고 있다.
그래서 이제는 상호 공통점이 아니라 상호 보완의 점을 찾아
나와 다른 이념, 취향, 감각을 보완해주고
인정해주는 서로 보완적 연대가 형성되어야겠다.
"내가 너를 사랑했던 이유는 너와 내가 똑 같았기 때문이 아니라
내가 갖지 못한 점을 네가 채워주었기 때문이야 "
서로 사랑이 너무 달라 깨져버려 상처받는 사람들
그것은 서로 다르다는 사실 때문이 아니라
그 차이를 해석하고 이해하는 방법을 모르기 때문이 아닐까.
이제 우리 가슴을 열고 그 다름을 이해하는 방법을 찾을 때다
디지털과 아날로그가 공존하고, 온라인 오프라인이 공존하듯
너와 나의 차이를 보듬는 그런 내일을 기대해 보자.
네가 있어 그냥 좋은 그런 모습으로

# 34. 북한산 사모바위 옆에서(2008.11.22)

간혹 "이 나이 먹도록 뭐하고 살았나 몰라" 하는
한탄을 마음속으로 구시렁거릴 때가 있다
돈도 못 벌었고, 명예도 얻지 못했고
하고 싶은 삶의 목표도 잊고 살고
그러나 잃는 것이 있다면 얻는 것도 분명히 있을 터
그러나 크게 얻은 소득이 있었다.
그것은 '공 것'으로 누리는 것들에 고마움
맑은 하늘, 시원한 바람, 새소리, 바람소리, 물소리, 꽃향기…….
봄이면 봄답게, 여름이면 여름답게,
가을이면 가을답게, 겨울이면 겨울답게
담담한 모습을 보여주는 자연에 대한 고마움
모두 패기 넘치는 젊음으로는 느낄 수 없고 볼 수 없는
값진 것들이 아닌가.
그런데 북한산 높이가 2cm 낮아졌다고 귀띔한다.
그 공짜들의 아름다움을 얻으려는 사람들로 인해

# 35. 묵언의 차 한 잔에서(2009.2.2)

그냥

살아가면서 한숨이 나를 찾거든 그냥 맞이해라

괴로운 한숨 뒤에는 즐거운 행복이 숨어 있단다

그냥 한숨만 짖지 말고 곧 찾아올 행복을 맞이해

함께한 이웃에 보시할 준비를 해라

사노라면 행복이 너를 찾거든

그냥 맞이해라

즐거운 행복 뒤에는 아픈 고뇌가 숨어 있단다

그냥 행복에 미소만 짖지 말고

행여 찾아올 고뇌를 맞이해 이길 수 있는 인욕을 준비해라

사노라면 돈이 너를 버리거든

그냥 맞이해라

돈이 나를 버린 것이 아니라 내가 세상을 몰랐을 뿐이란다

그냥 세상이란 무대에 언제고 나도 함께 할 것이니 감사할 줄 알라

사노라면 오가는 인연 너를 찾거든

그냥 맞이해라

무엇이든 잠시 머물다가 아무런 미련 없이

그냥 모두가 바쁘게 떠난 단다.

인연이란 큰 수레바퀴를 기억하지 마라

## 36. 지난겨울 그리고 인동초의 봄이(2009.3.9)

햇살 넘어 솔솔 부는 바람이
아파트 음지 벽을 부딪는 오후
아파트 양지 앞 화단에는 봄 움트는 소리
길가 민들레는 솜털 부비며 노란 꽃 품고 졸고
까맣게 불타버린 지난해의 흔적이
워낭소리 주인 할배 밭 가는 모습에서도
비를 기다리는 강원 태백의 애태움 속에서도
정녕 겨울 가고  봄은 오고 있음이다
봄이 오면 강남 갔던 제비는 돌아오는데
태초부터 해온 이별연습, 그리고 또 하나의 시작
그 또 하나 시작
그 봄은 아름다움 봄이었으면 좋겠다.

## 37. 60대 즈음하여(2009.4.3)

기성세대, 그는 누구인가? 남이 아닌 바로 내가 기성세대다.

나의 내일이, 젊은이들의 미래가 바로 기성세대이다.

그럼에도 많은 사람들은 자기와는 무관한 듯 알고 있는 것 같다.

내가 젊었을 때 그들을 그렇게 바라보았듯이 어느덧 60세 어르신(노인)으로 변하는 과정에 있는 즈음 2008년도 말, 인구 보건복지회 발표에 의하면 우리나라 국민 평균 수명은 남자 75.1세(세계 29위), 여자 82.3세(16위)로 나왔다.

평균수명을 제대로 누리고 산다고 해도 어쩔 수 없이 시한부 사람들, 직장, 사회에서는 물론 가정에서까지 퇴역으로 물러나 이제 이름만 기성세대이지 대접도 못 받는 힘없는 사람들.

나라의 여명기에 태어나 6·25를 맞았고 교복, 군복, 예비군복, 민방위복으로 살아오는 동안 제복이 가르쳐 준 질서에 익숙한 사람들.

식모살이 떠나듯 해외파견 1호 광부로, 간호원으로, 파병(派兵)으로 버티었으며 공돌이, 공순이 1세대로, 자식 하나에 모든 걸 걸고 살아온 사람들.

한때는 우리도 꿈나무들이고 유망주들이었는데, 어쩌다가 신세대란 말은 한번 들어보지도 못한 채 X세대에, 386세대에 밀려 허둥대다가 어느 날 하루아침에 구세대로 몰려 왕따를 당한 사람들.

떨어지는 인생 곡선의 포물선 벼랑에서 한두 가지 지병을 친구해, 포기와 패배 속에 숨어 있는 작은 안식을 찾아 황혼 길을 걷는 사람들 그들이 우리들 세대, 나의 현주소다.

60세에 생활 일선에서 은퇴를 해 80세까지 산다고 봤을 때, 잠자는 시간 빼고 나면 7만 시간이 나오는데 그 시간을 공포 속에서 산다고 보면 수긍이 가는 면도 없지 않다.

1980년대까지만 해도 60세 이상 노인의 72% 이상 자손들의 봉양을 받았는데 2003년엔 31%대로 떨어졌으며, 이는 앞으로 더 심해질 것이라 보고 있다. 1960년대까지 만도 40이면 불혹의 나이, 호상이라 했었는데, 버스를 타더라도 젊은이들 옆에는 가지 말고, 저 앞에서 담뱃불 든 애들이 오거들랑 먼 눈 팔고, 누가 무슨 말을 하거든 오냐, 오냐 그게 옳구나. 그래 그렇게 살면 잘 사는 거여.
우리가 그래 배웠다고 기타 메고 다니는 녀석들한테 《명심보감》의 잣대를 들이대서는 쓰나. 이해하려 애쓰지 말고 그러려니 하는 교감으로, 사는 수밖에 없는 사람들.
어찌 흐르는 것이 강물뿐인가.
모든 건 와서 그렇게 흘러가게 되어 있고, 우리도 그 길을 따라 가는 것뿐이다. 일출과 일몰은 한 몸에서 이루어진다. 뜨는 해만 찾아 바라볼 것이 아니라 지는 해도 한번 쯤 돌아봐 주는 아량을 기다려본다.
희망으로 솟는 해도 아름답지만 종일 산전수전의 일생을 열심히 살다가 고단한 몸으로 노을을 깔고 앉은 지는 해도 한번 바라보자.
비록 이미 기울고는 있지만 이 또한 아름답지 않은가.
금방 올 것 같은 여름을 앞에 두고

# 38. 우리 인생 살아볼만한가?(2009.5.24)

살아볼만한 인생인가?

저마다 다르게 살다가 저마다 다르게 간다. 그것은 피할 수 없는 운명적인 삶과 죽음이 아닌가? 그래서 예로부터 죽어 천 년보다 살아 일 년이 낳다

"개똥밭에 굴러도 이승이 좋다"는 속담이 있다.

그것을 보면 살아 있는 것은 더 할 수 없는 축복인지도 모르겠다. 하지만 죽어 이별은 문 앞마다 있다.

이 속담을 떠올리면 삶과 죽음 차이가 바로 백지장 한 장만도 못하다는 것을 안다. 잠깐 펄벅의 '삶을 위한 의지' 라는 글 인용이다.

최근 죽음을 자유롭게 선택하거나 선택 되어지는 사람들이 많아지고 있다. 자기 목숨을 스스로 결정되거나 타의에 의해서 결정되어도 죽음, 그 자체는 부정적이든 긍정적이든 슬픈 일이다.

꿈인가, 아니면 장난인가 했더니 역사상 초유의 전직 대통령의 자살 소식이다. 그 소식은 온 국민은 오열하게 했고, 삶과 죽음이 하나가 아니겠는가. 삶과 죽음은 자연의 한 조각 아니겠는가? 라는 유서에서 많은 생각을 하게 한다. 어차피 태어난 인생 살아 볼만하다는 말이 한순간에 무너지기도 한 말이다. 저마다 하루라도 더 건강하고 깨끗하게 살다 나도 모르게 그대도 모르게 사라지는 것, 그것이 우리의 소망 아닌가?

그 소망이 이루어질지 아닐지는 나도 모르고 그대도 모를 일이다.

# 39. 예쁜 가을이다(2009.10.21)

예쁜 가을이 있다
능금 밭 능금이 빨갛게 익어가고
능금 밭 주변엔 아름다운 코스모스가 하늘거리고
그 들녘에 훈훈한 가을바람이 향연하고 있다
뒤질세라 고추잠자리 옆에 대추나무
그 옆에 밤송이, 그 옆에 해바라기가 웃고 있다
하늘, 땅 보고 그리고 휠 날아가는 가을바람을 보고
머지않아 또 하나의 가을 전령 국화가
특유의 향을 앉고 오겠지
열매는 없지만 멋진 자태와 향기로 우리 곁에
새삼스레 지난 여름날의 추억이 얼마나
내 곁에 있었나 돌이켜도 보게 한다.
벼가 무르익어가는 논둑길을 걸으며

## 40. 광화문 북쇼 현장에서(2009.11.14)

한 손에 책, 북쇼 매장 현장이다
그림책 앞에 한 어린이가 서 있다
어떤 부모가 그림책을 사 주는 모습을 보고 어린이가 중얼거린다
"부럽다!"
꼬마야 엄마 모시고와 : 없어요.
그럼 아빠 모시고 와 : 아빠도 없어요
아~차 한순간 어린이를 놓치고 말았다
그 어린이 환경을 한참 생각해보았다
왜 엄마 아빠 노릇을 못 했을까
못내 아쉬워함은 위선인가
코스모스 구경도 못하고 가을을 보낸 것 같다 무척 바쁜가 보다
가로수 은행잎 가을비에 못 견뎌 길가에 쌓인 낙엽을 보며
뭔가 한마디하고픈 지절이다 멀리 강 건너 북한산, 도봉산
을씨년스런 모습으로 내리고 겨울이 오고 있다
주위가 어수선하다 그 어린이는 어디로 갔을까?
미안하다

# 41. 너 젊어 봤냐?(2010.1.25)

나는 젊어 봤다
참 어려운 그리고 예쁜 그리고 슬픈 말이 부담스럽다
나이 값도 제대로 못하고 나이답게 살지도 못했고
그런 삶에 숫한 군상을 보며
가끔 너나 내나 다를 바 없음을 느낀다.
우린 젊어 봤지만 늙어보니 만만치 않다
그게 순리인데 허둥대는 모습 우습다
성숙한 삶이 무엇인지
말하자면 우리는 우리인데
백호(경인년)환갑에
회사에서는 환갑 주년이 되어버렸다
술자리마다 만수무강 위하여다
남의 속도 모르고 한참 일 할 나이에
집에 가라는 소리로 들리는데

## 42. 강둑을 걸으며 낙동강 마지막 코스(2010.2.16)

낙동강 천삼백 리 걷기 행사에 참여했다
아니 나는 정확히 천리길밖에 걷지 못했지만
7,8월 폭염에도, 12월 눈보라에도
내려갈수록 혼탁해 지는 그 강물을 보며
자꾸만 낮은 곳으로 흐르는 그 강물을 보며
마지막 을숙도에서 강의 의미를 추슬러본다.
바다는 역시 바다
태백산 신선수도, 공단 폐수도 어울려 수용하고
그 마음 승화되어 다시 물을 내리고
맑은 물을 지구 멸망까지 보듬을 준비를 하고 있다
上善若水(최상의 선은 물과 같다)
流水不爭先(흐르는 물은 먼저 가려 애쓰지 않는다)
水善利萬物而不爭(물은 만물을 이롭게 하면서 다투지 않고)
노자 도덕경이 나온 말들이다
그 의미를 찾으려 애를 써도 산에 왜 가는지 알 수 없듯이
강가를 왜 걸었는지 알 수 없었다.

# 43.소백산 입구에서 하루를(2010.7.30)

구인사 들어가는 입구에 온달 관광지가 있고 구인사까지는 약 30분 거리다. 온달 관광지는 <태왕사신기> <천추태후> <연개소문> 등의 드라마 촬영지로 알려진 온달 관광지 삼국시대 고구려의 영토로서 고구려와 신라 간 치열한 영토 전쟁이 벌어졌던 곳.

온달산성, 온달동굴, 온달장군과 평강공주의 전설을 주제로 조성한 테마파크와 전시관, 드라마 세트장 등을 한데 묶어 온달 관광지 세트장을 지나 오르다 보면 고 정주영 왕회장 10년 단골 국시집이 있다. 특이해서 내려올 때 들러 맛보기로 하고 절 입구까지 이동 주차 후 불자들 이동 수단인 버스로 절 입구까지 갈 수 있고, 입구에는 음식점과 함께 전국 서울, 부산 직접 오는 버스 정류장도 있다.

소백산 구인사는 대한불교 천태종의 총 본산으로, 전국에 말사 300여 개 다니면서 여러 절들을 꽤 다녀본 편인데 단순히 규모가 크다는 것 외에도 구인사는 정말 특별했다. 작은 절들에 소박하고 단아한 아름다움이 있다면 무릉도원이 이곳일까 생각이 든다. 대웅전을 오르기 전 많이 보던 글귀가 새겨 있다.

"이 세상에 내 것이 어디 있나 사용하다 버리고 갈 뿐이다."

핸드폰으로 한 컷 후 지인들에게 인증 카톡을 보내본다.

보통 대웅전이라 알고 있는데 창시자 이름을 따 대조사전(大祖師展)이라 표기됨이 특이하다.

대조사전 불전에 보시하고 절 세 번 하니 모든 소원 이루어진 듯 뿌듯함을 안고 내려오는 길에 고 정주영 회장 30년 단골 국시집에서 할머니들이 만들어준 비빔국시와 동동주 한 잔은 일품, 지나는 길에 꼭 한 번 맛보길 권하고 싶다.

## 44. 길 찾아 방황 중(2010.9.16)


날이 갈수록 '이게 아닌데'라는 생각만 들고
어느새 나의 방향이 결정되어 있고
나 생각을 하게 되고, 내 길을 찾고 싶고
정신적 육체적으로 좀 쉬고 싶다는 지경에 이르고
그러나 전혀 그 뜻대로 되지 않음을 알게 되고
산꾼 박원식 선생이 말하는
양처럼 순한, 보름달처럼 충만한 그런 산을 가고 싶고
길꾼 신정일 선생이 말하는 도반들을 찾아 가고도 싶다
길 위에 서면 함께 길을 걷는 사람일 뿐 모두가 평등하단다
길 위에 선 이들은 나이나 지위 여하에 상관없이 모두가
학교이며 스승이라고

# 45. 느리게 걸어 보자(2010.9.18)

충청도로 시집 온 경상도 새댁 사투리가 생각이 난다
토끼와 거북이 생각도 난다
교통 대란으로 정체되는 흐름, 그 속에서도 여유를 갖지 못하고 엑셀 밟는 발
매일매일 빠르게 이루어지길 바라는 우리들의 일상에서
느림은 일상의 경험을 통해 가질 수 있는 여유이며
빠름 뒤에 숨어있는 미학
우리 주위에 "빨리"라는 단어에 익숙해져 있다
외국인들이 한국에 오면 가장 빨리 배운 단어이기도 하다
나이에 비해 세상 물정 너무나 잘 모르기에 외로움과 공허함을 여행으로
(그것도 아주 느리고 천천히)
걷고 싶은데 "빨리"라는 단어의 억압 땜에
마음처럼 안될 때가 많아 마음 과 꿈속으로만 하는 여행이 많다
요즘 제주 올레길을 비롯해 지자체 이름으로 둘레길들을 많이 만들었다
자동차보다 자전거로, 자전거보다 두 발로  느림의 투어를 꿈꿔 본다
오늘도 안양천, 하늘공원, 행주산성 4시간 너무 빨리 걸어왔나

## 46. 호랑이 가죽을 벗기다(2010.10.31)

파라 만장한 2010년 호랑이가 늙으니 만감이 교차되는 듯
가을 단풍도 서서히 이별을 준비하고 있는 즈음
정년퇴직의 모임과 환갑잔치를 겸하면서
세상살이가 이렇구나, 함을 피부로 느낀다.
앞도 없고 뒤도 없이 느릿느릿한 발자취는 눈에 선한데
빛바랜 마누라, 아들놈, 아파트 하나
그러나 부끄럼 없이 살아 왔기에 후회는 없고
여러분들도 먼 길을 이렇게 걸어 왔겠지
여기서 잠시 뒤를 돌아보며 살아온 삶이 어떠했는가?
더하기 빼기도 없는 몸 하나 건재함이 얼마니 행운인지 모르겠다
그동안의 모든 분들 아름다운 부분만 기억하겠습니다
더 소박하고 아름다운 모습으로 뵙겠습니다.

## 47. 강촌 마지막 우등 열차를 탄 까닭은(2010.10.24)

강촌에 간 까닭은
엇 저녁은 열아홉 송년회를 마쳤다
아침 되니 여보 님이 중얼거린다 오늘이 무슨 날인지 아느냐고
그렇구나! 34년 전 합방하는 날이구나
뉴스에 강촌 마지막 열차를 멘트에 강촌가자고 한다
그놈의 기념을 왜 그리 챙기는지
적당한 계획도 없어 멍석말이 당한다.
예약 시간도 없이 무조건 청량리
챙기는 것도 없다 물병 하나 달랑
만원 열차 화장실 옆 겨우 둥지를 튼다
강촌은? 검봉산, 구곡폭포 삼악산 산악회의 활동 무대
말이 우등이지 역마다 정차를 하고
강촌에 도착하니 12시30분
우선 허기진 배를 닭갈비로 채우고
구곡폭포까지 걷기를 결정
그리고 기타 사진 몇 컷
오늘의 하루다, 겨우 면피하는 날이다
이렇게 경춘 마지막 우등열차를 보냈다
방문을 연 순간 의미 모를 웃음이 난다

# 48. 커피 한 잔에 마음을 열고(2010.12.29)

우리에겐 내일이 있으니까요
살아온 날보다 살아갈 날이 더 많아 보이지 않아도 지금 잠시 초라해져 있는
나를 발견하고도 난 슬프지 않습니다.
지나가버린 어제와 지나가버린 오늘 그리고 다가올 미래, 어제 같은 오늘이
아니길 바라며 넉넉한 마음으로
커피 한 잔과 더불어 나눌 수 있는 농담 한마디의 여유
초라한 나를 발견하더라도 슬프지 않을 것입니다
그저 누릴 수 있는 마음의 여유를 바랄 뿐입니다
우리는 하루를 너무 빨리 살고 너무 바쁘게 살고 있기에
그냥 마시는 커피에도 그윽한 향기가 있음을 알 수 없고
머리 위에 있는 하늘이지만 빠져들어 흘릴 수 있는 눈물이 없습니다.
세상은 아름다우며 우리는 언제나 사랑할 수 있는 마음을 갖고 있습니다.
지금 난 초라하지만 넉넉한 마음이 있기에 커피에서 나는
향기를 맡을 수 있고 하늘을 보며
눈이 시려 흘릴 눈물이 있기에 난 슬프지 않고
내일이 있기에 난 오늘 여유롭고 또한 넉넉합니다.
가끔 커피를 향으로 마실 수 있고 너무 파란 하늘을 보고
가슴 벅찬 눈물도 흘릴 수 있는 여유로운 당신이 되길 바랍니다.
우리에겐 내일이 있으니까요
커피 향을 그리며

## 49. 너무나 긴 구정 연휴 나들이 강화도(2011.2.11)

혼자 가는 길은 늘 외롭다 하지만
지나온 길을 되돌아 볼 수 있는 아름다움이 밀려오면
늘 가슴 뿌듯함이 있어 외롭지 않아요.
그 길은 전혀 다른 길이지요
지금껏 같은 길을 보지 못했어요.
새로운 그 길은 늘 아름다움 이였어요.
내일도 그런 길을 갈 것이다
너무 긴 구정 연휴 잠꼬대입니다

## 50. 국민연금 수령하는 날 회상(2011.3.17)

국민연금이 나오는 날
새삼 세월의 무상함을 느끼며 만감이 교차한다
그러니까 1988년 4월쯤 사회일 배운다고 세무사 사무실에서
생활비 명목으로 5십만 원 받을 때 국민연금이 태동되고
그 뒤 24년이 지났으니 지독하게 견뎌왔구나 하는 생각
공무원, 사학, 군인연금에 비하면 1/3 수준이지만
그 동안의 노동의 대가가 이 정도라 생각하며 나의 굵기를 가늠해 본다.
국민 연금을 수령하니 생활 패턴이 바뀐다.
우선 회사 정년퇴임을 해야 하고,
지하철은 경로석에 앉아도 얼굴 붉히지 않아도 되고
(물론 경로는 아니다)
한참 힘쓸 나이인데 급여 수준은 절반 정도로의 아래로 보고
대충 여러 가지 많은 변화가 온 것이다
옛날처럼 크게 술판 벌릴 수도 없고
하지만 국민연금을 덤으로 생각하며 위안을 삼는다
오늘도 세계 제1의 시설 지하철 경로석에 무가지 하나 들고
일본의 대지진, 쓰나미 그리고 방사능 오염 등 걱정하며
제2의 금광을 캐러 간다.

# 51. 경로석이 만원이다(2011.4.15)

지하철 갱 속 1시간을 달리고
그리고 옥석을 가리는 8시간의 노동
그 노동의 가치는 누구나 측정할 수 없고 사장만이 할 수 있는
그런 노동의 현장을 오늘도 새벽바람 타고 아침을 연다
그  지하 갱 속에서
우리 수도권을 호위했던 동서남북, 그리고 먼 훗날 교통의 가시권
원주, 임진각, 온양, 춘천 그리고 장래의 김포,
강화도, 개성, 금강산  그림을 그린다.
그런데 경로석이 만원이다
그리고 장거리 경로 우대분이 많다
새로운 대안이 시급함을 느낀다.

## 52. 너 지금 어디쯤 가고 있나 -용문사에서(2011.5.7)

지금 어디쯤 가고 있나
나는 지금 어디쯤 가고 있나  용문사에 갔으나
아무도 말해주지 않았다
그러나 선현님들께서
1, 2등 마라톤이 필요 없으니 그냥 가던 길 가라 한다

## 53. 길을 가다 돌을 보시거든 - 불암산에서(2011.6.3)

길 가다 돌을 보면 그냥 돌로 보시게
까닭 없이 차 버리지 말고
그리고 혹 저게 돌부처 아닌가 생각도 말고
평상심으로 지나쳐 주게
그게 돌에 대한 보시일세
그래도 마음 언짢으면 합장 절 한번 해주시게
혹시 삼재팔난을 면할지 모르지 않은가
피곤한 다리 소리 없이 달아날 것이네
돈들이지 않고 하는 보시
무재칠시(無財七施)(《잡보경》에서)
화안시 : 온화한 얼굴
안시 : 고운 시선
지시 : 아름다운 길 안내
좌상시 : 자리양보
언사시 : 고운 찬사
신시 : 무거운 짐 들어주기
심시 : 베품
(일상의 일들입니다. 하루에 몇 개 해 보셔요)

# 54. 전생을 아는 이 없을까?(2011.8.2)

여름장마 통에도 유난히 매미가 요란스럽게 울어댄다
시끄러운 매미소리를 싫어할 수가 없다
그 놈들은 한철을 울어대려고 땅속의 암흑에서 7~8년을 굼벵이로 살다가
땅으로 올라와서 탈피를 하고 한철을 울고서는
다시 굼벵이로 돌아간다고 한다.
그 사실을 안 뒤부터다
밝은 세상을 만나 기뻐서 내는 소리인지 자신의 처지가 슬퍼서 내는
소리인지 알 수가 없다
인간들도 껍데기만 비비며 살고 있다는 것을 넌 알아
전생을 아는 이 어디 없을까?
장마는 곧 수마로 계속되는 지절입니다
건강 잘 챙겨야겠다.

## 55. 나 지금 어느 길을 어디쯤 가고 있나(2011.10.19)

나 지금 어느 길을 어디쯤 가고 있나
참 여러 종류의 길이 있다
길은 우리에 인생길과 흡사하지 않나 싶다
인생의 긴 역정이 그 길을 걸으며 인내하고 참으며 그 길에서 갈고 닦으며 그래서 道人이라 했던가? 길을 가다 길을 잃고 시행착오를 반복하고, 아름다운 길을 만나기도 하고 우리 인생도 분명 암울하고 험난한 일들이 길 만큼 많을 터 그런 길을 걷고 목적지에 이르면 분명 아름다운 미소가 있을 것이다. 오늘도 어떤 길인지 알 수 없지만 길은 나선다.
"나이 드는 것은 길을 걷는 것과 같다, 걸으면 걸을수록 숨은 차지만 시야는 넓어진다" - 《노년의 아름다움》(지미 카터 어록 중에서)
갈림길 - 갈라진 길. 《길 없는 길》 - 최인호 님의 소설 제목
꼬부랑길 - 여러 굽이로 꼬부라진 길. 꽃길 - 꽃이 줄지어 피어 있는 길.
나그네 길 - 나그네가 가는 길.
둘레길 - 기존에 있던 길을 지자체에서 돈 들여 만든 길.
바른길 - 쪽 곧은 길. 도덕에 맞는 길.
비단길 - 실크로드. 비탈길 - 비탈진 언덕의 길.
산길 - 산속에 난 길. 숲길 - 숲 속에 있는 길.
언덕길 - 언덕으로 난 비탈진 길. 올레길 - 제주도에만 있는 손님맞이 길
인생길 - 산전수전 다 겪고 걸어온 그리고 걸어갈 우리의 길
지름길 - 가깝게 질러서 가는 길. 철길 - 기차가 다니는 길
첫길 - 처음으로 가 보는 길. 큰길 - 넓은 길.
하룻길 - 하루 동안 걸어서 가 닿을 수 있는 거리.
한길 - 사람이 많이 다니는 넓은 길.
황천길 - 죽음의 길.
위 수많은 길 중에서

# 56.그럼에도 불구하고(2012.3.29)

뒷산에 올라 편안한 마음으로 좀 쉬어가고 싶다
사람으로 태어나 사람과 사람 사이를 잇는 人間으로 분류하여 사람과 사람이
살아감은 "생사고락 희로애락"의 테두리다 그 고통과 상처의 대부분은 사람들
로부터 받은 상처일 것이다 그로 인해 어떤 때는 세상을 놓아버리고 싶을 때
도 있고 불면에 잠 못 이루고 밤을 지셀 때도 있을 것이다
그럼에도 불구하고 살아갈 수밖에 없는 것은
한번 태어났다가 사라져가는 지구상의 모든 생명체의 숙명이 아닌가 한다.

사람들은 때로 변덕스럽고 비논리적이고 자기중심적이다
그래도 그들을 용서하라. 네가 친절을 베풀면
이기적이고 숨은 의도가 있다고 비난할지도 모른다.
그래도 친절을 베풀라. 네가 정직하고 솔직하면
사람들은 너를 속일지도 모른다. 그래도 정직하고 솔직하라
네가 오랫동안 이룩한 것을, 누군가 하룻밤 새 무너뜨릴지도 모른다
그래도 무언가 이룩하라. 네가 평화와 행복을 누리면
그들은 질투할지 모른다. 그래도 행복 하라
네가 오늘 행할 선을 사람들은 내일 잊어버릴 것이다
그래도 선을 행하라. 네가 갖고 있는 최상의 것을 세상에 내줘도
부족하다 할지 모른다. 그래도 네가 가고 있는 최상의 것을 세상에 주어라

켄트 M. 키스 이 "그럼에도 불구하고" 라는 시의 전문이다
어차피 태어난 이상 삶을 거부하지 않고 최선을 다해 살아 갈수 밖에 없는
미묘한 비밀들  그 비밀을 긍정하며 살아간다는 것이 얼마나 어려운지
조금씩 느껴가는 즈음이다

# 57. 모두가 바쁜 그 속에서 여유를(2012.11.8)

가야 할 길이 아직도 많이 남아 있다.
오늘이 수능 보는 날이다 그러니까 고등학교 3년을 수확하는 날
여기도 저기도 다 바쁘다. 부모는 부모대로, 수험생은 수험생대로
좋은 대학과 그렇지 않은 대학으로 그리고 좋은 직장과 그렇지 않은 직장으로
의 시발점 획일화된 교육제도에서 모두가 바쁘다 또 하나가 있다  미국 대선
그리고 우리나라 대선 위아래 없이 모두가 바쁘다 아울러 출판계는 물론이고
국민경제는 너무 한심하게 어렵다
그러나 여유로움도 있다 우리 땅 우리 강산 산천초목 비경은 변함없이 여유롭
다  그 여유로운 곳으로 갈 곳이 너무도 많이 있다
조건 없이 그곳을 향하는 마음은 풍요가 있고 여유가 있음이다
그곳을 가야하고 가야만 한다
가자! 오늘 걷지 않으면 내일은 뛰어 가야 한다.

## 58. 카페를 보고 있는 제위께(2013.2.6)

남는 것 없는 장사를 하는 듯하여 부언해본다.

일상의 상거래에서 온라인 괴리가 매우 많다 요즘 인터넷 홍수 시대에 더욱 이런 생각이 든다. 가만히 있으면 중간은 간다는 말이 있다 침묵이 금이라는 말도 있다. 그러나 해야 할 말이 있을 때 침묵하고 해야 할 일이 있을 때 하지 않는 것은 죄악이기도 할 것이다 그것은 책임회피이며 또한 직무유기다. 한편 생각하면 이것이 꼭 내가 할 말인지, 내가 할 일인지는 분명하지 않을 때도 있고 어설픈 의견으로 글을 쓰고 동지들에 질타를 받을 수도 있다

밑천도 없지만 아무것도 남는 것이 없는 장사를 하면서 살고 있는 공간이 상당히 많다 가끔 그 사이에서 우리는 온라인과 오프라인의 차이, 즉 말과 글 차이를 인정하지 않은 데서 갈등을 겪는다. 눈과 입이 느끼는 감정이 전혀 다르기 때문에 파장이 일어난다. 소설 속의 아름다운 사랑만큼 우리 현실에서는 그렇지 못함과 같이 얼굴 없는 온라인상 어려움을 쪽지나 전화를 이용 오해의 소지가 없는 패턴의 삶을 살면 그만 아닌가. 남는 장사도 아닌 장사를 하는듯한 제위의 애절함의 의미를 보면서

제위 여러분!

답글 달아주고

달 때는 좋은 말로, 진심과 진정으로 달아주세요

# 59. 갑과 을의 계산서(2013.2.8)

오늘 거래처에서 설날 선물로 양주 한 병을 받았다
갑의 처지로 받은 셈이다
그 갑은 나에게 다시 선물한다
그럼 내가 갑이 되는가?
가끔 갑과 을을 혼돈할 때가 많다
왔다 갔다 연속이다
그럼 갑과 을의 관계정립은 어떻게 해야 하나
지하철 선물 꾸러미를 들고 가는 사람을 보며
저 사람은 갑일까 을일까
그것이 궁금했다
새해에는 모두 갑도 되고 을도 되길 기원해본다

## 60. 봄맞이 궁상(2013.3.6)

봄을 알리는 신호로 경칩이 지나면서
개나리가 꽃망울을 그리고 봄비도 내리겠지
이젠 봄의 그 소리를 들으러 갈 준비를 해야겠다
매서운 바람과 한파가 움추리게 했던 겨울을 뒤로하고
짧게 지나가는 봄을 찾아 나설 준비를 해야겠다
데이트 하고 손잡고 다닐 시기는 아닌 듯 하고
봄비, 들꽃 , 아침 햇살, 물안개가 있으면 된다
그들이 있는 곳을 스크랩하고 떠날 준비를 해야겠다
고려산 진달래, 섬진강 벚꽃 매화 길을 최우선을 두고
기타는 검색하여 덤으로 계획을 해야겠다
봄이 빨리 가버리면 안 되는데 금방 여름이 올 것 같다

# 61. 길에 대한 생각(2013.3.20)

산길, 들길, 뚝방길, 그리고 인생길
그 길 위에 내가 있음을 가끔 경이롭게 생각한다
2008년 낙동강을 걷고 부터 제법 길을 걸었는데
길을 걷는 가장 좋은 길 순서를 나열 해본다

1. **혼자 걷는 길** : 평온한 길
   마음대로 상상하고 마음대로 쉬고 걷고 너무나 자유롭고 평온한 길

2. **둘이 걷는 길** : 갈등의 길
   이길 저길 하며 다툼이 꼭 있다 그리고 걷기가 끝나면 조금 후회한다
   저 길이 더 좋았을 텐데 하며

3. **단체로 걷는 길** : 덤덤한 길
   가이드가 가는 대로, 시간에 구속되어 아무 생각 없이 자잘대며 간다
   돌아보면 어떻게 걸어 왔는지 생각할 겨를이 없어진다
요즘은 자동차, 기차, 버스, 비행기가 그 길을 빼앗고 그 길을 차지하였지만
그러나 어떻게 걷든 우리 인간은 걷는 동물이다 우리 인생길처럼
그 길 위에 사색과 애환과 철학이 있으면 금상첨화
그 길을 정신과 육체적 조건이 허락 하는 한 걸어야 한다는 생각은 변함없다

## 62. 어느 부부 이야기(2013.4.18)

치통 땜에 내내 칼퇴근으로 집에 오니 TV 앞에 앉아 있는 시간이 늘었다
4.18일 저녁 모 방송에서 내 나이 또래가 고속도로변을 걷고 있다
내용인 즉  결혼한 지 33년 된 부부가 부인이 암에 걸린지도 모르고
커피 심부름까지 시켰던 아내가 6개월 만에 사망함
당시 신혼여행도 못 가고 그렇게 살아옴
(참고로 나의 신혼여행 부산에서 결혼식을 올리고 유성온천으로 간 시대)
한이 맺힌 남편은 부인의 예쁜 사진을 배낭에 메고 제주도로 신혼여행을 떠남
분당에서 김해까지 걸어서 25일, 김해에서 비행기로 제주도 도착
바닷가에서 스마트 폰으로 배낭에 메고 간 사진과 기념사진을 찍고는
주저앉아 회한의 눈물을 흘린다.
그때 기자 질문에 하는 말 "있을 때 잘 해라!"
(가끔 마누라한테 듣던 소리)
오승근 가수가 불러 히트 치도록 유행했건만 공기의 고마움을 모르듯 지나온
나날을 후회하며 눈물 흘리고 있는 모습에서 괜스레 마나님도 눈시울 그리고
나도  그리고 지금껏 살아온 날들이 장난이 아니었구나 생각하면서
앞으로 살아가야 할 날은  방향을 똑바로 잡아야겠구나, 궁상을 떨어본다

# 63. 날씨가 무척 덥다(2013.8.15)

날씨가 더우니 선뜻 길을 나서기가 두렵다
먼 길 나서기는 더욱 어렵다
그렇다고 방콕에서 마냥 뒹굴 순 없고, 일기예보의 비 소식은 잠깐 10시쯤에
불볕더위가 아파트 창문으로 밀고 온다.
오늘도 변함없이 숲 속의 힐링을 찾아가는 곳 북한산 둘레길
마나님의 밑반찬으로 배낭을 메고(막걸리 한 통, 김치 그리고 김밥 한 줄)
송추까지 전철 버스로 이동 도착시간 오후 1시
북한산 둘레길에서 가장 풍광이 좋은 산너미길을 택했다
송추에서 의정부 안골길까지는 대략 6.5km
사패산  계곡에서 흐르는 물은 적지만 맑다
시간이 지나서인지 사람도 드물다
준비해 간  막걸리 한 잔과 김밥으로 계곡물에서 한 잔하니
역시 길 나서길 잘했다는 생각이 든다
사패산 능선에 이르니 의정부, 양주 불곡산, 수락산, 북한산에 한눈에
능선 바위에서 내 나이 또래의 등산객이 가을에는 으뜸 코스라 귀띔
가을 코스로 마음에 두고 하산하니 6시 30분
의정부에서 전철을 타니 하루 부자는 되었구나 하며
찜 더위 하루를  마무리한다

## 64. 반갑다 가을아(2013.8.28)

가을이 오고 있다
그렇게 기승을 부리며 폭염으로 몸부림 하던 그가
이렇게 갈 것을 앙칼지게 떼를 쓰고 앙탈했었나
귀뚜라미가 오고,
오곡백과가 오고,
설렘도 오고 있다
그동안 참아준 넉넉한 그대들 절로 풍성한 마음을 열어준다
유난히 고생스러웠던 올 여름 고생많았습니다.
넉넉한 가을 잘 맞이합시다.

# 65. 가을 타는 남자(2013.9.24)

시원한 바람과 함께 가을이 오나 보다 했더니
유난히 무더웠던 여름 끝자락에 서글픈 매미울음
그 처량함 뒤에 즐거운 가을 귀뚜라미 울음소리
지난여름 무더위에 지친 도시의 영혼들을 편안하기에 충분하다
올 가을은 유난히 짧다는데 곧 겨울 준비를 해야 하지 않나 싶다
그래도 비 오는 날 레인코트에 안양천을 한번 걸어본다

# 66. 카페에서 갑론을박을 보면서(2013.11.25)

의문이 많으면 많을수록 그만큼 많은 것을 알고
의문이 적은 사람은 그만큼 아는 것이 적다는 말이 있다
- 송나라 때 유학자 주희(朱熹) 말씀

그리고 아무것도 알고 싶은 것이 없는 사람은 처음과 같다는 말일 게다
우리 인간은 항상 <그것은 왜 그런가?>,<그것은 정말 옳은 것인가?> 하는 의
문을 가져야 하며, 또 그것을 밝혀야 한다.
뉴턴이 나무에서 사과가 떨어지는 것을 보고 <만유인력의 법칙>을 발견했듯
우리는 무슨 일에나 의문을 가져보는 것이 좋을 것이다
《書經(서경)》에도 "묻는 것을 좋아하면 곧 풍부하다" 말 하고 있다
우리는 갑과 을 관계가 아니고 오로지 우리라는 공통분모 위에서
갑론을박하며 뒹굴며 절차탁마가 이루어져야 되지 않나 싶다
깊이 들여다보면 아무것도 아닌 것을, 그 끝도 별일 아닐 것이다
혹 응어리져 갈등의 골이 깊어지면 안 될 일이다
앞으로 40년을 더 살아야하기에 마주앉아 막걸리 한 잔하며
낙엽 지는 모습들 보며
대화해 주소서

# 67. 전철 안에서(2013.11.26)

모처럼 출근시간 <노컷뉴스> 무가지를 손에 들고 세상 이치를 훑어보다
무가무불가 3분 경영 칼럼을 보고 45분 동안 내내 명상을 해보았다
그리고 45분 동안 검색해 보니 이런 내용이 있더라


 공자님께서 말씀하시기를
무가무불가(無可無不可)
옳을 것도 없고, 옳지 않을 것도 없음을 뜻하는 것으로
사람의 언행이 모두 중용에 맞아 과함도 모자람도 없음이니라 했다
無可無不可(무가무불가) 현상
세상의 경쟁논리는 남 밀어재기고 내가 차지함 되는 것이라
그렇게 생겨 먹었다는 것이다
밀어 내려 하여도 밀리지 말고 버티고 내 것 뺏으려 하는 놈과 죽자 사자
오기로 싸워야지 그래야만 지켜내고 남의 것 뺏어오고 하는 것이라
그렇게 毒氣 없이는 이 세상 못사는 것이라 그렇게 세상 망가지지 않고
淘汰(도태)안되게끔 만들려고 세상 생김이 그렇게 생겨 먹었다는 현상
공자, 《논어》, 도연명, <노컷뉴스>가 하는 말이다
님아 또 내 것 뺏으려 하면 어쩌나 그땐 꼬리 내릴 것임

# 68. 12월을 맞으면서(2013.11.29)

이쯤에선 지난 시간을 생각해 보게 된다
자신만 믿고 여기까지 왔다 무엇이 앞에 있는지도 모르고
그러나 두려움은 이미 사라지고 없다
누구나 알고 있듯이 웃으면 즐거워진다는 사실을
금년에는 얼마나 실천했는지도 사라지고 없다
때로는 비바람을 때로는 눈보라를
비틀거리며 걷다 하늘보고 그냥 웃어버렸던 지난날들
지금은 천천히 사라져 간다
기쁨과 즐거움보다 힘겨운 날들이 더 많았지요
그러나 함께 가면 더 멀리 간다는 누구나 아는 사실도
지금은 천천히 사라져간다
카페에서도 그런 사실들이 분명 있었는데
지금은 그런 희로애락도 천천히 사라져 간다
님들이여
12월엔 더욱 건강하고 행운을 함께하고
가정의 행복은 물론 하시는 모든 일들을 마무리 잘하시고
새로운 신년을 그런 약속들로 예약하며
계사년 12월을 맞이합시다.

# 69. 혼자 산다는 것(2014.1.3)

가족, 경조사, 기타 행사 등 공식적인 만남을 빼면
매일 몇 십 명씩 만나는 사람 중에 내가 아는 사람은
한 명도 없는 날이 거의 다반사이다
그러니까 서울 생활 26년(1988년도 시작)이 지났는데도
내가 누구를 만나고 어떻게 살았는지
그 사람들 속에서 무인도 섬처럼 살았다고 할 수 있으니
이게 제대로 된 삶인지 잘못된 삶인지 궁금할 때가 있다
그래서 대체 품목으로 책, 음악, TV나
아니면 산이나, 길을 택하고 그렇게 살아와 버렸음을 느낀다

나는 생각한다, 그러므로 나는 존재한다.
- 데카르트

데카르트의 충고를 벗 삼아
고립된 우주처럼 혼자임을 두려워 말고 살아온 대로 살다가 가자
그것이 가끔 나에게 슬픔과 외로움을 줄지라도
오늘도 신도림역 지하철 역 무수히 많은 사람들 중에
혹시나 하는 기대는 변함없는 연속이다
내가 아는 사람 없나 하는 기대가
계사년을 보내고 갑오년을 맞은 즈음에서

# 70. 소래포구 회 한 접시 여행(2014.1.8)

시흥시청 앞에 가면 능내길이라는 표지판이 보인다.
안내 표지판을 따라 장현천 뚝길을 따라 걷다 보면 연꽃 테마 파크
그린웨이 – 갯골 생태공원 갈대숲을 지나 소래포구까지
대략 8km에 이르는 아늑한 둘레길이다
넉넉히 3시간이면 즐거운 나들이가 될듯하다
계절에 관계없이 걷기에 좋은 길이다
우선 시원한 갈대와 억새가 어우러진 강바람이 좋다
소래포구에서 싱싱한 회 한 접시가 기다린다.
허기진 내장에 회 한 점과 소주 한 잔 금상첨화다
계절마다 제철 싱싱한 회 한 접시 도보여행
틈나는 소래 포구로 가야겠다.

# 71. 바로 지금 떠나야 할 시간(2014.1.20)

살다보니 가끔 그럴 때가 있다.
그 무엇도 확실하지 않은
그래서 길 가다가 우두커니 서서 망설이고 있는
그런 시간이 있다
바로 지금이 떠날 시간인가 한다
중년의 삶을 짓밟아 줘 고마웠소 하고
정용철 님에 글 한마디 옮겨본다

몸이 가는 길은 걸을수록 지치지만 마음이 가는 길은 멈출 때 지칩니다.
몸이 가는 길은 앞으로만 나 있지만 마음이 가는 길은 돌아가는 길도 있다
몸이 가는 길은 비가 오면 젖지만 마음이 가는 길은 비가 오면 더 깨끗해진
다.
몸이 가는 길이 있고 마음이 가는 길이 있습니다.
몸이 가는 길은 바람이 불면 흔들리지만 마음이 가는 길은 바람이 불면 사랑
합니다.
오늘은 몸보다 마음이 먼저 길을 나섭니다.

## 72. 이렇게 봄은 와 버렸는가(2014.2.25)

환경과 세계적인 기후 이변에 따른 폭설이 내렸던
엇 그제 그 황당한 폭설 뒤안길에도 봄은 오고 있나 보다
훌훌 털어 버리고 봄 마중 가자는 소리가 함부로 내키질 않는다
그러나 어이하나 오는 봄을 그 누가 막을 수 없지 않은가
첫사랑 가슴앓이도 가슴 시리던 추위도 흐르는 시냇물에 보내자
그리고 새 생명의 움틈으로 봄 마중 가자
그대들의 안녕도 봄 햇살에 반죽해서 봄을 요리하자
암울했던 어둠을 웅크렸던 그 겨울을 벗어버리자

# 73. 100세 시대가 두렵다(2014.3.31)

없는 집에 태어나 60 중반에 이르니 100세 시대라는 단어가 흔하다 제대로 정규 학벌 문턱에 갈 틈도 없이 직장도 변변치 않았고 삶도 넉넉지 않았고 자식은 나의 전철을 밟지 말아야지 하며 아등바등 그렇게 지나온 세월이 아니더냐. 그러다 정년이란 퇴직금으로 사회생활을 마무리 하고 나니 100세 시대가 온다고 한다. 시골서 자라면서 동네 회갑 잔치를 보면 온 동네 떠들며 웅성거리던 기억이 새롭다 그래서 인지 60까지만 살면 될 줄 알았는데 가진 돈 바둥바둥 써버렸는데 둘만 낳아 잘 기르면 행복할 줄 알았는데 100점 공부, 100% 사업 성공, 100점짜리 조직원, 백만장자, 백전백승, 백전불굴 그 얼마나 고뇌와 번민의 연속 이였던가. 어느덧 이태백, 사오정, 오륙도라는 용어가 난무하더니 100세 시대가 온다고 한다. 그래서 100세 시대가 도래하니 또 다른 고민이 뒤따른다

축복인지 두려움인지 오는 100세를 맞이하려 하니 두려움이 앞선다.

어쩔 수 없다 꾸역꾸역 갈 때까지 가 보자

걱정을 누가 대신해 줄 사람 없으니까

잠깐 : 자식이 없으면 자식을 부러워하고 자식이 있으면 자식 없는 것을 부러워한다.

# 74. 누구나 왔다 가는 걸(2014.4.25)

그 누구도 그 끝은 죽음이요
그 어느 산해진미도 그 끝은 똥이요
그 진리를 알면 누구나 숙연해 질 걸
해가 뜨고 지는 것처럼 바람이 불다 자는 것처럼
인생도 역시 오고가는 것
이 가을 가로수 낙엽이 떨어지는 것을 보면서
주변에 하나 둘 그 끝으로 가는 것을 보면서
나도 멀지 않았음을 느끼는 것은
가을은 가을인가 보다
어느 장례식장에서
석화 같은 빛 속에서 길고 짧음을 다툰들 그 세월이 얼마나 되며
달팽이 뿔 위에서 승패를 다툰들 그 세계가 얼마나 크겠는가?

# 75. 가을이 오는 길목에 서서(2014.9.3)

그 무덥던 여름이 가고  가을이 오는 길목에 서서
아름다운 가을 단풍들을 생각해 본다
들판은 차츰 황금으로 물들어 가고
잠자리는 아스팔트 위에서 막바지 일광욕, 허공에는 공중제비를 한다.
여름 한철 노래 부르던 매미는 가고 뒤뜰에는 귀뚜라미 울고
가을이 오면 책도 좀 읽고, 더 많은 길 공부를 해야겠다고 그림을 그려 본다
예년에 비해 태풍은 미약했지만 세월호의 쓰라린 상처가 할퀴고 간 뒤안길
어느 누가 쓰다듬어 줄까. 이 허전함과 공허함은 심신이 늙어감 때문일까
오고 있는 이 가을은 우리에게 어떤 모습을 보여줄까
가을이 오는 길목에 서면 왠지 풍성한 오곡백과가 그려지지만은 않고
또 다른 이별을 준비해야지 뒤따라 오는 겨울을 위해서
이것이 순리이고 섭리인 것을 가을이 오는 길모퉁이에서 서성인다.

## 76. 오늘 즐거운 길 걸었나?(2014.9.18)

인생은 나그네길이라 한다
길 떠나기 위해서 존재함이 아니고
돌아오기 위해 존재하는 것이 아니더냐.
선사들이 묻는다
어디로 가십니까?
어디서 오십니까?
그 대답을 할 수 있는 사람 흔치 않다
자신이 실종되어 가고 있다는 사실조차 모르고 길을 가기 때문이 아닐까
그러기에 길을 가는 데 가장 불편한 장애물은
자신이란 걸 아는 이 얼마나 될까
그런 험난한 길을 가면서 자신의 욕망을 내려놓는 즐거움을 느끼고
편안한 길을 가면서 자신의 욕망을 채우는데 즐거움을 느끼면서 가 본다
편안하고 험난한 길 그 어느 길도 종착지는 하나다
즐거웠느냐 아니면 고통이었나 중

# 77. 구름아 가다 힘들면 쉬어가오(2014.9.22)

산에 가면 산은 날보고 산같이 살라 하고
강가에 가면 물은 날보고 물같이 살라 한다.
길을 가다 보면 배낭에든 짐 덜어 놓고 가라 한다
선각자님들은
빈 몸으로 왔으니 빈 마음으로 살라 하고
집착, 욕심, 아집, 증오 따위를 버리고
빈 그릇이 되어 살라고 한다.
그렇게 비우고 나야 무엇을 채울 수 있다고 말한다
그렇지만 항상 아쉬움이 남는 것이 여행
마지막 지점에 도착하는 순간까지
비우지도 채우지도 못하니 도로아미 아닌가
오늘도 왜 걷는지 이유도 없이 걷다 산중턱에 이르러
산위로 흘러가는 저 구름을 부러워하며 구름아 잘 가라
가다 힘들며 쉬어가오

# 78. 이렇게 가을은 가버리나(2014.10.27)

마음만 먹으면 훌쩍 떠날 수 있다는 것,
그런 사람 그리 많지 않아 보인다.
열자는 휴식을 취하지 못한 이유 네 가지를 들었다
첫째는 장수, 그리고 명예, 지위, 재물 때문이라고
위 네 가지를 두려워하지 않는 사람을
자연의 위치를 따르는 사람이라 했다
어디에도 얽매이지 않고 욕심을 버려야 가능한 일이다
북풍에 조금씩 밀려나는 가을의 정경들
빛바랜 낙엽들 오그라들어 쌓이는 길모퉁이에
가을은 그 낙엽 밑에 잠들고 숙연히 겨울 맞을 준비다
이렇게 깊어가는 가을 속에 반세기를 훌쩍 넘겨버린 삶을
조용히 되돌아보면 못내 아쉬움이 더 많아 보인다
가을 가고 겨울 가면 또 봄이 오겠지 막연한 기대
오늘도 이런 상념으로 가을 길모퉁이에서
산 넘어 흘러가는 뭉게구름을 바라보며
이 가을을 보내고 있다

# 79. 내가 지고 있는 짐들(2014.12.10)

우리는 내려놓기 힘든 짐을 지고 있다
가난도, 부유도 짐이고 질병도, 건강도 짐이고
책임과 권세도 짐이다
그리고 헤어짐도, 만남도 짐이다
미움도 사랑도 또한 짐이라고 볼 때
우리 인생 자체가 짐이 아닌가 싶다
혹자는 비우라고, 내려놓으라고 들 이야기하지만
하지만 내려놓을 것도 버릴 것도 딱히 없지 않은가?
산 위 올라 올려 보고 내려 보면
드넓게 탁 트인 세상
구름은 구름대로 낙엽은 낙엽대로
조화를 이루며 아름답고 평화롭게 유유자적하는데
내가 지고 있는 짐을 무엇부터 내려야 하는가?
내가 나에게 길은 묻네.

# 80. 대한민국의 부모와 자식(2014.12.31)

(고소득, 재벌가의 자녀가 재산을 축내도 버틸 여력이 있는 분들은 제외함)
교육비에 혼사에 억대 돈 투입, 용돈 대주기
자녀 집 사 주고 사업자금 대주기(부모님 재산 담보 대출 포함)
그래서 남는 것은
도피성 이주(해외 및 보따리 장사, 귀농) 그러다 노숙자
그다음에는 상상에 맡긴다
혹자는 말한다
뼈 빠지게 모은 재산 허리춤에 꼭꼭 지니고 있다가
혹여 중병으로 입원하게 되면
병원 침대 시트 밑에 현찰 두툼하게 깔아 놓고
아들 딸 며느리 문병올 때마다 차비 넉넉하게 주면
밤낮으로 곳간에 쥐 들락거릴 듯 한다고
5천년 역사를 이어 온 자식 지상주의 문화를
하루아침에 버릴 수는 없더라도 급변하는 세태를
수수방관하지 말고 대책이 필요하지 않나 싶다
점점 추워지는 엄동설한 아침 서울역 지하철을 지나며

# 81. 커피 한 잔 마시러 떠나고 싶네요(2015.1.6)

옷깃을 스치는 청아한 한 줄기 바람을 타고 마음은 먼 길을 떠나고 싶네요
발밑을 뒹구는 철 잃은 낙엽을 보노라면 세월의 무상함을 느끼기도 하고
고개 들어 푸른 하늘을 보노라면 이처럼 아름다운 세상에 서 있는
보석 같은 나를 느끼기도 합니다.
오늘을 충실히 살아가야 하는 사랑과 행복이라는 이유가 있기에
감사함을 느낍니다.
세상에는 인간에게 필요한 세 가지 소중한 금이 있다네요.
황금,
소금,
그리고 지금,
그중에서도  <지금>이 가장 중요하다고 합니다.
그래서 지금
음악이 흐르는 카페의 님들 곁으로 커피 한 잔하러 떠나고 싶네요.
좋은 글 중에서

# 82. 오늘이다 그리고 나다(2015.1.13)

앉고, 서고, 눕고, 걷고
이게 나의 일상이고
나머지는 다 이야기입니다
오늘이란 말은 싱그런 이슬처럼 생동감을 줍니다.
누구나 아침에 눈을 뜨면 새로운 오늘을 맞이하며
오늘 할 일을 머릿속에 그리며 오늘을 설계합니다
새로운 것에 대한 기대와 열망으로 문은 나서지요
하지만 오늘 또한 어제와 같고 내일 또한 오늘같이
새로운 것에 대한 기대와 바램은 어디로 가고
매일매일 변화가 없습니다.
이미 지나가 버린 시간처럼 쓸쓸한 여운만 남기고
그런 오늘이 나를 외면하고 자꾸만 멀리 가고 있습니다.
누구에게나 늘 공평하게 찾아오는 오늘인데
그런 오늘 속에서 실오라기 같은 희망을 찾으려
즐거운 마음으로 오늘이란 나의 하루를 맞이하려 합니다.

# 83. 내 고향 고흥은 지금(2015.2.19)

먹고 살기 바쁘다, 너무나 멀다는 미명하에 10여 년만의 방문이다

산천도 변했고 사람도 변했고 모든 분위기도 변했다

70세 이상이 태반이고 60 중반 동기가 이장을 하고 있는데 청년이장이란다.
그러니까 40년 전 고향 가는 길은 대중교통으로 17시간이 걸렸고 그렇게 찾아
간 고향엔 어머님이 해주신 고향 내음 물씬 풍긴 음식들 귀향길에 주섬주섬
챙겨 주신 보따리 속에 향수 그 고향을 오늘 간다.

지금은 찾아보기 힘든 그때의 옛 모습이 그립기만 하다 언젠가는 무형이 될
고조할아버지부터 부모님 산소는 양지바른 곳에서 후손들을 늠름하게 지켜 주
고 있다(나 이후 세대에는 어찌될지 모르지만)

집 주변을 돌아보니 집은 없어지고 뒤 대나무만 무성하고 온갖 잡새[雜鳥]만
알 수 없는 지저귐과 둥지를 틀고 푸드덕거린다 조금 더 나이 들면 이곳 대나
무 숲 아래 정자 짓고 새 소리 듣겠노라 상상을 해본다.

이른 새벽 발포만 이 충무공의 자취를 찾아 둘러본다. 그래서 잊혀지고 생소
하리라 생각되어 발포만 호를 소개한다

발포만호성은 고흥군 도화면 내발리의 옛 이름이 발포이며 성촌 부락을 중심
으로 자리 잡고 있다. 이 수군 진성은 성종 21년(1490) 축성, 고종 31년(1894
년)폐지된 조선 초기의 성이다. 또 이 성은 선조 13년(1580) 이순신 장군이
36세 때 발포만호로 부임해와 18개월 동안 재임했던 지역이며, 임진왜란때 좌
수영 산하의 수군 기지로 매우 중요한 역사적 배경을 안고 있는 곳이다. 또한
발포만호성은 《성종실록》에 적양성, 지세포성, 안골포성과 함께 축조 되었
다고 기록. 사다리꼴 형태로 전체 둘레는 560m이고 높이는 약 4m이다. (출처
: 《고흥 발포만호서 백과사전》)

해 뜰 무렵 발포 만에서 바라본 바다 반 섬 반의 海懞은 한 폭의 그림이다.
충무공이 아니더라도 수군 기지로서 적합한 요새임을 느낄 수가 있다.

어릴 적 발포해수욕장을 놀이터 삼아 즐기던 옛 향수를 이곳 역사관 방문으로
마무리하고, 전형적 귀성 정체를 염려 발길을 돌린다. 아니나 다를까 내려 갈
때는 4시간 30분 거리가 귀성길에 7시간 30분이나 걸렸다.

# 84. 걷자, 틈나면 걷자(2015.3.10)

인생 그 여정에서 걷지 못하면 끝
그의 종말은 비참함뿐이다
걷는다는 것은 생명을 유지하고 있음이다
다리는 그래서 소중하다
100여 개의 관절 중에 무릎은 가장 많은 체중의 영향을 받는다
건강하게 오래 살려면 우유를 마시는 사람보다
우유를 배달하는 사람이 되라는 말이 있다
《동의보감》에서도 약보다는 식보요, 식보보다 행보라 했다
서 있으면 앉고 싶고 앉으면 눕고 싶은 일흔을 향하고 있는 나이
박차고 일어나자
트레킹화 신으면 준비 끝
뒷산도 좋고 강가도 좋고 숲길은 금상첨화
그 어느 길을 가도 거기에는 부지런한 사람을 만난다
거기서 부드럽게 늙어가는 모습을 만들자

# 85. 봄이 온다하기에 - 고려산(2015.3.28)

긴 침묵을 깨고 봄이 온다하기에
동호에선 경주 벗길 가고, 군산 비단길 가고, 양평 물소리길 가고
주섬주섬 배낭을 메고 강화도 고려산으로 그 봄을 확인하러 간다
언제나처럼 막걸리 두 통 김밥 두 줄이 전부다
목표를 둔 시간은 없다 10시쯤에 전철 5호선으로, 송정역에서 3000번으로
강화터미널에서 백련사 방향으로 순환 버스로 환승 입구에 오니 12시다
생각보다 봄은 아직 이르다. 하지만 개나리와 함께 생강나무 꽃이 봄의 전령
되어 오르는 산길을 상쾌하게 해주고 성질 급한 진달래꽃 한 두 송이가 봄을
위안해준다.
양지바른 묘지 앞에서 아침 겸 점심을 막걸리와 김밥으로 때우고 하늘을 보니
오늘따라 청명한 하늘과 실바람이 길을 나서 길 잘했다고 위로한다
고려산 정상에 진달래는 피지 않았지만 닦아올 봄에 진달래 향연을 연상하며

# 86. 내가 현충원에 간 까닭은?(2015.6.6)

오늘이 제 60주년을 맞은 현충일이다
오늘도 내가 현충원을 가는 이유는 하나다
내 죽어 현충원을 가기 위함이 아니고
이곳에 묻힌 동기생들의 영혼을 위로하기 위함만도 아니고
6 · 25 묘역에서 내가 실직한 이유를 아느냐? 하고
울부짖는 유가족의 애환을 듣기 위함만도 아니다
단 하나 21세기 현재 내가 살아 숨 쉬게 해주신 영령들의
의미를 되새겨 보기 위함이다
오늘은 동기생들의 묘역을 비롯 역대 대통령, 장군 묘역을 비롯
이름만 남기고 징용에서 가신 그 영령들도 둘러보았다
갈수록 줄어드는 행사 참여 현황을 보고
우리 3사 출신들의 플랜 카드만이 넘실되는 모습을 보고
또 다른 여러 가지 군상을 뒤로하고 현충일 참배를 보냈다

# 87. 오늘도 나는 전철을 탄다(2015.7.6)

**전철을 타면(1)**

오늘도 지하철에 많은 사람들이 오간다
서울 지하철 1일 평균 이용객수 9백만 명
그 사람들 모두 돈, 사랑, 건강의 범주 안에서 움직일 것이다
주요 교통수단이 전철인 나에게는 돈, 사랑, 건강 모두에 해당된 것 같다
언제부터인가 주로 첫차를 타는 그것도 편도 1시간을 애용하고 있다
새벽잠을 설치고 전철에 오르면 우선 이것저것 구분 없이 배낭 속에 책을 꺼
낸다. 졸음을 부추기는 데는 책 보는 것만큼 좋은 수면제가 없는 듯하다
책을 펼치고 몇 꼭지 정확히 20분 정도 보노라면 여지없이 찾아오는 졸음
잠시 눈을 부치다 파주를 지나 문산까지 간 적이 한두 번이 아니다

**전철을 타면(2)**

보기 좋은 모습들도 참 많다 더러는 꼴불견도 많지만
남녀 두 학생, 또는 연인들이 도란거리며 속삭이는 모습 나이 드신 어르신이
오시면 자리를 양보하는 모습 나이 드신 어르신네들은 주로 자녀들 안부전화
지금 어디냐 밥은 챙겨 먹었냐. 이 모습들은 사랑 나누는 모습일 게다
특히 어르신 들이 많은 경의선은 배낭 아니면 쇼핑 카트를 메고 끌고
배낭 가득, 손수레 가득 뭔가를 싣고 금촌, 파주, 문산으로 향하고 있다
그 모습은 아마 텃밭으로 아니면 철마다 자연에서 오는 나물 채취
매일 보는 이 모습은 아마 돈 아니면 건강 챙기기일 게다
오늘도 전철을 타며 어제 만난 그 연인들 그 어르신들을 그리며
새벽 전철 속에서 돈, 사랑, 건강을 생각하며 하루를 연다.

# 88. 어제 그 길을 오늘도 걸으며(2015.8.20)

오늘도 어제 그 길을 걷고 있습니다.
어제 그 길이지만 같은 길이 아닙디다.
햇빛이 다르고, 바람이 다르고, 구름도 다른 그 길이
어제는 풀잎이었고, 오늘은 꽃잎
햇빛을 먹고, 바람을 먹고, 빗물을 먹고 그렇게
계절을 보내며 나뭇잎이 바래고 빈 가지가 되고
모든 게 어제 그 모습이 아닙디다
세상사도 마찬가지 아닌가 싶네요
아침에 집을 나서고 저녁이면 돌아오는 하루도
어제 같은 오늘이 아니고 오늘 같은 내일이 아닐진대
비 온 뒤 맑은 하늘처럼 슬프고 힘든 날 뒤에 웃을 날 있을 기대감
그래서 그 행복을 보듬고 바둥바둥 살아가나 싶네요
그 길은
때로는 어쩔 수 없는 슬픔도 있었고 빨리 가야 할 때도
주저앉고 싶을 때 일어서야 하는 이유도 생깁디다.
매일 같은 날을 살아도 같은 길을 걸어도 이유가 다른 것처럼
그 풀잎, 그 나무, 그 햇빛이 다른 것처럼
언제나 같은 길이 아니었음을 알았습니다
아직도 가끔씩 세상이 쉬운 길이 그리고 즐기며 갈 수 있는 길이
조금 더 아름답고 좋은 길이 있다고 유혹을 받기도 합니다.
어쩌면 어리석고 우둔하게 고집 아닌 고집으로 힘들고 험한 길을
걷고 있는지도 모르지만 잘못된 길을 왔다고 후회하지 않으니
그것이면 되지 않았는가 합니다.
어느덧 하나 더 가지려는 욕심과 가지 않은 길을 가려는 고민을
꿈꾸는 것 보다 지키고 잃지 말아야 할 나이임을 느끼며
오늘도 어제 그 길에서 길을 찾고 있다

# 89. 우리는 만나야 한다(2015.8.29)

우리가 살아오면서 그리고 살아가면서 서로 만나야 한다
삶 자체가 만남의 연속 아닌가?
부모와의 만남 스승, 친구, 형제, 또는 좋은 책, 산과 들
행, 불행은 그 속에서 이루어지고 내 마음의 부족한 한 부분을 채우고
그래서 하루를 그리고 1년을, 평생을 뒤엉키며 살아감이 일생 아닌가?
그 만남에는 좋은 만남 아니면 불편한 만남
우연한 만남 섭리적 만남 아무래도 상관없다
어차피 우리 인생은 미완이 아니던가.
3개월 만의 만남이지만 너무 멀게 또는 가깝게 느껴지는 만남
그러나 어색하지 않고 환한 미소로 안부를 묻는다.
그런 면에서 우리 선봉 중대 모임은 탄탄대로임을 느낀다.
그러나 왠지 모임이 거듭 될수록 숫자가 줄어들고 있다
혹시나 무슨 변고는 없는지 여운을 남기니 나이 듦에 현상인가
다음 모임에는 그런 의구심을 떨치는 많은 얼굴 보았으면 한다.

357

# 90. 가평 호명호수 잣나무 숲을(2015.9.12)

언제 근심 걱정 없이 그리고 마음 가는대로  그런 여행 없을까를 고민한다
오늘도 힐링, 다시 말하면 피톤치드 길이라는 짐을 지고  떠난다.
교통이 편리하면서 비용이 적게 들 것, 피톤치드 힐링을 위해 숲이 많아야 할
것. 7~8 km 정도의  걷는 길이 있어야 할 것 등이다
목적지는 일단 문을 닫고 나와 버스 타기 전에 결정한다.
오늘은 가평 쪽으로 결정하고 상봉터미널로 가면서 결정한 곳은 3번 다녀온
호명산, 호명호수 코스를 잡고 경춘선 전철을 탄다
전철에 오르니 진풍경이다
80% 이상이 어르신들이다(휴일에는 양보하면 안 되나 하는 생각을 해본다)
주말이면 관광객, 등산객이 주를 이루어야 될 줄 알았는데 언제부터인가  발
목과 관절이 산행하기에 부담되기 시작되고부터 조금 더 편안한 기행은 없을
까 고민하면서 그리고 아무런 부담 없이
상천역에 내리니 11시 30분(그러니까 집 문 나와 2시간 30분 교통비 2,550원)
잣나무 숲에서 1시경 준비해간 막걸리와 김밥으로 점심을 때우고 호명호수까
지 올라 마을버스로 이용하기로 하고 숲길을 걷는다
새벽에 내린 비 영향으로 하늘은 청명하고 호수 주변 코스모스 완연한 가을
호수를 한 바퀴 돌고 버스를 기다리는데 45분에 한 대가 운행된다하기에
거리를 보니 3.8km 걸어보자 하고 도로를 따라 걸어 내리니 만만치가 않다
3.8km가 호명호수 입구 안내소까지
상천역까지 할 수 없이 걸어보니 2km는 되는 듯싶다
만보기를 체크하지 2만 4천보, 발의 통증 예감에 족히 12km
생각 보다 많은 거리를 걸어온 셈이다
오늘 걷기가 힐링이었는 피톤치드였는지 알 수 없지만 만원 경춘 하행선
전철로 집에 오니 저녁 10시

# 91. 이 남자 명절 때 고향을 바꾸다(2015.9.26)

나의 명절을 이렇게 맞이하기로 해본다.

명절에 오는 증후군들

우선 교통편을 보자

교통 체증으로 7~8시간(20년 전에는 15~18시간) 차 속에서 설렘과 짜증이
교차되고 고향 집에 도착하면 진이 빠진다.

그렇게 도착한 고향집 주변을 보자

명절 때마다 고향이라고 찾아왔지만 돌아올 때는 서운한 인척이 너무 많다는
것, 작은집, 고모네들, 그리고 조카들의 시선을 대하기가 만만치 않다

그리고 고향 친구들 서울 가면 돈 많이 벌고 행복해 하는 행세를 해야 하는데
비자금 없는 주머니 사정이 허락하지 않는다.

예전에는 갈 고향이 있어 좋아 했었는데

언제부터 인가 참기름, 송편 등 먹거리 챙겨주는 부모님이 안 계시니

고향 향수가 점점 멀어져만 감은 나만의 증후군인가

그래서 올 추석절부터 새로운 시스템을 바꿔보기로 하고

자녀들과 여행 코스로 고향을 만들기로 했다

해 마다 고향이 바뀌는 셈이다

여름휴가도 제대로 가보지 못했기에 대천앞 바다 근처로 잡았다

간단히 차례 준비를 해 가지고 가족 여행으로

몇 천 년의 전통을 흔드는 이 남자의 고향 바꿈을 조상님은 뭐라고 할까

# 92. 국가공인 어르신증을 받고서(2015.10.2)

오늘 국가공인 어르신증을 받고 보니 만감이다
5년 전 국민연금을 처음 받던 날이기도 하다
좋은 일인지 나쁜 일인지 잘 모르겠다.
이제 어른이 된 기분이다
건강 빼고 돈과 명예 그리고 행, 불행을 하나씩 버리라는 증 같기도 하고
어르신답게 잘해라! 하는 명령 같기도 하고
이제 종착역 갈 날이 얼마 남지 않았다는 분수령 같기도 하고
젊은이들 작업 현장에 얼씬거리지 말라는 신호등 같기도 하다
노인의 삶은 '상실의 삶'이다
사람은 늙어가면서 건강, 돈, 일, 친구 그리고 꿈을
상실하며 살아가기 때문이라고 괴테의 말을 음미 해본다.
반대로 위 다섯 가지를 소홀이 하지 않는다면
황혼(어르신)도 풍요로울 수 있다는 말이기도 하다
이 모든 것이 기다린다고 찾아오지 않을 것이다
오늘 하루 그리고 이 순간을 기뻐하며 살아가야 할 것이다
"최고의 날은 오늘이고 최고의 삶은 지금이다"라고

## 93. 강화 나들길 15코스 일명 고려궁 성곽길(2015.10.10)

강화터미널 - 강화서문 - 산성길을(거의 토성임) 따라 남장대 -
뒤 숲길을 따라 내림 - 외포리 가는 국도 - 풍물시장까지.

강화는 역사적으로 중요하고 그 흔적이 고스란히 남아 있는 지역이다
삼국시대부터 중요한 군사적 요충지였기에 백제와 고구려가 치열하게 싸웠던
지역이기도 하고 이후 조선의 수도였던 한양과도 가까워 아주 많은 문화유적
지가 잔존해 있는 곳이다.
잘 아시겠지만 몽골의 침입으로 수도를 강화로 이동한 후 장기전에 나섰던 고
려의 임시 왕궁이었기에 고려의 왕궁과 성곽의 흔적이 아직도 많이 남아 있고
계속 복원 중에 있다
1270년 고려가 몽골에 항복하며 궁궐과 성들을 모두 헐음(항복 조건)
그 뒤 숙종 임금 때 토성에서 석성으로 개축. 성 둘레는 7km 정도
전체 코스는 11km 정도 오늘은 걷는데 까지만 걷기로 한다

# 94. 아침고요수목원 - 남이섬을 찾아서(2015.10.17)

**아침고요수목원 / 남이섬**

꼭 한 번 가고 싶은 아침고요수목원을 오늘 그 뜻을 이루는 날이다
이침 일찍 신도림역에 도착하니 벌써 도착해 있는 반가운 얼굴들
잠실에서 나머지 반가운 얼굴들이 합류하니 그냥 가기만 하면 된다.
관광차에 몸을 기대니 편안함 보다 관광 시즌이 실감나는 차 밀림은
그림 같은 산이 있고 북한강, 남한강의 아름다운 풍경이 있기에 문제가 되지
않는다. 수목원에 도착하니 10시 30분 들뜬 마음에 입장은 하였지만 전체적인
코스 안내가 되어 있지 않아 갈팡질팡이다
그냥 사람들 가는 대로 따라만 가야 한다.

**아침고요수목원은**
약 5,000종의 꽃과 나무 200만 본이 주변 자연경관과 어우러져 우리나라의 계
절별 아름다움을 가꾸어가며 표현하고 있고 자연 속에서 힐링과 감동을 받고
돌아가도록 기획된 수목원으로 년 100만 명이 찾는다고 한다.

## 95. 어제 같은 오늘이 아니어도(2015.11.10)

매일 같은 길을 걸어도 같은 골목을 지나도
매일 같은 길은 아니었습니다.
어느 날 내가 그 길 위에 있다는 것을 느꼈을 때
역시 같은 길이 아니었음을 알았습니다.
매일 아침 집을 나서 저녁이면 돌아오는 하루도
매일 같은 하루가 아니었습니다.
어제 같은 오늘이 아니었습니다.
오늘도 그런 길을 그런 하루를 가고 있습니다.
편안한 길 편안한 오늘이 아니어도 가고 있습니다.

## 96. 있는 그대로 보여 줘라, 그게 최상의 아름다움이다(2015.11.12)

세상에 가장 아름다움은 있는 그대로 보여 주는 것
화장도 하지 말고 가면도 쓰지 말고 있는 그대로
조화라도 꽃이라고 인정하고 봐라 가짜인 줄 알 때까진 꽃이다
바닷가 사람들은 바다를 잘 못 본다
저녁 수평선에 달이 뜬 순간 아름다운 바다를 알게 될 것이다
산, 강, 들, 바다 삼라만상이 매일 우리에게 보여주고 있다
그들은 있는 그대로 보여주고 있는 것이다
그 아름다움을 매일 내가 보고 있다는 게 얼마나 신비한가?
내가 보고 있는 것 들을 감사하며 살고 있는 세상 그게 나는 좋다

# 97. 또 한 해를 보내는 길목에서(2015.12.3)

마지막 한 장 남아 있는 달력도
창밖의 마지막 한 잎새와 다를 바 없어 보인다
새해를 기대하는 기쁨보다 지나버린 날의 아쉬움들
연초에 계획은 세웠었는지 혼돈스런 마지막 한 장 달력
초조함과 불안 그러나 내 여기 있음에 감사를 해본다
어느 시인의 시 한 구절을 되새기며

공기가 기울면 바람입니다
물이 기울면 파도입니다.
땅이 기울면 산맥이고
마음이 기울면 그리움
그리움이 기울면 당신입니다

오늘 아침엔 눈발이 날리네요.
점차 추워지는 날씨에 건강 챙기세요.
더도 말고 지금 만큼의 건강으로
사랑하는 가족 그리고 이웃 모두 즐겁고
행복하시길 기원합니다
                    - <기울음>(김용국)

# 98. 길(2016.1.16)

평생을 가도 다 못 걸을 길
나를 알아보는 사람 하나 없는 길
그래서 누구든 상관없이 편히 갈 수 있는 길
수십 명씩 어울려 목적지 가기에 바쁜 길 말고
촌음을 다투며 질주하는 고속도로 말고
완행에서 KTX로 바뀐 기찻길 말고
논두렁길도 좋고 오솔길도 좋고 둘레길은 더욱 좋은
그런 길을 오늘도 나는 걷는다.
혼자여도 좋고 둘이면 더욱 좋은 그런 길을
그 길을 가는 데는 뚜렷한 목적은 없다
봄기운 물씬 풍긴 새싹들을 보기 위해서 가고
운 좋게 쏟아진 소나기를 만나기 위해서 가고
산봉우리 위로 두둥실 떠가는 뭉게구름을 보기 위해서 가고
염색 하지 않은 자연 그대로의 낙엽을 밟기 위해서 가고
또 운 좋으면 포근히 내리는 눈송이를 맞으러 그런 길을 간다
자연의 신비가 준 그 무엇이 있기에

## 99. 또 한 해가 지고 뜨는 오늘(2016.2.12)

태양은 어제처럼 떠오르고 그 모습으로 진다
설 연휴라 5일을 쉬어도 역시 그 태양은 또 뜨고 지고
새해라 해도 별개 없는데, 送舊迎新이 맞는 말인지
해가 뜨고 지는 것이 세월의 흐름과 같은 뜻인지
뭔가 다른 의미가 있지 않나 생각이 든다
어제와 똑 같은 오늘의 태양이고
과거는 지나간 오늘이고 내일은 다가올 오늘인데
우리 마음의 중심은 오늘, 즉 현재가 되어야 되지 않나 한다
인생은 공수래공수거, 일장춘몽이라 비유들 하고 있다
그런데 세월이란 놈이 참 이상하다
그 세월이란 놈이 슬픔과 즐거움을 주고 모른 척 가고 있다
세월이 모른 척하는 건지 내가 세월을 모르고 있는 건지
작년에는 왼쪽 무릎이 시원찮더니 금년에는 오른쪽이 시원찮다
또 해가 지고 뜨는 길목에서
그 세월이란 놈을 어떻게 붙잡아 놓을 건지 고민해본다

# 100. 점점 잊어져 갈 것만 같은 그리운 얼굴들(2016.5.7)

속리산하면 떠오르는 게 많다

법주사, 입구에 정이품 소나무, 천황봉, 문장대, 그리고 충북, 충남, 경북 3개도에 걸쳐 있는 3개도를 볼 수 있고 개인적으로는 43년 전 고등학교 수학여행 후 그리고 2007년 여름 문장대 산행, 그리고 오늘 점점 멀어져 가는 그리운 얼굴들을 그리며 이른 아침을 설치고 버스에 오른다.

나에게는 모처럼 4일간의 연휴인데 일정을 한마음에 맞춘다. 아침 하늘은 구름 한 점 없이 맑고 화창한 날씨다. 언제나처럼 버스 뒤 좌석은 주님을 위한 공간이다. 연휴답지 않게 순조롭게 버스는 고속도로를 달리고.

道不遠人 人遠道 山非離俗 俗離山 : 도는 사람을 멀리하지 않으나 사람이 도를 멀리하고 산은 인간사에 혜택을 주려 하나 사람이 산을 찾지 않고

酒不遠人 人遠酒 酒非離俗 俗離酒(주불원인 인원주, 주비이속 속이주)

술은 사람을 멀리하지 않으나 사람이 술을 멀리하고, 술은 인간사에 혜택을 주려고 하나 사람이 술을 찾지 않는 구나 – 최치원 시 글을 무색하게 만든다.

옛날 말티고개의 낭만은 없어지고 빠름의 병폐를 벋어나지 못하고 시간보다

이르게 목적지에 도착하니 부산 창원 광주 대구 춘천 대전 모두 도착이다. 회장님의 간단한 인사말이 끝나고 왕복 2㎞ 법주사 전경을 구경한다. 법주사 대웅전은 부여 무량사 극락전, 화엄사 각황전와 함께 우리나라 3대 불전에 해당 그리고 쌍사자 석등 등 우리나라 국보급 보물 등 문화유산이 유난히 많은 사찰이다.

마침 어제 내린 비로 시원한 물소리와 하늘을 뒤덮는 울창한 삼림들 이 아름다운 풍경을 나의 능력으로는 글로 감히 표현할 수 없어 스마트에 실은 사진으로 대체한다.

# 101. 이른 새벽 아침을 열고(2016.7.25)

이른 새벽  알람에 의지해 5시 30분에 잠을 깨우고
세면 10분, 걷기 10분, 전철타기 10분, 환승 또 전철타기 10분
잠잠한 한강물을 보며 오늘의 기상을 예측해보며
다시 코레일로 환승 전철 반 국철을 탄다.
지금부터 나만의 공간, 목적지까지 정확히 45분 걸린다.
대화는 없었지만 꼭 그 자리에 탑승하는 어르신들
먼저 앞좌석 60년대 주역들에게 눈인사 나누고 명상 시간을 갖는다.
요즘처럼 전철 속 시원한 에어컨은 찌든 나를 일깨워 준다
우선  배낭 속 책을 들추면 15분은 간다, 책 내용은 알 바 아니다
그리고 잠시 책 속에 한 줄 웹을 방문 좋은 글들을 잠시 뒤적이다
그러고는 오는 졸음을 통제 못하고 졸아버린다
(가끔은 목적지를 지나친 경우도 있음)
잊어져 가는 옛 가요를 들으며 흥얼거리며 20분을 걷고 현장 도착
이것이 최근 3년간의 나의 일상이다
그러니까 3년 6개월 동안 공휴일, 명절, 국경일 제외한
반복되는 하루들, 아플 시간도 없었고 아파서도 안 되는 하루들
푸념처럼 중얼거려 본다.
그래서 토요일은 무조건 걷기로 땀을 흘린다.

# 102. 여름휴가(休暇) 그림 그리기(2016.7.31)

일주일간의 열대야 신문사, 방송사를 톱뉴스로 장식하고 있다
처절하게 울부짖는 매미 울음소리는 열대야를 더욱 부추긴다
그래서 찾아온 여름휴가
이런 후덥지근한 굴레에서 벗어나 어디론가 여행을 떠나거나
깊은 산 휴양림에서 이삼 일 동안을 그림 같을 휴식을 계획하거나
아니면 바닷가에서 하루 종일 물속에서 물장구치며 더위를 식히거나
아무튼 며칠간의 휴가를 맞이 해야 한다
어디로 갈까 그림을 그리면서 커피 한 잔의 휴식을 해본다
강진 가우도, 다산초당, 백련사를 둘러보고 해남 보길도 걷기
선자령을 넘어 강릉 바닷가에서 해수욕을 하루쯤 즐기기
영덕 블루로드 길을 걷다가 고래불에서 해수욕을 하고 칠보산 가기
배타고 제주도에 가 올레길을 주구장창 걸어보기
짧은 휴가를 떠날 수 있도록 배낭을 꾸리는 그림을 그리다 보니
열대야도 가고 울부짖는 매미 소리도 가고
유난히 길 것만 같은 올 여름휴가가 끝나 버린 느낌이다

## 103. 먼 길을 걸어온 뒤를 보면서 바보 같은 생각을(2016.8.19)

사람은 누구나 정상을 좋아한다.

특히 산악인들은 그러나 누구나가 다 정상에 오르지는 못한다.

땀과 집념 그리고 인내를 정신적 육체적으로 모두 쏟아야한다

정상에 서면 구름도, 산천초목도 발아래인 것을 정상에 서 본 사람은 알 것이다 우리 인생살이는 어떠한가?

권력과 재력으로 정상에 서 보기 위하여 비정상인 것을 모두 동원해도 어렵지 않은가? 그렇게 어렵사리 정상에 올라 오래 머물고 싶어도 금방 내려와야 한다. 산에서는 어둡기 전에 내려와야 정상 정복의 성취감이 배가 되고

권좌에서는 뇌 세포가 더 망가지기 전에 내려놓아야 고생했던 성취감이 배가 되고  또 하나의 배가 됨은

산을 오르면서 땅만 보지 말고 풀잎 하나 꽃 한 송이 이름 모를 벌레에게도 눈길 주고 권좌에 오르면서 돈과 명예만 보지 말고 동반자가 아닌 다른 이 에게도 정을 주고 이것이 정상을 오르는 자의 아름다운 삶이 아니겠는가?

그러나 어이 하나 더 늦기 전에 내려 와야 하고 늦기 전에 내려놔야 하는 순리를 따라야 하는 그게 우리 인생살이의 아름답고 슬기로운 아름다움이 아닌가.

낮은 산이지만 정상은 몇 번 올라 보았지만 권좌의 정상은 별로 없었던 같은 꾸벅 꾸벅 먼 길을 걸으며 걸어온 뒤를 돌아보며 바보 같은 생각을 해 보았다

## 104. 길 위에서 여유를(2016.9.10)

오늘도 걸으면서 왜 걷는가?
육 해 공 교통수단이 넉넉하지 않았던 시절이나
초고속 교통수단이 넉넉한 요즘이나
걷기란 언제나 우리 곁에 늘 함께 있어 온 삶이다
아직도 길들여지지 않은 물음표를 않고 밖을 나선다
걷기는 건강에 좋다
그래서 단순히 걷기란 이동 수단을 넘어서
몸이 건강해지고 몸이 건강하니 마음이 편안하고
그래서 모든 의학적 유사어를 총 동원하여 걷기를 권장하고 있다
언제부터인가 지자체에서 둘레길, 올레길을 치장하고 있다
전 국토가 둘레길화되어 가고 있다
그 길 위에서
조급하고 위급한 삶의 고통과 시름의 짐을 길 위에 놓고
앞서간 사람의 발자국, 옆 사람 발자국, 뒤 사람 발자국도 보며
다른 사람들이 달려간다고 달리지 말고 천천히 걸어보자
그래도 힘들면 잠시 쉬면서 숲 사이 맑은 하늘, 구름도 보며
달려만 왔고 뛰어만 온 님이여
또 다른 여유를 찾아 길에게 길을 묻는다.

경북 포항에서 무지개 뜨던 날(2017-10-17)

글 /사진 : 정만성(돌부처)

이 책의 지은이 정만성(丁萬聲) 작가는 1950년 다부동전투가 한
창일 즈음 전남 고흥 출생하여 광주상고(현 동성고)를 거쳐 제3
사관학교를 졸업, 16년간 군복무를 했다. 이후 1988년부터 출
판사(대원사, 창해)에서 30년간 경리, 총무, 제작, 영업 관련 업
무에 종사했다.

이번에 펴낸 《길에게 길을 묻네》는 2007년부터 2016년까지
저자의 다양한 기행을 정리한 것이다. 각 꼭지마다 저자의 다독
가(多讀家)다운 해박한 지식과 다양한 인생 경험에서 우러난 행
간의 촌철살인(寸鐵殺人)이 돋보인다. 글들 읽을 때마다 투박하
지만 진한 된장찌개 같은 맛의 웃음과 함께 우리네 인생사를 다
시 한 번 되돌아보게 하는 기회를 제공하고 있다.

저자는 이 책 출간을 계기로 '돌부처'라는 필명으로 본격적인 여
행작가의 길을 걸을 예정이라고 한다. 《돌부처의 강화기행》
《돌부처의 남도기행》《돌부처의 수도권 전철기행》 등을 곧
출간할 예정이다.

* 저자 연락처 : jms509563@daum.net

# 길에게 길을 묻네

지은이 | 정만성
펴낸이 | 황인원
펴낸곳 | 다차원북스

신고번호 | 제2017-000220호

초판 1쇄 인쇄 | 2017년 10월 20일
초판 1쇄 발행 | 2017년 10월 31일

우편번호 | 04083
주소 | 서울특별시 마포구 성지5길 19, 104호(합정동, 성우빌딩)
전화 | (02)333-0471(代)
팩시밀리 | (02)334-0471
E-mail | dachawon@daum.net
ISBN 978-89-97659-74-6 (03910)

값 · 28,500원

이 도서의 국립중앙도서관 출판시 도서목록(CIP)은
서지정보유통지원시스템 홈페이지(http://seoji.nl.go.kr)와
국가자료공동목록시스템(http://www.nl.go.kr/kolisnet)에서
이용하실 수 있습니다.
(CIP제어번호 : CIP2017026517)